山东省语言文字工作委员会办公室　组编

普通话培训测试读本

本书编委会

主　任◉郭建磊

主　编◉张传曾　梁斌言

编　委（以姓氏笔画为序）

刘向红　孙其香　杜永娟　李志华

宋　珊　张传曾　岳立静　周　欣

赵　光　赵　晖　赵俊霞　唐雪凝

崔玉松　戚晓杰　梁斌言　韩淑梅

北京师范大学出版集团
BEIJING NORMAL UNIVERSITY PUBLISHING GROUP
北京师范大学出版社

图书在版编目(CIP)数据

普通话培训测试读本／张传曾，梁斌言主编.—北京：北京师范大学出版社，2012.10（2020.10 重印）
ISBN 978-7-303-15415-9

Ⅰ．①普…　Ⅱ．①张…②梁…　Ⅲ．①普通话－高等学校－教材　Ⅳ．① H102

中国版本图书馆 CIP 数据核字（2012）第 219743 号

营 销 中 心 电 话	010-58802181 58805532
北师大出版社高等教育分社网	http://gaojiao.bnup.com
电 子 信 箱	gaojiao@bnupg.com

出版发行：北京师范大学出版社 www.bnup.com
　　　　　北京新街口外大街 19 号
　　　　　邮政编码：100875
印　　刷：三河市兴达印务有限公司
经　　销：全国新华书店
开　　本：890mm × 1280 mm　　1/32
印　　张：9
字　　数：253 千字
版　　次：2012 年 10 月第 1 版
印　　次：2020 年 10 月第 19 次印刷
定　　价：29.80 元

策划编辑：马佩林	责任编辑：马佩林
美术编辑：毛　佳	装帧设计：耿中虎
责任校对：李　菡	责任印制：马　洁

序

新版《普通话培训测试读本》就要付梓出版了。这是山东省普通话培训测试的基础性、工具性读本,凝结着众多专家和语言文字工作者的心血和智慧。对此,应予铭记。

语言文字是人类智慧和文明的结晶,是文化传承的重要载体。在我们中华大家庭中,各民族、各地域所创造的辉煌历史和灿烂文化,集中呈现于丰富多彩的语言文字中。不论是历代流传的浩繁典籍,还是考古发现的甲骨铭文,都是各族各地人民的创造精神、辛勤劳动和思维想象的结晶。中华民族发展进步的历史长河,虽千源万流、波澜壮阔,然作为主流的汉语"官话""通用语",特别是"文言文"发挥着主体作用。特别是清朝末年到新中国成立之前,以"言文一致""国语统一"为口号的"国语运动",对现代汉民族共同语"普通话"的形成产生了重大影响。

新中国成立伊始,党和政府即把普通话推广提上重要日程。1949年9月1日,毛泽东就指定吴玉章、成仿吾、范文澜、马叙伦、郭沫若、沈雁冰等共同组织中国文字改革协会,研究语言文字问题。1955年,国家正式要求推广普通话。1982年,将推广普通话写入《宪法》;1997年,确定每年9月的第三周为全国推广普通话宣传周;新世纪开始,正式颁布实施《国家通用语言文字法》,进一步明确了普通话和规范汉字的法律地位。学习使用国家通用语言文字成为公民的法定权利,普通话水平必须达到国家标准且在工作中使用,成为播音员、节目主持人、影视话剧演员、教师、国家机关工作人员的法定义务。党的十七届六中全会《决定》,突出强调"大力推广国家通用语言文字,科学保护各民族语言文字"。我省认真贯彻党和国家有关语言文字工作的一系列决策部署,特别是《国家通用语言文字法》颁布实施以来,推普工作取得了显著成效。2004年5月,省十届人大八次会议通过了《〈国家通用语言文字法〉山东省实施办法》;2010年10月,省政府办公厅下发了《关于进一步加强语言文字工作的意见》。目前,全省基本形成了行政推动、部门协同、专家支持、社会参与的工作体制和培训测试网络,语言文字规范化示范校和汉字书写特色校数量持续增加,城市语言文字达标评估扎实推进,经典诵读活动广泛开展。这些成绩的取得,是各级各有关方面大力支持的结果,是全省语言文字工作者积极努力的结果。适应时代发展要求,提升语言文字信息化、规范化水平,是现代化建设的必然要求。具备高水平的语言文字应用能力,对每个人的成长、成才、成熟和成功都至关重要,对相关领域的从业者,更是其核心职业能力。山东是人口大省,"推普"任务艰巨繁重。为了解决培训测试教材版本多、质量参差不齐的状况,我们组织编辑了这本《普通话培训测试读本》。在以往读本的基础上,作了较大幅度的改进和完善。一是增强了学术性。本书所提供的理论知识尽可能建立在完整而准确的普通话和方言研究基础上并充分考虑语言教学规律。二是拓展了语言知识的深度和广度。本书借鉴维果斯基的"最近发展区"教育理论,在普通话教学培训方面,着眼于尽可能帮助学生建立恰当的最近发展区。三是突出了语言能力的培养。本书着力强化正确辨析和发出合宜的音素,组成正确的音节,按照规范的语言规律组词造句等方面的能力。四是秉持了开放性原则。本书避免拘泥局限,为各地教师因地制宜补充练习材料、开展教学研究创造条件,为从事教学实践者发挥主动性留有余地。五是坚持了需求导向。本书充分考虑不同学员的测试需求,在普通话与方言的差异性上,既有所侧重又避免地域局限。同时,本书为学员配备了15天内不计时间的在线学习卡,既方便训练又方便考试。

相信新版《普通话培训测试读本》会为广大读者、学员和语言文字工作者提供切实的参照和有益的帮助,为山东省的普通话推广培训乃至整个语言文字建设事业发挥积极作用。

是为序。

2012年9月6日于济南

目　录

绪　论

一、什么是普通话

普通话是现代汉民族最重要的交际工具，也是《中华人民共和国国家通用语言文字法》规定的全国通用语言，在包括民族自治地区和少数民族聚居的地方在内的全国范围内通用。普通话是一个严密、独立的系统，而非主观、随意的混合体，它在语音、词汇、语法方面都有着明确的规范。它以北京语音为标准音，以北方话为基础方言，以典范的现代白话文著作为语法规范。

普通话是在北方话的基础上形成的，北方话流行区域广，使用人口众多；自宋元以来，绝大多数白话文学作品都是用北方话写成的。北方话词汇具有很强的一致性，它的组成成分多数已经成为全国通用的词语，为广大民众熟悉并使用，所以普通话的词汇要以北方话词汇为基础。当然，由于北方话区域分布广，各地使用的词语也存有一定分歧。有些地方性很强的词语，说出来只有较小地区的人能懂，如山西、陕西话的"地板"（地）、四川话的"抄手"（馄饨）、北京话的"取灯儿"（火柴）、"丫子"（脚）等，这些就不应该吸收到普通话里来。当然，普通话也可以从方言、文言、外语乃至网络用语中吸收一些有特殊表达作用的词语，如"尴尬、瘪三、赶趟、忽悠、驸马、飞信、给力"等，以丰富普通话词汇，提升其表现力。

语音方面，由于北方方言区内部各地语音差别较大，只能以北方话里某一个点的语音系统作为标准音。北京是我国政治、经济、文化的中心，在现代汉民族共同语形成的过程中，北京话的影响逐渐显著，其地位日益重要，因此，普通话"以北京语音为标准音"也是历史发展的必然。一般来说，凡是不符合北京语音系统的，都是不规范的。近百年来"国语运动"的实践已经证明，混用方言语音成分，制造杂糅的语音系统的所谓标准语，都不可能行得通。20世纪初的"老国音"无法推行就是一个明证。不过，"以北京语音为标准音"也是就整体而言，不是说北京话任何一个语音成分都是标准的，都是普通话成分。有三种情况需加注意：（1）北京话的土话成分，如把"和 hé"读成 hái，就不能算作标准音。（2）北京话的异读成分，要根据普通话审音委员会审定的读音来读，如"教室（jiàoshì）"不读 jiàoshǐ；"跳跃（tiàoyuè）"不读 tiàoyào。（3）北京语音里，轻声和儿化特别多，普通话也没有必要全部吸收。

　　普通话语法"以典范的现代白话文著作为语法规范"。"白话文著作"指的是书面语，而且是白话的，不包括口头语言，也不包括文言文；"现代"指的是"五四"新文化运动以来的，早期的白话文著作如《水浒传》《红楼梦》等不包括在内；"典范的"指现代著名作家的优秀白话文学作品以及国家政府机关正式发布的文件、社论等。当然要以这种著作中的一般用例而不是特殊用例作为语法规范。著名作家作品中的方言用法或语法、逻辑上有毛病的说法，如"知不道"，"你行先"，"官兵所到之处，受到热烈欢迎"等，都不能作为语法规范。我们要以大家公认的经过加工、提炼的现代白话文学作品中所体现的语法规律作为语法规范。

二、为什么要学习和推广普通话

　　普通话是现代汉民族的共同语。《中华人民共和国宪法》第19条明确规定："国家推广全国通用的普通话。"20世纪50年代，本着"大力提倡，重点推行，逐步普及"的工作方针，全国性的普通话推广工作取得了可喜的成绩。但是，推广普通话是一项长期的、渐进的工作，推广、普及普通话的任务，至今远未完成。在新时期里，推广普通话仍有着重要的意义，还有许多重要工作要做。

　　我国是一个方言分歧现象突出的国家，有七大方言区，不同方言之间不但语音差别大，词汇、语法的差异也很明显。推广普通话可以进一步消除方言隔阂，减少不同方言区人们交际时的困难，有利于社会交往，有利于国家统一和民族团结。

在我国现代化建设的新时期，文化教育的普及和提高、科学技术的进步和发展、传声技术的现代化、计算机语言输入和语音识别问题的研究等，都对推广普通话提出了更高的要求，要讲标准的普通话，而不应当满足于过渡阶段的"蓝青官话"。

随着我国对外开放政策的逐步深入，国际往来和国际交流越来越频繁，进一步推广普通话，可以减少语言交际的困难，促进国际间友好交往。

山东地处沿海，海岸线长，海滨城市和旅游城市多，经济生活空前活跃，与祖国内地的交往日趋频繁，与国外的交往日渐增多，如果我们只用山东话交谈，不仅影响语言交际的正常进行，也有损于山东人的形象。普通话绝非只是一个语音形式问题。社会语言学研究成果表明，一个人的社会层次越高，所使用的语言越规范。学习普通话，有助于提升自身的素质，提升人生的品位。因此我们要重视普通话的学习，认识普通话学习的意义，是学好普通话的必要条件与动力。

国家推广全国通用的普通话，并不意味着要消灭方言，更不是要消灭少数民族语言。相反，方言和少数民族语言依然可以在一定领域和特定地区长期使用。方言与少数民族语言是区域文化的载体，也是区域文化的一部分，方言与少数民族语言是中华民族的宝贵财富，它们可以与民族共同语长期共存，共同担当起为中华民族言语交际服务之重任。

当前，为了更有效地推广普通话，提高全社会的普通话水平，中央有关部门作出决定，对一定范围内的岗位人员进行普通话水平测试，并实行按水平测试结果颁发普通话等级证书的制度；对一些工作岗位，还提出了相应的普通话水平要求，逐步实行持普通话等级证书上岗制度。普通话水平测试是目前推广普通话工作的重要组成部分，是使推广普通话工作步入科学化、规范化、制度化的重要举措。这些新举措，必将对全国范围内的普通话推广工作产生深远的影响，起着不可忽略的推动作用。

三、怎样学好普通话

语言是一种社会习惯，是一套由社会成员约定俗成的音义结合的符号系统。山东人从小习得一种发音习惯，现在要学习与自己方言有差别的普通话，养成另一种语音习惯，决非一日之功。要想学好普通话，必须引起思想上的高度重视，掌握科学的学习方法，只有这样，才能取得好的学习效果。

(一)掌握一定的语音学知识，用以指导自己的语言实践

只有了解普通话的语音系统与发音规律，掌握正确的发音部位、发音方法，学会自如地控制和调动自己的发音器官，才能真正学好普通话。当自己的声母、韵母、声调读得不够规范时，自己能及时发现错误，并且知道错误的根源，懂得如何改正；自己的语流音变不正确，也能自觉进行纠正，而不是机械模仿，听任他人摆布。普通话的语音系统相对于某些方言而言是比较简单的，用语音知识指导普通话的学习，可以事半功倍，从根本上解决问题。

当然，普通话的学习也应注意词汇、语法方面的问题，山东方言在词汇、语法方面也存有不同于普通话的特性，应该加以辨正。如"对象"，在普通话里指的是"恋爱的对方"，是未婚的；但在山东方言里，把已婚的对方也包括在"对象"的语义所指范围里，所以外省区的人听山东人称呼并不年轻的异性为对象，会觉得山东人晚婚："那么老了，才谈恋爱？"再如"听"，在山东威海话里包含有普通话表示听觉的"听"与表示嗅觉的"闻"两个词的语义内涵，"你闻闻，真香啊"，威海话会说成"你听听，真香啊"。

(二)了解自己方言与普通话的差异，找出两者的对应规律

例如，普通话 e 韵母的字，山东方言里有几种不同的读音。即墨、安丘、昌乐、沂水等地把普通话 e 韵母字的一部分读成了 a 韵母，普通话的"割(gē)、渴(kě)、喝(hē)、蛇(shé)"，上述地方的人读成"割(ga)、渴(ka)、喝(ha)、蛇(sha)"。青岛、济南、益都、昌乐等地把普通话 e 韵母字的一部分读成了 ei 韵母，普通话

的"刻（kè）、则（zé）"，上述地方的人读作"刻（kei）、则（zei）"。牟平、招远、昌乐等地则把普通话 e 韵母字的一部分读成了 uo 韵母，普通话的"哥（gē）、河（hé）"，上述地方的人读作"哥（guo）、河（huo）"。我们可以利用这种语音上的对应规律，正确掌握普通话韵母的发音。

（三）借助一定的语音规律巧妙学习普通话

1. 借助声韵拼合规律来分辨。例如，"ua、uai、uang"三个韵母，在普通话里只能跟舌尖后音 zh、ch、sh 相拼，不能跟舌尖前音 z、c、s 相拼。所以同这三个韵母相拼的字，声母只能是 zh、ch、sh，如"刷（shuā）新、率（shuài）领、创（chuàng）造"。再如，普通话里没有"shong"这个音节，所以"歌颂"的"颂"、"朗诵"的"诵"的声母只能是"s"，不能是"sh"。

2. 利用古今音演变规律来判别。普通话声母为 zh、ch、sh 的字，有一部分在上古声母中是 d、t。今天从形声字的声旁也可以看出这个读音的痕迹。如"（政）治、（鞭）答、（停）滞、（破）绽、纯（洁）、撞（车）、澄（清）、税（务）"，这些音节的声母是平舌音，还是翘舌音？如果知道古今汉语语音的这一演变规律，就可以从它们的声旁来推定。这几个字的声旁"台、带、定、屯、童、登、兑"的声母都是 d、t，所以可以肯定它们的声母一定是翘舌音。

3. 根据类推法进行类比。如 sǐ 这个音节，只有一个"死"，那么，其余的一定是翘舌音 shǐ（使、史、驶、矢、驶、屎、始）。有的可利用形声字声旁来类推。如"中"的声母是翘舌音 zh，那么用它作声旁的字的声母也都是 zh（忠、钟、盅、衷、仲、种、肿、舯）；"采"的声母是平舌音 c，那么，用它作声旁的字的声母也都是 c（菜、彩、踩、睬）。当然，用形声字声旁类推这种办法也会有例外。如"叟"的声母是 s，"搜、嗖、馊、艘、飕、瞍"的声母也是 s，但"瘦"的声母却是 sh。再如"察"的声母为 ch，"镲、礤"的声母也是 ch，但"擦"的声母却为 c。这种例外要特别注意，重点记忆。

（四）持之以恒，多听、多说、多读、多练

由感性知识上升到理性，需要经过一定的抽象、概括过程；由

理性认识再到感性认知，也绝非易事。要想把抽象的普通话知识付诸自身的语言实践，也需要下大的工夫。具体说来，可从以下几方面入手。

1. 多说。要想学好普通话，首要的是坚持每天说，养成一种使用普通话的言语习惯，这一点至关重要。哪怕说得不好、不标准，也不要放弃。可以多和普通话标准的人交流，让他们发现问题随时指出，并努力做到当场改正。学习普通话，人人皆我师。

2. 多听。每天多听他人说普通话。听广播、看电视应注意主持人、演员的发音，也可利用录音工具录制下来，反复播放。在听的同时，能通过对比，发现自己的方言问题，有针对性地加以模仿、纠正。

3. 多读。多对着书面材料念。在看书、看报、看文件等阅读过程中养成用普通话朗读的习惯，即使囿于具体环境不便读出声来，也要养成默读的习惯。另外，看见标语或者广告牌等，也可以习惯性地读一读。可以说，这是尽快掌握普通话的一种行之有效的方法。如果有条件，可以把自己朗读的录音与范读材料做对比，那样更容易发现自己的不足。

4. 多练。如果有时间，每天应进行一些普通话的语音训练，可用读诗歌、散文等形式循序渐进进行练习。演讲、交谈也是不错的普通话训练方式，它既可以提高思维的灵敏程度，增强语言应对能力，也可以增强发音器官的灵活性、区别性，养成正确的发音习惯。

总之，人类的语言表达能力是在不断进行的交际活动之中逐步发展起来的，个人的语言表达能力也只能通过不断的交流得到提升。这是学习一切语言的必由之路。

思考与练习

1. 您在日常生活中感觉到方言的存在了吗？

2. 您是从什么时候开始学习普通话的？用什么方法学习的？有什么成功的经验？

3. 在普通话学习过程中，您认为学习理论知识有用吗？

第一章　语音基础知识

第一节　语音概说

一、什么是语音

（一）世界充满了声音

我们生活在一个热闹喧嚣的世界里，每时每刻都会有各种各样的声音在耳边响起，风声、水声、脚步声、鸟叫声，还有人偶尔发出的一些呼噜声或哈欠声……这些声音千变万化，各不相同。这些声音也许能够传递某种信息，但这些声音都不能算是语音，因为它们没有表达出某些人或某个人要表达的任何确切意义。

（二）什么是语音

语音，是指从人类发音器官发出来的、能够表达一定意义的声音。语言是人类最重要的交际工具，它的最显著的特点就是有声音，而且是有意义的，可以说，语言是声音和意义的聚合体，声音是语言的形式，意义是语言的内容，二者缺一不可。语音是语言的物质外壳，语言要通过语音来传递信息。没有语音这个物质外壳，语言就成为不可捉摸的东西，意义将无法传递，语言也就不能成为交际工具了。

二、语音的性质

（一）语音的物理属性

任何声音都是由于物体的振动产生的，发音体的振动引起周围空气的振动而形成声波，声波传到人的耳朵里，使得鼓膜也产生同步的振动，这样人们就可以听到声音了。语音同自然界的其他声音一样，也产生于物体的振动，具体说来产生于人类的发音器官，因此语音和其他声音一样也具有物理属性。声音的物理属性主要表现为音高、音强、音长、音色四个方面，简称"语音四要素"。

1. 音高

音高指声音的高低。它取决于声带振动的频率的大小，它同声带的长短、厚薄、松紧有关。一般说来，儿童和女性的声带比较短，比较薄，发音时，在同一单位时间里，振动的次数要多些，所以声音比较高。而成年男性的声带比较长，比较厚，发音时，在同一单位时间里，振动的次数要少些，所以发音比较低。人能够控制声带的松紧，因此同一个人可以发出高低不同的声音来。声带拉紧，声音就高；声带放松，声音就低。音高在汉语里有重要的表意作用。汉语声调高低升降的变化就是音高变化的表现，在现代汉语普通话和许多方言里，"衣""移""倚""义"四个字声调的差别，就是由于音高不同而造成的。在各种语言里，语调的变化也都是利用音高来实现的。

2. 音强

音强指声音的强弱。它取决于发音体振动幅度的大小。发音体受到的作用力大，它的振动幅度就大，声音就强，发音体受到的作用力小，它的振动幅度就小，声音就弱。语音的强弱同发音时用力的大小和呼出气流量的强度有关。用力大，呼出的气流强度大，声音就强；用力小，呼出的气流强度就小，声音就弱。普通话里的轻声音节与一般音节的差别就是由不同的音强造成的。例如"东西（dōngxī）"（东边和西边）和"东西（dōngxi）"（指物品）中两个"西"字读音的响亮程度不同，就与音强有关。

需要注意的是，音高和音强是两个不同的概念，但是日常生活中往往会把这两个概念混淆。平时我们常常听到人们说："堂上有理不在声音高低。"其实，这里的"高低"指的并不是音高而是音强，也就是声音的响亮与否。音高是指声音振动频率的高低，音强是指声音振动幅度的大小，振动幅度小只是音强比较弱，振动的频率（音高）不一定低；同样，发音体振动的频率（音高）比较低的，振动幅度（音强）不一定弱。例如轻轻地敲击小鼓，声音不会太强，音高却比较高；用力敲击大鼓，声音会很强，音高反而会比较低。总之，音高和音强是两个不同的概念，我们千万不能混淆。

3. 音长

音长指声音持续时间的长短。它取决于发音体振动时间的长短。振动持续时间长，声音就长；振动持续时间短，声音就短。语言中音长也有区别意义的作用，但在普通话中不太明显，经常以伴随性的特征出现，如轻声音节音强较弱，音长也比较短，重读音节音强较强，音长也比较长，例如"他是我的孙子"中"子"读轻声，音长比较短，而《孙子兵法》中"子"读上声，重读，音长就比较长。此外，在语调当中，音长的作用还是很大的。

4. 音色

音色指声音的特色，是声音的本质所在，所以也叫音质，是一个声音区别于其他声音的基本特征。音色的不同是由振动物体、发音方式、共鸣体三者决定的。发音体不同、发音方法不同、共鸣器官的形状不同都会造成物体振动形式不同，从而形成音色的差别。例如小提琴的发音体是弦，口琴的发音体是簧片，两者的发音体不同，所以发出的声音是不同的。用同一把小提琴演奏，使用琴弓拉动琴弦的方式和用手拨动琴弦的方式，虽然发音体相同，但发出的音不同，就是因为发音方法不同。人在发音时控制发音器官做出不同的发音动作，形成了不同的发音方法，可以发出不同的声音。使用同一把小提琴进行演奏，如果用某种物品把音箱上面的空洞堵塞住，发出来的声音肯定与原来不同，这是因为共鸣体的形状发生了变化，所以引起了声音的变化。人的口腔、咽腔、鼻腔和喉腔是共鸣器，改变其形状和大小也会造成音色的不同。如普通话 ɑ[A]和 o

[o]这两个音的差别，就是由于发这两个音时人的口腔这个共鸣器的形状不同而造成的。

所以，要想发出理想的声音(元音、辅音)，只要调整好我们的发音器官和发音方法就可以了。反之，如果我们的发音不够规范，那肯定是由于我们没有调整好自己的发音器官和发音方法。

(二)语音的生理属性

语音是由人的发音器官发出的，语音自然具有生理的属性。人类的发音器官可以分成三个部分：提供发音原动力的肺和气管、作为发音体的喉头和声带以及作为共鸣器的口腔、咽腔和鼻腔。

1. 肺、气管

肺和气管是人类重要的呼吸器官，起供气和通气作用，肺用来提供发音的原动力——气流，气管承担了输送气流的任务，气流通过气管到达喉部，作用于声带、咽头、鼻腔等发音器官，从而发出不同的声音。

2. 喉头、声带

喉头起通道的作用，它上通咽腔，下连气管。声带位于喉头中间，是两片富有弹性的薄膜，两片声带中间的空隙叫做声门。发音的时候，声带靠拢，声门闭合或留有窄缝，气流冲击声带，使之振动，从而发出声音。声带的靠拢程度是可以调节的，人类通过控制声带的松紧变化，可以发出高低不同的声音，所以说声带是最重要的发音器官。

3. 口腔、咽腔、鼻腔

口腔是人类发音最重要的共鸣器，由上颚和下颚两部分组成。上颚包括上唇、上齿、上齿龈、硬腭、软腭和小舌六个部分。下颚包括下唇、下齿、下齿龈和舌头四个部分。舌头又可分为舌尖、舌面和舌根三部分。舌头是最灵活的发音器官，在发音中起重要作用。舌头在发音时的位置、形状和活动方式不同，可以形成不同的音色，因此舌的位置、形状和活动方式是区分语音发音方法的主要依据之一。舌的部位在发音时的微小变化都会带来音色的显著区别，所以我们又把舌面细分为前中后三部分，分别叫做舌面前、舌面中、舌面后，舌面后也叫做舌根。记住这些术语对于以后的发音练习是有好处的。

咽腔是气流的通道和共鸣器，上通鼻腔和口腔，下通喉头。

鼻腔靠软腭（以及连在一起的小舌）与口腔隔开，它是一个固定的空腔，也是重要的共鸣器官，主要用于发鼻音和鼻化音。如果软腭和小舌下垂，可以堵住口腔通道，使气流进入鼻腔，形成鼻音；如果口腔内没有阻碍，气流同时从鼻腔和口腔呼出，这时发出的音同时在口腔和鼻腔产生共鸣，就形成鼻化音；如果软腭和小舌上挺堵住鼻腔通道，这时发出的音只是在口腔中产生共鸣，就不会有鼻音色彩了。

上述发音器官中，唇、舌、软腭、小舌、声带等能活动的器官叫做活动发音器官，上下齿、齿龈、硬腭等不能活动的器官叫做不活动发音器官，我们说话时，通常是由活动发音器官向不活动发音器官靠拢，从而改变发音部位，发出不同的声音。

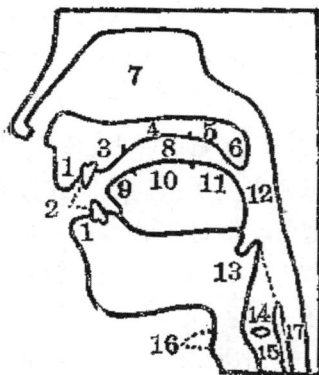

1. 上下唇　　2. 上下齿

3. 上齿龈　　4. 硬颚

5. 软颚　　　6. 小舌

7. 鼻腔　　　8. 口腔

9. 舌尖　　　10. 舌面前、中

11. 舌面后（舌根）

12. 咽腔　　　13. 会厌

14. 声带　　　15. 气管

16. 喉头　　　17. 食道

图 1-1　发音器官示意图

为了能够能动地感受发音器官的运动状态，平时可以经常发一些简单的音节或音素，在器官的运动中体会它们的作用。因为发音器官的运动对于语音具有决定性作用，所以，在学习语音时应该学会主动控制这些部位的运动，使之按照我们的意愿发出要发的声音。而这正是我们平时极端忽视的，也是学习语音最大的难点。

（三）语音的社会属性

语音能够表达一定的意义，这种意义是一定社会所赋予的，语音形式和语义之间的对应关系是使用该语言的全体成员约定俗成的，所以语音又具有社会属性。总体而言，语音形式和意义之间不存在必然的关系，用什么样的语音形式来表示什么意义，或什么意义用什么样的语音形式表示，都是社会共同约定的，为社会成员所共同认可和遵守，个人不能随意改变它们的语音形式，也不能任意赋予某一种语音形式以不同的意义，如果某些人任意改动已形成定例的某种音义联系，并用它来交际，别人就会听不懂，也就是说他们的这种改动不能得到社会的承认，也就起不到交际的作用。因此，语音是一种社会现象，社会属性是语音的本质特征。

语音的社会属性主要从"地域特征"和"民族特征"两个方面反映出来。不同的方言表现为不同的地域特征，例如济南话里说的"包子"，既包括普通话的"包子"，还包括普通话的"饺子"；济南人为了区分这两种食品，还会造出一个"下包子"来与"包子"形成对立。还是这个"饺子"，潍坊话叫做"馉饳"，肥城话叫做"角子"，这些都显示着地域特征。不同的语音还可能表现出不同的民族特征，例如汉语各个方言中有些辅音声母有送气与不送气的区别，并且以此区分词义；而英语的辅音就没有送气与不送气的对立；汉语中有 zh、ch、sh 等卷舌音，而英语中则没有。

使用某个语言或方言的人，对他们所用的语音是敏感的，而对他们不曾用到的一些语音则不易听出，也不易发出，感觉比较迟钝，如上海人能够清清楚楚地分清"洞、冻"具有不同的声母，而他们的读音在山东人和北京人耳朵里却几乎是完全相同的。又如西方人对汉语的四声、汉族人对西方语言的颤音，都是不易分辨和难以准确发音的。但是，经过训练一个人是可以掌握各种语音系统的。

这说明语音系统与生理、地理等非社会因素无关，只是社会习惯的产物。

第二节 汉语语音学基本知识

一、语音学的任务

语音学是研究语音系统的学科，它可以让我们学会辨别不同而又近似的声音，学会发出以前未曾发出过的语音，还可以帮助我们学会使用音标记录，分析语言的声音系统。

学习语音学知识，理清语音的发音原理，就能够通过自觉的练习准确地发出预期的语音。我们学习了汉语语音学，就可以事半功倍地解除方言语音系统对自己的束缚，更加准确地掌握以北京语音为标准音的普通话。

二、语音学习的基本概念

(一)音节和音素

1. 音节

音节是语音结构的基本单位，是听觉上能够自然分辨的最小语音片断。一般说来，一个汉字的读音就是一个音节，例如"我是中国人"是五个汉字，也就是五个音节。但也有例外，儿化音节就是两个汉字表示一个音节，如"盖儿"是两个汉字，读出来却是一个音节 gair。

2. 音素

音素是构成音节的最小语音单位。对音节进行分析时，划分出的最小的语音单位就是音素。汉语的音节最少由一个音素构成，最多由四个音素构成，例如 ā(阿)由一个音素构成，ān(安)由两个音素构成，xuě(雪)由三个音素构成，shuāng(双)由四个音素构成。

(二)元音、辅音

根据发音情况的不同，音素可以分成元音和辅音两大类。

1. 元音

元音也叫"母音"，是指发音时声带振动，气流在口腔、咽腔不受阻碍而形成的音。音节"八"（ba）中，a 是元音，发音时口腔大开，声带振动，气流在口腔中不受阻碍。普通话共有 10 个元音音素：a、o、e、ê、i、u、ü、-i前、-i后、er。汉语中每一个音节中都含有元音，是元音占优势的语言。

（1）元音的发音特点

发元音时，气流由咽腔经过口腔自由流出，不会受到明显的阻碍。在发各种元音时，舌和唇也有一些变化，如舌位可前可后，可高可低，唇可开可闭，可展可圆，这样就改变了气流通道的形状和共鸣腔的形状，从而发出不同的元音。如发[a]时，舌头位置最低，口腔大开；而发[i]时舌头位置很高，口腔开启得很小。即使在发舌头位置较高、口形较闭的元音时，虽然气流通道较为狭窄，但仍没有哪个部位形成明显的阻碍，气流可以不被闭塞、也不受摩擦地自由流出。

发元音时，发音器官各部位的肌肉均衡紧张。由于元音发音时不是某一部位对气流构成特别的障碍，各部位肌肉紧张的程度比较均衡。

发元音时，声带颤动，所以，元音都比较响亮。

发元音时，由于气流主要用于冲击声带并使之振动，所以气流比较弱。

（2）元音的分类

根据发音时舌的紧张部位，可以把元音分为舌面元音和舌尖元音两大类。

舌面元音：利用舌面不同部位的运动从而调节共鸣腔的形状，这时发出的元音叫做舌面元音。

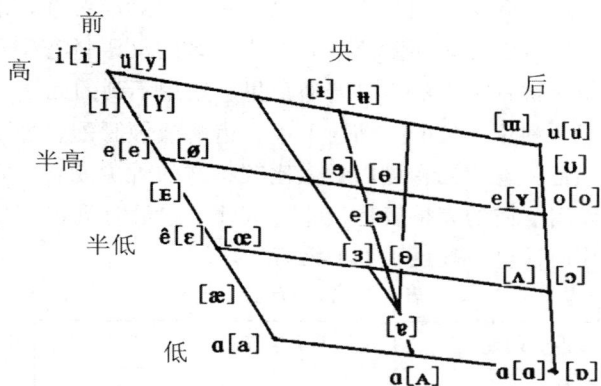

图 1-2　舌面元音舌位图（括号外为汉语拼音）

　　人类能够发出的舌面元音可以概括地用一幅舌面元音舌位图表示出来。元音舌位图是一个不太规则的四边形，竖向的三条直线分别代表舌面的具体部位。最左边的一条表示舌面前，即左边竖线两边的符号全部代表舌面前元音；中间的一条表示舌面央（舌面的中央部位），即中间竖线两边的符号全部代表舌面央元音；最右边的一条表示舌面后，即右边竖线两边的符号全部代表舌面后元音。舌位图横向的四条直线分别代表舌面的高度，也就是口腔张开的程度。最上面的一条表示这条线上的元音舌位最高，也就是开口度最小；第二条表示这条线上的元音舌位半高，也就是开口度比前者略大；第三条表示这条线上的元音舌位半低，也就是开口度比第二条更大；第四条表示这条线上的元音舌位最低，也就是开口度最大。注意，在四条横线与三条竖线的交点中间，还加进了次高、中、次低等三个高度。

　　各条竖线的两边都有元音符号，排在竖线左边的符号表示的是不圆唇元音，排在竖线右边的符号表示的是圆唇元音。

　　所以，根据元音符号在图上的位置，我们就可以判断各个舌面元音的发音部位和发音方法。比如[i]是舌面前次高不圆唇元音，[ɯ]是舌面后高不圆唇元音，等等。

为了便于学习和熟悉国际音标与汉语拼音的对应关系，图中除列出国际音标符号之外，还附上了有对应关系的汉语拼音字母，凡是没有列出相应拼音字母的就是普通话里一般用不到的元音。

舌尖元音：利用舌尖的运动与上齿、齿龈或硬腭配合发出的元音叫做舌尖元音。卷舌元音可以看做比较特殊的舌尖元音。舌尖元音不多，可以用下面的表格表示出来。表 1-1 中没有列出相应拼音字母的就是普通话里一般用不到的元音。

表 1-1　舌尖元音

舌尖前元音		舌尖后元音		卷舌元音
不圆唇	圆唇	不圆唇	圆唇	不圆唇
-i前[ɿ]	[ʮ]	-i后[ʅ]	[ʯ]	er[ər]

舌尖前、舌尖后两组舌尖元音发音时的舌位状况参见图 1-3。

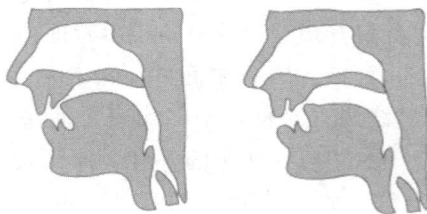

图 1-3　舌尖元音[ɿ][ʅ]舌位示意图

鼻化元音：在发一般的舌面元音的时候，软腭向上挺起与后咽壁紧紧靠在一起，这时候鼻腔被软腭封住与口腔并不相通。如果在发舌面元音的时候，软腭下降却又不与舌根接触，悬垂在口腔和鼻腔之间，这样发出的元音会带有明显的鼻音色彩，这样发出的元音就叫做鼻化元音。图 1-4 可以显示一般的舌面元音和鼻化元音不同的发音状态。

图 1-4 中的两幅图分别表示非鼻化与鼻化两种不同状态下的舌面元音 ê[ɛ]，左边第一幅是非鼻化的，第二幅是鼻化的。软腭的不同状态可以看得很清楚的。

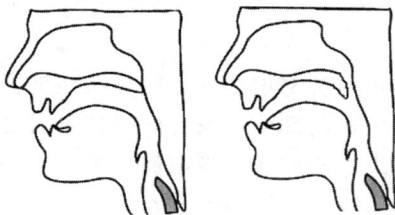

图 1-4 元音[ɛ]与鼻化元音[ɛ̃]的发音示意图

鼻化元音的表示方法是在原有的字母符号上面加上一段很短的波浪线，比如[ɛ]的鼻化音可以记作[ɛ̃]。

2. 辅音

辅音也叫"子音"，指发音时气流受到一定阻碍形成的音。音节"妈"（ma）中，m 是辅音，发音时双唇形成阻碍，气流从鼻腔发出，形成鼻音。普通话共有 22 个辅音音素：b、p、m、f、d、t、n、l、g、k、h、j、q、x、z、c、s、zh、ch、sh、r、ng。

（1）辅音的发音特点

发辅音时，气流通过发音器官时要受到明显的阻碍。

发辅音时，发音器官各部分紧张程度不均衡，构成阻碍的部分特别紧张，而其他部分则比较松弛。例如发[m]时，双唇构成阻碍，特别紧张，而其他部位则不紧张。

发辅音时，有的声带振动，有的声带不振动。声带振动的辅音响亮，如[n]，这种辅音叫做浊辅音；声带不振动的辅音声音不响亮，如[t]，这种辅音叫做清辅音。

发辅音时，由于气流要受到明显的阻碍，所以气流比较强。

一个辅音发音过程，大抵可以分成三个阶段：成阻、持阻、除阻。比如要发一个 b[p]，首先要将双唇闭合，这是成阻；成阻后不是立即打开双唇，而是短时紧闭在口腔里积蓄气流，这是持阻；等到气流足够强劲突然打开双唇让气流突出口腔，这便是除阻。不过，这三个阶段不是在每一个辅音的发音过程中都可以分得很清楚，做得很完整。比如，一些擦音（如 s、sh、x）的持阻阶段就不很明显；

单独发一个音节 an(安)，结尾的辅音 n 就可能没有除阻阶段。

(2)辅音的分类

辅音的不同是由发音部位和发音方法决定的。发音部位就是气流在发音器官受到阻碍的部位，发音方法就是发音时发音器官的运动状态，主要包括形成阻碍和解除阻碍的方式、声带是否振动，气流的强弱三方面。

下面列出的国际音标辅音表就是按照发音部位和发音方法排列的。

表 1-2　国际音标辅音总表

发音方法			唇音		舌尖音				舌叶音	舌面音			小舌音	喉壁音	喉音
			双唇	唇齿	齿间	舌尖前	舌尖中	舌尖后	舌叶音	舌面前	舌面中	舌面后	小舌音	喉壁音	喉音
塞音	清	不送气	p				t	ʈ		ȶ	c	k	q		ʔ
		送气	pʻ				tʻ	ʈʻ		ȶʻ	cʻ	kʻ	qʻ		ʔʻ
	浊	不送气	b				d	ɖ		ȡ	ɟ	g	ɢ		
		送气	bʻ				dʻ	ɖʻ		ȡʻ	ɟʻ	gʻ	ɢʻ		
塞擦音	清	不送气		pf	tθ	ts		tʂ	tʃ	tɕ					
		送气		pfʻ	tθʻ	tsʻ		tʂʻ	tʃʻ	tɕʻ					
	浊	不送气		bv	dð	dz		dʐ	dʒ	dʑ					
		送气		bvʻ	dðʻ	dzʻ		dʐʻ	dʒʻ	dʑʻ					
鼻	浊		m	ɱ			n	ɳ		ȵ	ɲ	ŋ	N		
颤	浊						r						R		
闪	浊						ɾ	ɽ					R		
边	浊						l	ɭ			ʎ				
边擦音	清						ɬ								
	浊						ɮ								
擦音	清		ɸ	f	θ	s		ʂ	ʃ	ɕ	ç	x	χ	ħ	ħ
	浊		β	v	ð	z		ʐ	ʒ	ʑ	j	ɣ	ʁ	ʕ	ɦ

根据上面所附的《国际音标辅音表》可以看出，人类能够发出的辅音的发音部位可以分为 7 大类 13 小类。这些辅音绝对不会在一个语言或一个方言系统里同时出现，所以这里就不必一一论述了。普通话和部分方言涉及的辅音，将会在后面的章节里适当介绍分析。

发音方法又可以从三个方面进行分析：按照形成和解除阻碍的方式分，可以分成 7 个大类 13 个小类；按照声带是否振动发声分，可以分成清浊两类，声带不振动发出的叫清音，也叫不带音，声带振动发出的叫浊音，也叫带音；按照发音时气流的强弱来分，可以把塞音、塞擦音分成不送气、送气两类。这些类别都可以在上面的辅音表里看得很清楚，这里不再一一论述。

综合以上三个方面的属性，就可以描写出每一个辅音的发音特点。比如[tθ]，我们就可以从上面的辅音表里查出，它是一个"齿间、不送气、清、塞擦音"。如果我们知道"齿间"指的是什么发音部位，又知道"不送气、清、塞擦音"指的是什么发音方法，那么就能够读出这个辅音[tθ]了。由此可见，这个辅音表对于我们学习辅音的发音很有帮助作用。只要了解发音部位和发音方法的原理，熟悉上面的辅音表，就可以很顺利地从已知已会的音素逐步推导出未知未会的音素，最终掌握全部辅音的发音。这也就是学习语音学知识的目的所在。

（三）声母、韵母、声调

传统的汉语语音学，把汉语的音节分为声母、韵母、声调三部分。

1. 声母

声母指音节开头的辅音，如果音节开头没有辅音，则称为零声母。如"国"（guó）的声母是"g"，"阿"（ā）、"恩"（ēn）、"袄"（ǎo）、"爱"（ài）、"雨"（yǔ）、"吴"（wú）开头没有辅音，都是零声母。普通话共有 22 个辅音，其中辅音 ng 不能作声母，只能作韵尾，辅音 n 既可作声母又能作韵尾。

2. 韵母

韵母指音节中声母后面的部分。它可以是单元音，也可以是元音的组合，还可以是元音和辅音的组合。如："大"(dà)的韵母是单元音 a，"小"(xiǎo)的韵母是元音组合 iao，"林"(lín)的韵母是元音和辅音的组合 in。普通话共有 39 个韵母。

元音和韵母、辅音和声母是两对不同的概念，这是因为元音和辅音、声母和韵母的分析理念和分析方法不同。元音和辅音是就音素的发音特点进行分析后划分出来的类别，声母和韵母是就汉语音节内部的结构和位置分析出来的单位。元音和韵母不同，普通话元音只有 10 个，韵母有 39 个；韵母不等于元音，韵母所指范围更大，韵母不仅包含元音，有的还包含辅音。辅音和声母不同，普通话辅音有 22 个，辅音声母 21 个，另外还有个零声母，ng 只做韵尾，不做声母，辅音不限于声母，辅音范围更大；声母的位置一定在音节的开头，而辅音除了在音节的开头外，n、ng 还可以出现在韵尾。

3. 声调

声调也叫字调，指音节在发音时声音在音高方面的高低、升降的变化。普通话共有阴平、阳平、上声、去声四种声调。声调具有区别意义的作用，例如普通话音节 ba 可以有 bā(八)、bá(拔)、bǎ(靶)、bà(爸)四种不同高低升降的读法，表示四种不同的意义；又如"题材"和"体裁"、"练习"和"联系"的不同，就是由于声调的不同。

(四)音标与国际音标

汉字是不能直接表示读音的，所以我国古代学者曾经设计过多种方法为汉字注音，不过都限制在用汉字为汉字注音的自闭圈子里。到了明代，外籍学者金尼阁著《西儒耳目资》一书，才开始系统地使用拉丁字母为汉字注音。其实，即使是使用拼音文字的语言，由于语音的不断变化，这些语言的文字与实际语音之间也会出现一些分歧。因此，为了能够让学习者准确地读出规范的读音，还需要一种标注语音的符号，这种符号就是音标。众所周知，英语等拼音制度的文字依旧需要一定的音标给它标音，汉字就更是必需的了。

20世纪50年代制定并颁行的《汉语拼音方案》，可以恰当地记录普通话的语音系统，是一个最为成功的拼音方案。但是，因为它毕竟是为普通话设计的"拼音方案"而不是音标，使用的字母限定在26个，所以并不能非常细致地记录一些细微的语音差别；同时，汉语方言之间的语音差别很大，汉语拼音更是无法理想地标注各地方言的语音。因此，为了进行汉语（包括各地方言）研究，为了更加细致地传递普通话的语音信息，还必须采用一套更加细致、更加完备的音标符号。要满足这种需要，国际音标就是一套比较理想的标音工具。

国际音标规定，一个音素只能用一个音标符号标记，一个音标符号只能用来标记一个音素。有了这样的原则，这套符号记录语音十分清晰明确。比如，在一般的字母表里，G和g只是大写、小写的区别，但是，在国际音标里它们却是代表着不同的辅音。[g]表示的是一个舌面后、不送气、浊塞音，而[ɢ]表示的是一个小舌、不送气、浊塞音，它们的发音部位是不相同的。同样的，[a][ʌ][ɑ]三个符号表示的也是三个不同的元音。这个也可以在前面的元音舌位图当中看出来。

国际音标符号习惯上用方形括号做标志，比如前面出现的[g][a]等就是例子。

三、汉语拼音方案

《汉语拼音方案》是用拉丁字母记录现代汉语普通话语音系统的一套记音符号，该方案还规定了一套完整的拼写规则，它是我国法定的拼音方案。1956年中国文字改革委员会组织专家拟定了《汉语拼音方案草案》，1958年经第一届全国人民代表大会第五次会议通过并作为正式方案颁布推行。自颁布推行以来，它在汉字注音、推广普通话以及为各少数民族创制和改革文字提供参照等方面发挥了重要作用。同时，在中文信息处理、拼写人名地名和科学术语，编制索引、解决电报、灯光通讯、工业产品代号以及帮助外国人学习汉语等方面也发挥了日益广泛的作用。

《汉语拼音方案》的主要内容：（1）字母表：规定了《汉语拼音方案》所用的字母，字母全部采用国际通用的 26 个拉丁字母，还规定了字母的书写体式、排列顺序和名称。（2）声母表：共 21 个声母，用注音字母和汉字标明了每个声母的写法和读音，按照发音部位将 21 个声母分三行六列排列。（3）韵母表：表中列了普通话语音的 35 个韵母，在表后注释中补充了 4 个韵母，共 39 个韵母，并规定了韵母的读音、写法和音节的拼写规则。（4）声调符号：规定了普通话四个声调的调类、名称、调值、调号和标调方法。（5）隔音符号：规定了隔音符号的作用和使用方法。①

思考与练习

1. 人的发音器官包括哪些？它们各自的作用是什么？

2. 语音的四要素是什么？它们在普通话中起什么作用？

3. 什么是音节？什么是音素？

4. 什么是元音？什么是辅音？它们有什么发音特点？

5.《汉语拼音方案》的主要用途和作用是什么？

---

① 《汉语拼音方案》的具体内容参见附录二。

第二章　声母学习

第一节　普通话声母

　　声母是汉语音节开头的辅音。有的音节开头没有辅音，习惯上称之为"零声母音节"，也就是说，这个音节具有一个"零声母"。普通话具有22个辅音，在一般的静态音节当中，不是所有的辅音都可以做声母。舌面后鼻辅音 ng 就不能做声母，只能做韵尾，如 gǎng(港)、jīng(经)、cóng(从)等音节中的 ng 都是做韵尾的。前鼻辅音 n 既可做声母又可做韵尾，如 ná(拿)、nǐ(你)、nǚ(女)等音节中的 n 是做声母的，pán(盘)、zhuǎn(转)、bèn(笨)等音节中的 n 就是做韵尾的，nán(南)、nèn(嫩)等音节中的 n 则是既做声母又做韵尾。所以，普通话里只有21个辅音声母。以下不做特别说明的声母就是指辅音声母而言。

　　声母的发音是由不同的发音部位和发音方法决定的。发音部位是指发音时气流受到阻碍的位置，发音方法是指发音时构成气流阻碍和克服这种阻碍的方式。

　　每个人可发出的辅音是很多的，普通话21个声母所使用的辅音，只是众多辅音中的一小部分。以下就21个声母按发音部位、发音方法来描述它们的发音状况，以利于不同方言区的人学习普通话声母。

一、声母的发音部位

　　按发音部位来分，普通话的声母可分为七类：双唇音、唇齿音、舌尖前音、舌尖中音、舌尖后音、舌面音、舌根音。

（一）双唇音

普通话里的双唇音声母共有三个，即 b、p、m。这些辅音在山东乃至全国各地方言当中都是存在的，发音部位和发音方法也都是相同的。

1. b[p] 双唇、不送气、清、塞音。发音时双唇闭合，软腭和小舌抬起与后咽壁相接，堵住鼻腔通道，肺部呼出的气流通过喉头，但不振动声带，到达口腔，然后双唇突然打开，气流爆出而发音。例如：

爸爸 bàba　　伯伯 bóbo　　辨别 biànbié　　病变 bìngbiàn

2. p[p'] 双唇、送气、清、塞音。发音的情形与 b 相同，只是在除阻阶段气流比 b[p] 更强，有明显的吐气声。例如：

批评 pīpíng　　评判 píngpàn　　乒乓 pīngpāng　　偏旁 piānpáng

3. m[m] 双唇、浊、鼻音。发音时双唇闭住，软腭和小舌下垂，打开鼻腔通道，肺部呼出的气流通过喉头，声带振动发声，气流与声音从鼻腔送出。例如：

买卖 mǎimai　　美妙 měimiào　　秘密 mìmì　　埋没 máimò

（二）唇齿音

4. f[f] 唇齿、清、擦音。发音时上齿靠近下唇，中间留出一条缝隙，软腭和小舌抬起，堵住鼻腔通道，肺部呼出的气流通过喉头，但不振动声带，气流经过口腔，从唇齿的缝隙间摩擦而出。例如：

丰富 fēngfù　　芬芳 fēnfāng　　风范 fēngfàn　　分发 fēnfā

（三）舌尖中音

舌尖中音的发音部位如图 2-1 所示。

5. d[t] 舌尖中、不送气、清、塞音。发音时舌尖顶住上齿龈，软腭和小舌抬起与后咽壁相接，堵住鼻腔通道，肺部呼出的气流通过喉头，但不振动声带，气流到达口腔后，舌尖突然离开上

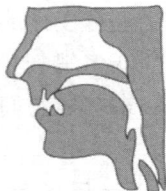

图 2-1　舌尖中音发音部位图

齿龈，气流爆出而发音。例如：

大胆 dàdǎn　　导弹 dǎodàn　　道德 dàodé　　等待 děngdài

6. t[t']舌尖中、送气、清、塞音。发音的情形与 d[t]相同，只是爆破发音时气流较强。例如：

探讨 tàntǎo　　团体 tuántǐ　　贪图 tāntú　　推托 tuītuō

7. n[n]舌尖中、浊、鼻音。发音时舌尖顶住上齿龈，软腭和小舌下垂，打开鼻腔通道，肺部呼出的气流通过喉头，振动声带，然后从鼻腔缓缓流出。例如：

男女 nánnǚ　　能耐 néngnai　　牛奶 niúnǎi　　恼怒 nǎonù

8. l[l]舌尖中、浊、边音。发音时舌尖顶住上齿龈，软腭和小舌挺起，堵住鼻腔通道，肺部呼出的气流通过喉头，振动声带，到达口腔，从舌头的两边流出。例如：

拉力 lālì　　褴褛 lánlǚ　　劳累 láolèi　　罗列 luóliè

（四）舌根音

舌根音又称舌面后音，发音部位如图 2-2 所示。

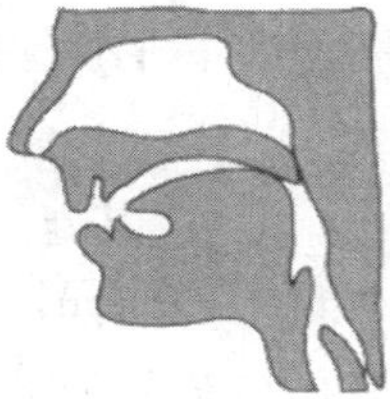

9. g[k]舌根、不送气、清、塞音。发音时舌根抬起，顶住软腭，形成阻塞，软腭和小舌抬起与后咽壁相接，堵住鼻腔通道，肺部呼出的气流通过喉头，但不振动声带，到达口

图 2-2　舌根音发音部位图

腔，然后舌根与软腭突然离开，气流爆出而发音。例如：

改革 gǎigé　　国歌 guógē　　更改 gēnggǎi　　光顾 guānggù

10. k[k']舌根、送气、清、塞音。发音的情形与 g 相同，只是爆破发音时气流较强。例如：

开阔 kāikuò　　慷慨 kāngkǎi　　可靠 kěkào　　苛刻 kēkè

11. h[x]舌根、清、擦音。发音时舌根抬高，与软腭之间留一条缝隙；软腭和小舌抬起与后咽壁相接，堵住鼻腔通道，肺部呼出的气流通过喉头，但不振动声带，到达口腔，从缝隙间摩擦而出。

例如：

航海 hánghǎi　　绘画 huìhuà　　辉煌 huīhuáng　　黄昏 huánghūn

（五）舌面前音

舌面前音在汉语里本是比较习见的辅音，但是，由于山东方言里这组字音的分布比较复杂，为了便于对比，这里特别画出它的发音部位示意图（图2-3）。图中所示乃是发 j、q 时的舌位，发 x 的时候，舌面与硬腭要留出缝隙。

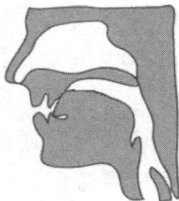

图 2-3　舌面前音发音部位图

12. j[tɕ]舌面前、不送气、清、塞擦音。发音时舌尖抵住下齿背，舌面前部抬起顶住硬腭前部，这里就是舌面前辅音的正确部位。发音时，软腭和小舌抬起与后咽壁接触，堵住鼻腔通道，肺部呼出的气流通过喉头，但不振动声带，到达口腔，然后舌面前部与硬腭前部打开，形成一条缝隙，气流摩擦而出，形成先塞后擦的发音。例如：

积极 jījí　　基建 jījiàn　　家具 jiājù　　交际 jiāojì

13. q[tɕ']舌面前、送气、清、塞擦音。发音的情形与 j 相同，只是发音时气流较强。例如：

崎岖 qíqū　　强权 qiángquán　　亲戚 qīnqi　　确切 quèqiè

14. x[ɕ]舌面前、清、擦音。发音时舌面前部抬起，靠近硬腭前部，中间留一条缝隙，软腭和小舌挺起，堵住鼻腔通道，肺部呼出的气流通过喉头，但不振动声带，到达口腔，从缝隙间摩擦而出。例如：

现象 xiànxiàng　　相信 xiāngxìn　　形象 xíngxiàng
学校 xuéxiào

（六）舌尖后音

舌尖后辅音声母在普通话里共有四个，即 zh、ch、sh、r。发这组音的时候，舌尖向上方抬起并微微向后方弯转，与硬腭前部共同组成发音部位。练习时可以参看图 2-4。这幅图表示的是发 zh、ch 时的舌位，发 sh、r 的时候，舌尖与硬腭前部是要留有细小缝隙的。应当指出，舌尖后辅音声母对于山东部分地区的人来说，发音有些困难，这既有音类问题、又有音值问题；音类问题将在下一节讨论，在这里只是对于音值问题多做介绍，希望学习时认真体会。

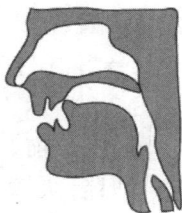

图 2-4　zh、ch 发音部位图

15. zh[tʂ]舌尖后、不送气、清、塞擦音。发音时舌尖抬起并向后弯转，顶住硬腭前部，软腭和小舌抬起与后咽壁相接，堵住鼻腔通道，肺部呼出的气流通过喉头，但不振动声带，到达口腔，然后舌尖与硬腭前部离开一条缝隙，气流摩擦而出，形成先塞后擦的发音。例如：

正直 zhèngzhí　　挣扎 zhēngzhá　　装置 zhuāngzhì
转折 zhuǎnzhé

16. ch[tʂ‘]舌尖后、送气、清、塞擦音。发音的情形与 zh 相同，只是发音时气流较强。例如：

查抄 cháchāo　　铲除 chǎnchú　　长处 chángchù
拆穿 chāichuān

17. sh[ʂ]舌尖后、清、擦音。发音时舌尖与硬腭前部中间留一条缝隙，软腭和小舌抬起与后咽壁相接，堵住鼻腔通道，肺部呼出的气流通过喉头，但不振动声带，到达口腔，从缝隙间摩擦而出。例如：

杀手 shāshǒu　　闪烁 shǎnshuò　　上升 shàngshēng
双手 shuāngshǒu

18. r[ʐ]舌尖后、浊、擦音。发音时舌尖与硬腭前部中间留一条缝隙，软腭和小舌抬起与后咽壁相接，堵住鼻腔通道，肺部呼出的气流通过喉头，振动声带，气流与声音到达口腔后，从缝隙间摩擦而出。例如：

冉冉 rǎnrǎn　　嚷嚷 rāngrang　　仍然 réngrán　　如若 rúruò

（七）舌尖前音

舌尖前音习惯上叫做平舌音，其发音部位如图 2-5 所示。

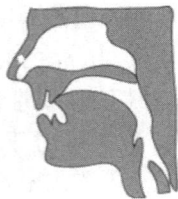

19. z[ts]舌尖前、不送气、清、塞擦音。发音时舌尖顶住上齿背（注意：不要太接近上齿下端，尤其不能伸在上下齿中间），软腭和小舌抬起与后咽壁相接，堵住鼻腔通道，肺部呼出的气流

图 2-5 舌尖前音发音部位图

通过喉头，但不振动声带，然后舌尖与上齿背离开一条缝隙，气流摩擦而出，形成先塞后擦的发音。例如：

自尊 zìzūn   祖宗 zǔzong   总则 zǒngzé   造作 zàozuò

20. c[ts']舌尖前、送气、清、塞擦音。发音的情形与 z[ts]相同，只是发音时气流较强。例如：

层次 céngcì   猜测 cāicè   催促 cuīcù   参差 cēncī

21. s[s]舌尖前、清、擦音。发音时舌尖靠近上齿背，中间留一条缝隙，软腭和小舌抬起与后咽壁相接，堵住鼻腔通道，肺部呼出的气流通过喉头，但不振动声带，到达口腔后，从缝隙间摩擦而出。例如：

洒扫 sǎsǎo   色素 sèsù   三思 sānsī   诉讼 sùsòng

二、声母的发音方法

按发音方法，普通话声母可分为塞音、擦音、塞擦音、鼻音、边音五类。

（一）塞音

塞音成阻时主动发音部位与被动发音部位两点闭紧；持阻时保持着这种阻碍，同时由气管送出气流，但要让气流暂时积蓄在阻碍部位的后面；除阻时突然将阻碍打开，气流突然透出，因爆发、破裂而成声，也叫"爆发音"或"破裂音"。普通话里的塞音包括 b、p、d、t、g、k。

（二）擦音

擦音成阻时，发音部位的两点接近，但不把气流完全闭塞，中间留一条窄缝隙，让气流由发音部位的两点间挤过，发出清晰的摩擦声音；除阻时，摩擦的声音消失，发音过程结束。普通话里的擦音包括 f、h、x、sh、s、r。

（三）塞擦音

塞擦音是"塞音"和"擦音"两种方法的结合，但又不是简单的塞音加擦音。由成阻到持阻的前段，和塞音相同，但是到持阻的后段把阻碍的部分放松一些，即变为擦音的成阻，使气流透出，变成"擦音"的摩擦，持阻后段实际上成为擦音的发音状态，直到除阻，发音完毕。普通话里的塞擦音包括 z、c、zh、ch、j、q。

（四）鼻音

鼻音成阻时，口腔由发音部位闭塞，封锁住口腔的出气通路，软腭与小舌下垂，鼻腔通路开放，与此同时，声带颤动发声，音波和气流进入鼻腔，这时由口腔和鼻腔形成的两重"共鸣"，最后气流、音波从鼻孔送出，形成纯粹的鼻音；除阻时，软腭放松下垂，声带停止颤动发声，发音过程结束。这种声音可以任意延长。普通话里的鼻音包括双唇鼻辅音 m 和舌尖中鼻辅音 n。另有舌根鼻辅音 ng，但它在普通话里只做韵尾，不能做声母。

（五）边音

边音成阻时，主动发音部位舌尖和被动发音部位上齿龈接触；持阻时，声带振动，气流和音波由舌头前部两边流出；除阻时，发音部位放松，发音结束。普通话里只有一个边音 l。

除以上五种发音方式外，声母的发音还有"清""浊"的区别和"送气""不送气"的区别。

所谓"清""浊"，是指声带不颤动和颤动来说的。发清音时声带不颤动不发音，气流较强；发浊音时声带颤动发声，气流相对较弱。普通话里只有 m、n、r、l 四个浊音声母，其余都是清音声母。

所谓"送气""不送气"，是指发音时气流的强弱，送气音气流较强，要用力送出一口气；不送气音气流较弱，自然流出，但也不是完全没有气流，没有不用气流能发音的音素。在国际音标里，送气符号是一个标在字母右上角的倒置的逗号。比如，"德、特"两字的注音分别是 de[tɤ]、te[t'ɤ]，从注音可以看出送气符号的形状和标注方法。普通话送气声母包括 p、t、k、q、ch、c，不送气声母包括 b、d、g、j、zh、z。

三、普通话声母汉语拼音与国际音标的对照

为了便于综合认识普通话声母的发音部位和发音方法，下面把普通话的 22 个声母（包括一个零声母）排成一个普通话声母表，学习时可以根据标出的发音部位、发音方法体会每个声母的发音。为了便于对照，标注同时列出了国际音标和相应的汉语拼音字母，这样有利于读出正确的音值。

表 2-1　普通话声母国际音标与汉语拼音对照表

发音部位 ＼ 发音方法	塞音		塞擦音		擦音		鼻音	边音
	送气	送气	不送气	送气	清	浊		
双唇音	b[p]	p[p']					m[m]	
唇齿音					f[f]			
舌尖前音			z[ts]	c[ts']	s[s]			
舌尖中音	d[t]	t[t']					n[n]	l[l]
舌尖后音			zh[tʂ]	ch[tʂ']	sh[ʂ]	r[ʐ]		
舌面音			j[tɕ]	q[tɕ']	x[ɕ]			
舌根音	g[k]	k[k']			h[x]			
零声母	[∅] 按燕万院							

第二节　山东方言声母与普通话声母的对比

一、山东方言声母的音类特点

山东方言是北方方言的次方言。山东各地方言与普通话在声母方面存在很大的差异，山东各地方言内部在声母方面也存在不小的差异。

(一)山东各地方言里声母的数量与普通话不完全相同

普通话有 21 个辅音声母，山东各地方言里声母的数量有的比普通话少，有的比普通话多，差异明显。(见表 2-2)

表 2-2　山东各地方言声母数量一览表

地市(县)	烟台	济宁	长岛	荣成	济南	青岛	潍坊	高密
声母数	17	19	20	23	24	26	26	29
附注	上列数量均不包括零声母							

(二)普通话 zh、ch、sh 声母的字在山东各地方言里读音分歧明显

由表 2-3 不难发现，普通话里读 zh、ch、sh 声母的字，在山东方言里，不论是音类还是音值都有复杂的分化。

表 2-3　普通话 zh、ch、sh 声母在山东方言里分化情况一览表

普通话	tʂ		tʂʻ		ʂ	
济南话	tʃ		tʃʻ		ʃ	
济宁话	ts		tsʻ		s	
青岛话	tʂ	tʃ	tʂʻ	tʃʻ	ʂ	ʃ
威海一	tʂ	tʃ	tʂʻ	tʃʻ	s	ʃ
威海二	ts	tʃ	tsʻ	tʃʻ	ʂ	ʃ
蓬莱话	ts	tʃ	ts	tʃʻ	s	ʃ
牟平话	ts	tɕʻ	ts	tɕʻ	s	ɕ
例字	之支脂指 志纸只止 渣卓助罩 皱站震装 争浊濯桌 中	知直值植 掷汁制职 侄质朱招 周战真张 正着拙	眵翅齿持 匙叉戳初 抄愁搀碜 窗撑冲	吃尺池迟 痴赤绰除 超抽缠趁 昌成	师诗施史 使是试事 士沙朔梳 捎瘦山渗 双生	失拾式实 世适室傻 说书烧收 煽身上声

说明：上表里的“威海一”指的是当地人所说的平舌区威海话，包括威海环翠区、威海高新技术开发区、威海经济开发区三地的方言；“威海二”指的是当地人所说的翘舌区威海话，包括文登、荣成、乳山三地的方言。

此外，枣庄、滕州，泗水、新泰、平邑、费县、苍山、郯城，

单县、曹县、定陶、鄄城，梁山、阳谷等地方言里，还有一部分合口呼韵母前的 zh、ch、sh 声母字分别读成唇齿音声母[pf][pfʻ][f]，如"朱、初、书"分别读成[pfu][pfʻu][fu]。因为与上面表格的设计不完全相合，所以没有列在表格里。即使如此，仅从表 2-3 就可以看出，普通话 zh、ch、sh 声母的字在山东各地方言里读音的复杂状况。

（三）普通话 j、q、x 声母的字在山东部分方言里分成两组

普通话里的 j、q、x 声母是从古代汉语的"见、溪、群、晓、匣"（大体读音为 g、k、h）和"精、清、从、心、邪"（大体读音为 z、c、s）两类声母演变合并而来的。来自"见系"的，学界称之为"团字"；来自"精系"的，学界称之为"尖字"。从这个意义上说，普通话是不分尖团的，而山东不少地方话则是分尖团的。不过各地分尖团的情形也并不尽相同。为求简明，下面也列表说明。

表 2-4　普通话 j、q、x 声母在山东方言里分化情况一览表

尖、团音例字　　　普通话与山东各地读音	尖字			团字		
	济	妻	西	既	期	希
普通话	tɕ	tɕʻ	ɕ	tɕ	tɕʻ	ɕ
青岛、临沂、菏泽、利津、济宁、昌乐、高密	ts	tsʻ	s	tɕ	tɕʻ	ɕ
荣成、海阳、莱州、平度	ts	tsʻ	s	c	cʻ	ç
烟台、牟平	tɕ	tɕʻ	ɕ	c	cʻ	ç
蓬莱、龙口	tʃ	tʃʻ	ʃ	c	cʻ	ʃ
日照、五莲	tθ	tθʻ	θ	tʃ	tʃʻ	ʃ
诸城	ȶ	ȶʻ	ɕ	tʃ	tʃʻ	ʃ

分尖团是古汉语语音类别的遗迹之一，既然现代汉语普通话已经不再分别，那么，在学习普通话时就应该消除这种分别。

顺便说明一个概念。从上面的介绍可以看出，尖音与团音是一组相对的概念，可以说，没有尖音也就无所谓团音，相反亦然。但

是，当前有些人把 j、q、x 声母发音部位读得偏前叫做"有尖音"，这种说法是不准确的。只有如上面那样分成两组的，才可以说存在尖团音的问题。

（四）普通话 zh、ch、sh，j、q、x，z、c、s 三组声母在山东方言里分布状况复杂

对照前面的表 2-3 和表 2-4，还可以看出一个重要的方言问题，那就是，在普通话里泾渭分明的三组声母 zh、ch、sh，j、q、x，z、c、s，在山东方言里是有些纠缠不清的。

比如济宁话，把所有普通话里读 zh、ch、sh 声母的字都读成了 z、c、s，但是，济宁话同时还把普通话里读 j、q、x 声母的一部分字也读成 z、c、s，于是，仅就这三组声母而言，普通话与济宁话就有了以下的纠结。

表 2-5　普通话与济宁话声母 zh、ch、sh，j、q、x，z、c、s 语音差异一览表

普通话	zh	z	j	ch	c	q	sh	s	x
济宁话		z		j		c		q	s	x

再如青岛话，把普通话里读 zh、ch、sh 声母的字都读成了两组，还把普通话里读 j、q、x 声母的字都读成了两组，这样一来，这三组声母在普通话与青岛话之间也产生了纠结。

表 2-6　普通话与青岛话语音 zh、ch、sh，j、q、x 差异一览表

普通话	[tʂ] [tʂʻ] [ʂ]		[ts] [tsʻ] [s]		[tɕ] [tɕʻ] [ɕ]	
青岛话	[tʂ] [tʂʻ] [ʂ]	[tʃ] [tʃʻ] [ʃ]	[tθ] [tθʻ] [θ]	[ts] [tsʻ] [s]	[tɕ] [tɕʻ] [ɕ]	[tɕ] [tɕʻ] [ɕ]

对比上面的两个表，我们可以发现一个问题。青岛话与普通话之间的不同，对于青岛人来说不会造成太大的困难，因为青岛人只要把第一、第二两列归并为一类，把第四、第五两列归并为一类，就可以符合要求。第三列与普通话是一对一的关系，只要改变读法（音值）就可以了。但是，济宁人就没有那么幸运了。济宁人要从自己读 z、c、s 的字里边分出一部分改读 zh、ch、sh，这样就有了选择和记忆的难度了。比如"资质"二字，济宁人可能读出下面几种读

法："zizi""zizhi""zhizhi""zhizi"，读音正确的概率只有 25%。这也正是济宁人学习普通话的难点所在。对于各个方言区的人来说，这一类的难点都是可能存在的，只不过出现的范围不一定相同而已。比如普通话和济南等地方言在 r 声母与 l 声母上面的纠结也是如此。

表 2-7　普通话与山东各地 r、l 声母语音差异一览表

普通话	r		l	
	开口呼	合口呼	开口呼	合口呼
例字	任	软	来	鲁
济南、泰安	r	l		l
枣庄、滕州、泗水平邑、新泰	r	[v]		l
青岛、烟台、威海	零声母			l
济宁、聊城	[z]			l
淄博	l			

从表 2-7 可以看出，济南人要从合口呼 l 声母字里分出一部分改读 r 声母，也会出现是否能够改得准确的问题。事实上，确实有人把"齐鲁"读作"qiru"，那就是矫枉过正了。淄博人就更加困难一些，因为他们需要从所有 l 声母字里分出一部分改读 r 声母。青岛人要在零声母字里分辨出 r 声母字。倒是枣庄、济宁两地的人不难找出 r 声母字，因为读[v]和[z]声母的字，一律改读 r 声母就可以了。

我们可以在烟台话、威海话等方言与普通话之间做出类似的对照表格，但是我们很难把山东几个主要方言点与普通话的这种对照关系放在一张表格里面，因为它们之间的对照关系非常复杂。仅仅从前面列举的几组声母对照关系，我们也能够体会到，普通话与山东方言之间的差别确实不像某些人臆测的那样小。这也正是我们没那么容易学好普通话的根源所在。

表 2-8　z、c、s 与 zh、ch、sh 声母字对照表

	z		zh
zi	①资姿兹滋辎孜咨③子仔籽姊紫滓梓④自字恣	zhi	①芝之支枝肢脂知蜘织只汁②直值植殖职执伍③只止址趾芷旨指纸④志至峙致制治置智痔滞稚质秩掷
za	①扎匝咂②杂砸	zha	①查渣扎②炸铡闸轧扎③眨④乍炸诈榨栅
ze	②则责泽择④仄	zhe	①遮螫②折哲蜇辙③者赭④蔗这浙
zai	①灾栽③载宰④在再载	zhai	①斋摘②宅翟③窄④债寨
zao	①糟遭②凿③早枣澡蚤藻④造皂灶躁	zhao	①招昭朝着②着③找爪④罩笊召照赵兆
zou	①邹③走④奏揍	zhou	①诌周州洲舟粥②轴③肘帚④皱骤昼宙咒
zan	①簪②咱③攒④赞暂	zhan	①粘沾毡③斩盏展揾辗④站栈绽蘸湛战占
zen	③怎	zhen	①真针珍贞侦斟甄砧②诊疹枕④振震阵镇
zang	①脏赃臧④藏葬脏奘	zhang	①张章彰③长涨掌④丈仗杖帐涨胀障瘴
zeng	①曾增憎④赠	zheng	①争挣睁筝正征症蒸②整拯④挣正政证症郑
	c		ch
ci	①疵差②词辞磁慈瓷雌③此④次刺赐伺	chi	①眵笞嗤痴吃②匙持池驰弛迟③齿耻侈尺④炽斥赤
ca	①擦	cha	①差叉插②茶查碴苴察③衩镲④差岔权诧刹
ce	④策测侧厕册	che	①车②扯③撤彻
cai	①猜②材财裁③采彩踩④菜蔡	chai	①差拆②柴
cao	①操糙②曹槽嘈③草	chao	①抄钞超②巢朝潮嘲晁③吵炒
cou	④凑	chou	①抽②愁仇酬绸筹踌畴③瞅丑④臭

	c		ch
can	①参餐②残蚕惭③惨④灿	chan	①搀掺②馋缠婵禅③产铲谄阐④颤忏
cen	①参②岑涔	chen	①抻②辰晨陈尘沉臣④衬趁称
cang	①仓苍舱②藏	chang	①昌猖②长场肠常尝偿③厂场敞④唱倡畅
ceng	②层曾④蹭	cheng	①撑称②成城诚盛程承呈惩澄橙③逞④秤
	s		sh
si	①私思司丝斯撕③死④四似饲伺祀寺泗	shi	①师狮诗施虱失湿②时十什拾食蚀实识③史驶使始屎矢④是示市柿试事士视氏恃嗜似世势誓逝式室适饰释
sa	①撒③洒撒④萨卅飒	sha	①沙纱砂痧杉杀刹煞②啥③傻④厦霎煞
se	④色塞涩瑟啬穑	she	①奢赊②蛇舌折③舍④社射舍设涉摄赦
sai	①腮塞④塞赛	shai	①筛③色④晒
sao	①搔骚缫臊③扫嫂④臊扫	shao	①捎梢稍烧②勺芍韶③少④哨绍少邵
sou	①搜艘馊④嗽	shou	①收③手守首④瘦受授兽寿售狩
san	①三叁③伞散馓④散	shan	①山舢衫删珊扇煽膻③闪陕④汕讪扇善膳缮鳝擅赡单禅
sen	①森	shen	①参身深申伸呻②神什③审婶沈④肾渗瘆甚葚慎蜃
sang	①桑丧③嗓④丧	shang	①伤商墒殇③赏响垧上④上尚绱
seng	①僧	sheng	①生牲甥笙声升②绳③省④胜剩盛圣

说明：数字①②③④分别表示普通话的阴平、阳平、上声、去声四个调类。

表 2-9　r 声母合口韵字与 l 声母合口韵字对照表

r声母合口呼音节	汉　字	l声母合口呼音节	汉　字
ru	②如茹铷儒嚅濡孺襦蠕③汝乳辱擩④入泇蓐溽缛褥	lu	①撸噜②卢芦庐泸垆炉胪颅鸬鲈轳栌③芦卤虏掳鲁橹镥④六角陆录辂赂菉鹿渌逯绿球碌睩路僇箓蓼漉醁辘戮璐潞簏鹭麓露
ruan	③阮软朊	luan	②峦孪娈栾鸾脔滦銮③卵④乱
rui	②蕤③桵蕊蘂④芮汭枘蚋锐瑞睿		
run	④闰润	lun	①抡②仑伦论抡囵沦纶轮④论
ruo	④若偌䃀弱婼蒻篛爇	luo	①将啰落②罗萝啰逻䐉猡锣箩骡螺③裸瘰④泺荦咯洛骆络珞硌烙落跞摞漯

说明：数字①②③④分别表示普通话的阴平、阳平、上声、去声四个调类。

二、山东方言声母的音值特点

普通话声母的音值上面已经论说过了，山东方言声母的音值上面也已经涉及了不少，但那还并不是全貌。这一节我们将对方言里的特殊声母做一些介绍。

（一）与 zh、ch、sh 相关的辅音

普通话的 zh、ch、sh 声母是舌尖后音，上面已经介绍过了。在山东方言里，与此相对应的声母能够读出的辅音就有下列多种：

1. 普通话的 zh、ch、sh、r 声母是舌尖后音[tʂ][tʂʻ][ʂ][ʐ]，济南、泰安、德州等地读舌叶音[tʃ][tʃʻ][ʃ][ʒ]。这两组辅音的区别在于 [tʂ] 系是舌尖上翘并略略向后弯曲，而[tʃ]系是舌头平伸、舌尖与舌面前部向上抬高与硬腭靠近，二者造成的听感是不完全相同的。我们可以通过图 2-6 进行对比，体会它们之间的差异。

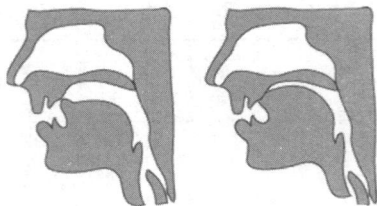

图 2-6　舌尖后音与舌叶音发音部位对照图

2. 普通话的[tʂ][tʂ'][ʂ][ʐ]，高密、安丘、诸城等地读舌叶音[tʃ][tʃ'][ʃ][ʒ]。

高密等地与济南等地的舌叶音还有轻微的不同。鲁西一带的[tʃ][tʃ'][ʃ]舌叶与硬腭前端接触面稍小，而高密一带的[tʃ][tʃ'][ʃ]舌叶与硬腭前端接触面稍大，也就是说，高密一带的舌叶音腭化更加明显。这样微小的不同也会在听感上造成很大的差异：鲁西一带的[tʃ][tʃ'][ʃ]与普通话的[tʂ][tʂ'][ʂ]听起来有些近似，而高密一带的[tʃ][tʃ'][ʃ]与普通话的[tʂ][tʂ'][ʂ]在听感上差异则更大一些。

3. 枣庄、新泰、平邑、泗水、滕州以及临沂部分地方：

普通话[tʂ][tʂ'][ʂ][ʐ]＋开口呼韵母→方言[tʃ][tʃ'][ʃ][ʒ]

普通话[tʂ][tʂ'][ʂ][ʐ]＋合口呼韵母→方言[pf][pf'][f][v]

（二）与 j、q、x 相关的辅音

普通话读 j、q、x 的字，在山东话里有多种不同的音类，也有多种不同音值。

日照：尖字读齿间音[tθ][tθ'][θ]，团字读舌叶音[tʃ][tʃ'][ʃ]。所谓齿间音，发音时舌尖放在上下齿之间，利用这个部位读 z、c、s，读出来的就是齿间音的[tθ][tθ'][θ]了。齿间音的发音部位如图 2-7 所示。

诸城：尖字读舌面前音[tɕ][tɕ'][ɕ]，团字读舌叶音[tʃ][tʃ'][ʃ]。[tɕ][tɕ']是舌

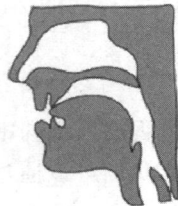

图 2-7　齿间音发音部位图

面前清塞音，[ȶ]不送气，[ȶʻ]送气。我们知道，普通话里的"济、齐、西"和"基、其、希"的声母都是舌面前清辅音，"济基"的声母是塞擦音[ȶɕ]，"齐其"的声母是塞擦音[ȶɕʻ]，"西希"的声母是擦音[ɕ]，[ȶ][ȶʻ]就是在这个部位发出的清塞音。诸城话里的"济、齐、西"分别读作[ȶi][ȶʻi][ɕi]，"基、其、希"分别读作[tʃi][tʃʻi][ʃʻi]。

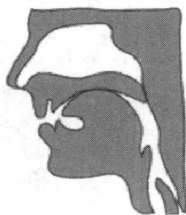

图 2-8　舌面中音发音部位图

烟台、威海多处方言里把团字读成舌面中音[c][cʻ][ç]，如"基、其、希"分别读作[ci][cʻi][çi]。舌面中音的发音部位是舌面中部和硬腭的后部。（见图 2-8）

上面列出的不少辅音都是普通话里没用到的。

（三）与 z、c、s 相关的辅音

在山东方言里，不少地方如青岛、平度、临朐、新泰、沂水、诸城、日照等地，把普通话里读 z、c、s 声母的字读成齿间音[tθ][tθʻ][θ]，而且这种读音还有蔓延扩大的趋势。比如，原来济南话里是不出现这几个辅音的，但是近几年来，把 z、c、s 读成[tθ][tθʻ][θ]的却时有发现，而且多半出现在青少年人群当中。这也算是一种新的方言问题。

（四）其他方言声母

舌尖前浊擦音[z]：济宁、菏泽等地方言里"人、染、肉"等字的声母。

舌尖中浊边擦音[ɮ]：章丘、淄博等地方言里"来、人"等字的声母。[ɮ]是一个边音与浊擦音结合而成的辅音，具体说来，就是在浊边音的发音过程中增加气流（带着声音）与舌尖两边的摩擦，使声音中带有明显的擦音成分。

舌尖中清边擦音[ɬ]：寿光、临朐等地方言里儿化词"事儿"的声母。辅音[ɬ]就是在发浊边擦音[ɮ]时，让声带不要颤动发声，只

保留擦音的成分。

舌面前清塞音[ȶ][ȶ']：诸城、五莲、胶南等地，普通话中的[t][t']与齐齿呼韵母拼合变为舌上音[ȶ][ȶ']，如诸城方言中的"电[ȶian]"和"田[ȶ'ian]"、"笺"和"颠"、"钱"和"田"、"精"和"丁"、"清"和"听"、"瞧"和"条"、"焦"和"刁"。

舌面前浊鼻音[ɲ]：山东各地方言里 n 声母在开口呼、合口呼韵母前仍读舌尖中鼻音[n]，在齐齿呼、撮口呼韵母前读舌面前鼻音[ɲ]。例如："能、耐"（开口呼），"怒、暖"（合口呼）等字的声母为[n]；"泥、娘"（齐齿呼），"女、虐"（撮口呼）等字的声母为[ɲ]。[ɲ]的发音部位与[ȶ][ȶ']是相同的，就是以舌面前部与硬腭前部成阻发出的鼻辅音。具体发音部位可参见上一节的舌面前音发音部位图（图 2-3）。

舌面后浊鼻音[ŋ]：济南、泰安、德州等地方言里"爱、安、欧、恩"等字的声母。

舌面后浊擦音[ɣ]：青岛、临沂、济宁、菏泽等地方言里"爱、安、欧、恩"等字的声母。

舌尖中塞音与闪音组成的复辅音声母[tr]：莱州市夏丘镇沟刘村方言里把"顶上"读作[trɤχɔ̄]，"底下"读作[triɤɕiə]。

舌面中鼻音声母[ɲ]：东营市利津县盐富镇方言里把"婆婆"（丈夫之母）叫做"老 ɲiʌ"，"那"字除了读作[nʌ]之外，还可以读作［ɲiʌ]和[ɲie]。

（五）零声母

零声母音节在山东方言里往往在音节开头带上一个浊辅音，增加的辅音会随着韵母的性质和地域的不同而有所不同。现在分别简述于下。

1. 开口呼韵母

济南、泰安、莱芜、德州、滨州、东营、潍坊、临沂、日照等地，开口呼零声母音节会带上一个[ŋ]声母，如"藕"读作[ŋou]。

枣庄、济宁、菏泽、聊城等地，开口呼零声母音节会带上一个

[ɣ]声母。如"藕"读作[ɣou]。

2. 合口呼韵母

许多地方会在合口呼零声母音节前面加上[v]或者[ʋ]声母。如"伟"会读成[vei]或[ʋei]。[v]是唇齿浊擦音，[ʋ]是唇齿的半元音。

3. "儿、而"等普通话读 er 的零声母字

惠民、滨州、淄博等地变为 l 声母，读作[lɯ]或[lɣ]；即墨变为[ɻ]声母，读作或[ɻɣr]。

此外，莱州市夏丘镇沟刘村的地方话里，"顶上"读作[tɾɣ̃χɔ̃]，"底下"读作[tɾiɣ̃ɕiə]。"顶、底"二字的声母就是舌尖中塞音与闪音组成的复辅音，这种辅音声母在汉语方言当中是相当少见的。

思考与练习

1. 什么叫做发音部位？什么叫做发音方法？

2. 声母词语练习

(1)送气音与不送气音词语练习

b—p	鞭炮 biānpào	剥皮 bāopí	摆平 bǎipíng
p—b	判别 pànbié	拼搏 pīnbó	旁白 pángbái
d—t	答题 dátí	丹田 dāntián	当天 dàngtiān
t—d	坦荡 tǎndàng	特点 tèdiǎn	推动 tuīdòng
g—k	干枯 gānkū	感慨 gǎnkǎi	港口 gǎngkǒu
k—g	客观 kèguān	看管 kānguǎn	空格 kònggé
j—q	坚强 jiānqiáng	价钱 jiàqian	节气 jiéqi
q—j	奇迹 qíjì	前进 qiánjìn	亲近 qīnjìn
zh—ch	支持 zhīchí	战场 zhànchǎng	章程 zhāngchéng
ch—zh	吃住 chīzhù	产值 chǎnzhí	场站 chǎngzhàn
z—c	资产 zīchǎn	再次 zàicì	早餐 zǎocān
c—z	参赞 cānzàn	沧州 cāngzhōu	存在 cúnzài

(2)声母 zh、ch、sh 与 z、c、s 词语练习

zh—z	追踪 zhuīzōng	掌嘴 zhǎngzuǐ	正宗 zhèngzōng
z—zh	组织 zǔzhī	作者 zuòzhě	赞助 zànzhù

ch—c 初次 chūcì   场次 chǎngcì   成才 chéngcái
c—ch 财产 cáichǎn   仓储 cāngchǔ   村长 cūnzhǎng
sh—s 上司 shàngsi   深邃 shēnsuì   生死 shēngsǐ
s—sh 私事 sīshì   散失 sànshī   岁数 suìshu

(3)声母 n、l 词语练习

n—l   努力 nǔlì   能量 néngliàng   男篮 nánlán
l—n   靓女 liàngnǚ   连年 liánnián   留念 liúniàn

(4)声母 f、h 词语练习

f—h   发挥 fāhuī   防护 fánghù   繁华 fánhuá
h—f   恢复 huīfù   划分 huàfēn   焕发 huànfā

(5)声母 m、n 词语练习

m—n   美女 měinǚ   卖弄 màinòng   明年 míngnián
n—m   你们 nǐmen   难免 nánmiǎn   农忙 nóngmáng

第三章　韵母的学习

第一节　韵母与普通话韵母

一、韵母是汉语语音学的概念

（一）什么是韵母

在普通话里，"山东"二字的读音为"Shāndōng"。我们可以把它们各自分为两段：sh 和 ān、d 和 ōng，据前一章可知，sh 和 d 分别是两个音节的声母，而其后的 an 和 ong 则分别是两个音节的韵母。在汉语音韵学中，每个音节里声母以后的语音成分叫做韵母。

如果某个音节是个零声母音节，那么，实际上整个音节的发音部分都是韵母。比如："音"字的读音是 yin，它的实际读音就是 in，这也就是它的韵母。

（二）韵母的构造

表 3-1　普通话韵母结构表

读音 汉字	声母	韵母			声调
		韵头	韵腹	韵尾	
光	g	u	a	ng	
年	n	i	a	n	
魁	k	u	e	i	
教	j	i	a	o(u)	
决	j	ü	e		
海	h		a	i	
乐	l		e		
腭			e		

注：此表中列出的读音都没有标注声调。

表 3-1 中的"光、年、魁、教"四个字的韵母都是由三个音素组成的，我们把它们分别叫做韵头、韵腹、韵尾。从表中还可以看出，"决"字有韵头却没有韵尾，"海"字有韵尾却没有韵头，"乐"字则是韵头韵尾都没有，这些字的韵母相同的一点就是都必须有韵腹。

再进一步观察就可以知道，韵头、韵腹都必须是元音，韵尾则既可以是元音也可以是辅音。在每个韵母当中，做韵腹的元音总是比其他元音开口度更大、更响亮。比如"魁"字的韵母里，元音 e[e]虽然只是个半高元音，开口度不算很大，但是它前面的 ü 和后面的 i 都是高元音，开口度更小。正因韵腹必须是元音，它的地位又最为重要，所以，我们又把韵腹叫做主要元音。

二、普通话韵母的分类

包括普通话和各地方言在内，现代汉语语音系统里的韵母，也都构成了一个严密的系统。这种系统性也体现在它们的分类上面。我们可以从不同的角度把它们分成不同的类别。

(一)根据韵头的分类

汉语音韵学者根据有无韵头和有什么韵头，把普通话的韵母分成四大类：开口呼、齐齿呼、合口呼、撮口呼，总称为"四呼"。

从表 3-2 可以看出"四呼"的意义。现在分别表述如下：

开口呼：第一列的 15 个韵母，前 12 个和最后一个都没有韵头，韵母本身也不是 i、u、ü，这样的韵母就叫做开口呼韵母。不过第 13、第 14 两个韵母-i前[ɿ]和-i后[ʅ]，仅仅从汉语拼音的字母形状来看，好像就是元音 i，但是它们的读音与元音 i 有本质的区别，国际音标符号就可以说明这一点，所以也列在开口呼一类里，也算它们是开口呼韵母。

齐齿呼：第二列的 9 个韵母，第一个韵母本身就只有一个元音 i，第七、第九两个韵母没有韵头，韵腹是元音 i，其余 6 个韵母都由元音 i 做韵头。归纳起来定义如下，韵头是 i 或者没有韵头而韵腹本身是 i 的，这一类的韵母就叫做齐齿呼韵母。

表 3-2　普通话韵母总表

开口呼	齐齿呼	合口呼	撮口呼
	i[i]衣	u[u]无故	ü[y]居于
a[ʌ]阿大	ia[iʌ]家鸭	ua[uʌ]花袜	
o[o]波		uo[uo]我国	
e[ɤ][ɤʌ]可贺			
ê[ɛ]欸	ie[iɛ]贴切		üe[yɛ]约略
ai[ai]爱戴		uai[uai]外快	
ei[ei]诶黑		uei[uei]位贵	
ao[au]高傲	iao[iau]苗条		
ou[ou]后头	iou[iou]悠久		
an[an]暗探	ian[iɛn]眼尖	uan[uan]婉转	üan[yɛn]元倦
en[ən]根本	in[in]引进	uen[uən]稳准	ün[yn]均匀
ang[aŋ]苍茫	iang[iaŋ]扬江	uang[uaŋ]狂妄	
eng[əŋ]丰盛	ing[iŋ]应景	ong[uŋ]空洞	iong[yŋ]汹涌
		weng[uəŋ]翁	
-i前[ɿ]字词			
-i后[ʅ]史诗			
er[ɚ]儿			

　　合口呼：第三列的 10 个韵母，第一个韵母本身就只有一个元音 u，另有七个韵母都由元音 u 做韵头，第十个韵母的韵头变换了书写形式，实际上也是以 u 做韵头；第九个韵母虽然以 o 做韵腹（没有韵头），但是它的实际发音也是以 u 做韵腹的。归纳起来定义如下，韵头是 u 或者没有韵头而韵腹本身是 u 的，这一类的韵母就叫做合口呼韵母。

　　撮口呼：第四列的 5 个韵母，或者本身只有一个元音 ü，或者以 ü 做韵头，这些都叫做撮口呼韵母。第五个虽然在《汉语拼音方案》里写作 iong，但是从前面列出的韵母表里的国际音标可以看出，

io 两个字母在这里代表的依旧是元音 ü，所以 iong 还要算作撮口呼韵母。归纳起来定义如下，韵头是 ü 或者没有韵头而韵腹本身是 ü 的，这一类的韵母就叫做撮口呼韵母。

（二）根据韵尾的分类

以有无韵尾以及有什么韵尾为依据，可以把普通话的 39 个韵母分为三类。

开尾韵母：没有韵尾的韵母叫做开尾韵母，这一类里又可以分成有韵头和无韵头两个小类。a、o、e、ê、er、-i前、-i后、i、u、ü 这 10 个韵母都没有韵头，整个韵母只由一个元音组成，自然也没有韵尾，它们又叫做单元音韵母，简称做单韵母；ia、ie、ua、uo、üe 这 5 个韵母各自具有不同的韵头，要算是复元音韵母，简称做复韵母，但是也都没有韵尾。以上 15 个韵母都叫做开尾韵母。

元音尾韵母：以元音 i 和 u 做韵尾的韵母叫做元音尾韵母，共有 8 个，即 ai、ei、ao、ou、iao、iou、uai、uei。这些韵母都由两个或三个元音组成，叫做复元音韵母，简称做复韵母。开尾韵母里也有 5 个有韵头的，也是复韵母。值得注意的是 ao、iao 两个韵母，虽然汉语拼音把最后一个字母写成 o，但它们的实际读音却也是元音 u。所以，我们说普通话里做韵尾的元音只有 i 和 u 两个。

鼻音尾韵母：以辅音 n 和 ng 做韵尾的韵母叫做鼻音尾韵母，简称做鼻韵母，收 n 尾的叫前鼻韵母，收 ng 尾的叫后鼻韵母。这类韵母共有 16 个，即 an、ian、uan、üan、en、in、uen、ün、ang、iang、uang、eng、ing、ueng、ong、iong。

从韵尾的状况来看，普通话与山东话的系统差异是很明显的，这一点对于山东人学习普通话意义很重大，值得我们特别注意。山东很多地方话里鼻辅音韵尾只有 ng 一个，几乎完全没有真正的前鼻韵母，代替它的是另一类元音韵母，这肯定要算是系统的差异。山东方言里的元音尾韵韵母也少于普通话，这也是系统的差异。下一节将对此作进一步分析。

第二节 普通话韵母的发音

一、单元音韵母的发音

单韵母是由单个元音独立组成的韵母，普通话 10 个单韵母可分为舌面元音、舌尖元音和卷舌元音三类。顾名思义，舌面元音的发音部位是舌面，有 ɑ、o、e、ê、i、u、ü 七个；舌尖元音的发音部位是舌尖，有 -i前、-i后 两个；卷舌元音 er 实际上可以说是特殊部位的舌尖元音。

舌位的前央后、高中低，以及所有元音的具体发音部位和发音方法，在本书的第一章里已做过说明，不再重复。这里只是把普通话中单韵母的元音在舌位图上的具体部位做个归纳和说明。（见图 3-1）

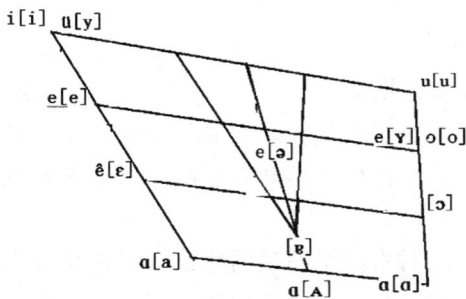

图 3-1 普通话所用舌面元音舌位图

普通话的 i、ü、ê 都是前元音，其中的 i、ü 是高元音，ê 在做单韵母时一般是半低元音。这些元音的舌位如图 3-1 所示。

做单韵母的 ɑ 是一个舌面央低元音，即国际音标里的 [ʌ]。在轻声音节里做韵母的 e，是个中央元音，即国际音标里的 [ə]。

在非轻声音节里做单韵母的 e，一般记作舌面后半高不圆唇元音 [ɣ]；不过，北京人嘴里的实际读音乃是 [ɣʌ]，它更接近于一个复元音韵母，这里也从简记作[ɤ]。o与[ɤ]舌位相同，只是变为圆唇，即[o]。作为单韵母，o只出现在唇音声母b、p、m、f的后面。单韵母u就是后高圆唇元音[u]，不需要做进一步说明。

-i前[ɿ]是舌尖、前、高、不圆唇元音，是普通话里"资、茨、思"的韵母。-i后[ʅ]是舌尖、后、高、不圆唇元音，是普通话里"之、持、诗"的韵母。这两个舌尖元音的发音部位示意图参见第一章的图1-3。

er[ɚ]国际音标符号也可以记作[ɚ]或[ɚ]。er的发音方法是，在舌尖元音-i后[ʅ]舌位的基础上，舌尖向上向后翻卷并与硬腭留下稍大一些的空隙，这时被动发音部位就从硬腭前端向后移动，舌位接近舌面央元音[ə]的位置。在普通话里，er做单韵母时只构成零声母音节，不能与辅音声母拼合。er的舌位见图3-2。

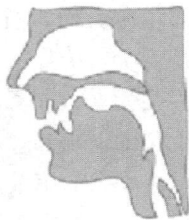

图3-2　er发音部位图

二、复韵母的发音

复韵母是由两个或三个元音组成的韵母。复韵母发音的共同点是，舌位的高低、舌位的前后和嘴唇的圆展在发音过程中会随时发生变化。

复韵母在发音时有两个明显的特点：一是元音之间没有明显的界限，整个过程是从一个元音滑向另一个元音，中间不能出现任何间隔或停顿；二是各元音的发音响度不完全相同，主要元音发音时口腔开口度最大，声音最响亮，持续时间也最长，其他做韵头或做韵尾的元音相对比较轻短。响度大的元音（韵腹）在前的，叫做前响复韵母；响度大的元音在后的，叫做后响复韵母；响度大的元音在中间的，叫做中响复韵母。

（一）前响复韵母

前响复韵母共有四个：ai、ei、ao、ou。前响复韵母发音的共同点都是舌位由低到高滑动，也就是口腔从开度大变到开度小，开头的元音清晰响亮，收尾的元音轻短、含混、模糊。收尾的元音只表示舌位滑动的方向和终点，一般不会十分清晰。

ai[ai]，发音时，舌尖抵住下齿背，舌面前部隆起与硬腭相对，从发前"a"（舌位比单元音 a 靠前）开始，舌位向 i 的方向滑动升高。整个发音过程舌位变化的动程较大。发这个韵母时的舌位运动状态见图 3-3。从这个图不难体会出"动程"的意思。

ai 韵母例字：该、台、在、拍、才、赖；ai 韵母词语：开赛、爱戴、买卖、海带、白菜。

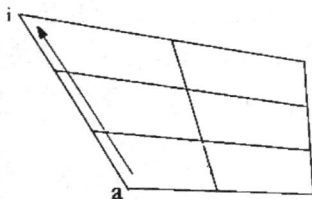

图 3-3　ai 韵母舌位示意图

图 3-4　ei 韵母舌位示意图

ei[ei]，这个韵母韵腹的舌位比单发 e 要靠前，是舌面前、半高、不圆唇元音。发音开始时舌尖抵住下齿背，使舌面前部隆起与硬腭前部相对。舌位从 e 的位置开始升高，一直到达高元音 i 才停止。发这个韵母时的舌位变化见图 3-4。

ei 韵母例字：被、陪、费、内、累、给、黑；ei 韵母词语：肥美、北非、蓓蕾、美眉。

ao[ɑu]，这个韵母的主要元音是舌面后、低、不圆唇元音[ɑ]。舌位比单韵母的元音 a 要靠后（简称后 a），发音开始时，舌头后缩，舌面后部略隆起；从后 a 开始，舌位向舌面后、高、圆唇元音 u 滑动，最后停止在元音 u 上。在这个韵母的发音过程之中，唇形也由基本不圆逐渐拢圆。前面说过，这个韵母虽然汉语拼音写作 ao，但是普通话的实际发音韵尾更加接近高元音 u，正因为如此，我们在讲韵母的构造时，在元音韵尾里只列出了 i、u，而没有列上 o。在发音时要注意这一点。发这个韵母时的舌位变化见图 3-5。

ao 韵母例字：熬、包、道、套、浩、早、曹；ao 韵母词语：

跑冒、高考、早操、唠叨。

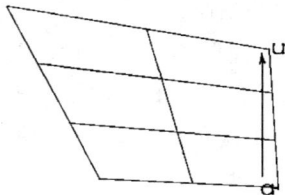

图 3-5　ɑo 韵母舌位示意图

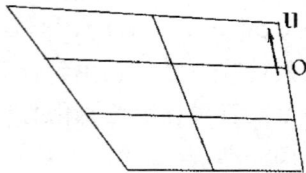

图 3-6　ou 韵母舌位示意图

　　ou[ou]，发音时，从舌面后、半高、圆唇元音 o[o]开始，舌位逐渐滑动升高到高元音 u，在这个韵母的发音过程之中，始终保持圆唇。ou 是复韵母中动程较短的一组复合元音。发这个韵母时的舌位变化见图 3-6。

　　ou 韵母例字：偶、某、否、逗、透、楼、够、抠、侯、搜；ou 韵母词语：丑陋、佝偻、寇仇、收受、叩首。

　　对于山东人来说，前响复韵母，特别是其中的 ɑi 和 ɑo，是学习的难点，因为山东方言里普遍把这类韵母读成单韵母。比如，济南话里把"盖"读成[kæ]，把"高"读成[kɔ]，淄博话里把"盖"读成[kɛ]，把"高"读成[kɔ]，等等，都不是前响复韵母。所以，对于这类韵母，我们必须特别注意辨析，反复练习，否则很难消除方言色彩。

　　（二）后响复韵母

　　普通话里的后响复韵母有 5 个：iɑ、ie、uɑ、uo、üe。它们发音的特点是舌位由高向低滑动，收尾的元音响亮清晰，在韵母中处在韵腹的位置。韵头的元音都是高元音 i-、u-、ü-，由于它处于韵母的韵头位置，发音相对比较轻短。

　　iɑ[iʌ]，发音时，从前高元音 i 开始，舌位滑向央低元音 ɑ[ʌ]结束。i 的发音较短，ɑ[ʌ]的发音响亮而且时间较长。

　　iɑ 韵母例字：牙、俩、家、恰、霞；iɑ 韵母词语：假牙、下嫁、掐架。

　　ie[iɛ]，发音时，从前高元音 i 开始，舌位滑向前半低元音 ê

[ɛ]结束。i 发音较短，ê 发音响亮而且时间较长。

注意：在舌位滑动的过程中，舌位要始终保持舌面前元音的状态，舌尖抵下齿背不能后缩；还要注意嘴角向两旁扯开，唇形始终不圆。

ie 韵母例字：爷、灭、碟、贴、聂、列、届、窃、鞋；ie 韵母词语：节烈、蹀躞、铁屑。

uɑ[uA]，发音时，从舌面后高圆唇元音 u 开始，舌位滑向央低元音 ɑ[A]结束。唇形由最圆逐步展开最后变成不圆。u 发音较短，ɑ 的发音响亮而且时间较长。

uɑ 韵母例字：挖、挂、夸、华、抓、耍；uɑ 韵母词语：挂画、花袜、耍滑。

[uo]，发音时，从后高元音 u 开始，舌位向下滑到后半高元音 o 结束。发音过程中，始终保持圆唇。u 发音较短，o 的发音响亮而且时间较长。

uo 韵母例字：我、躲、脱、罗、挪、扩、所；uo 韵母词语：活脱、啰嗦、阔绰、骆驼。

üe[yɛ]，发音时，从圆唇的前高元音 ü 开始，舌位下滑到前半低元音 ê，唇形由圆到不圆。ü 的发音时间较短，ê 的发音响亮而且时间较长。

üe 韵母例字：月、虐、略、觉、雀、薛；üe 韵母词语：雪月、约略、决绝。

（三）中响复韵母

普通话中的中响复韵母共有 4 个：iɑo、iou、uɑi、uei。这些韵母发音的特点是舌位由高向低滑动，再从低向高滑动。开头的元音发音不响亮、较短促，只表示舌位滑动的开始；中间的元音清晰响亮；收尾的元音较为轻短。

iɑo[iɑu]，发音时，舌位由前高不圆唇元音 i 开始，舌位降至后低元音 ɑ(后 ɑ)，然后再向后高圆唇元音 u 的方向滑升。发音过程中，舌位先降后升，由前到后。唇形从中间的元音 ɑ 开始逐渐变为圆唇。中响复韵母 iao 的舌位变化情况参见图 3-7。

iao 韵母例字：要、表、秒、掉、条、鸟、叫、乔；iao 韵母词语：小票、巧妙、鸟叫、鹪鹩。

iou[iou]，发音时，舌位由前高不圆唇元音 i 开始，向后向下到后元音 o[o]，然后再上升到高圆唇元音 u。发音过程中，舌位先降后升，由前到后。唇形由不圆唇开始，到后元音时逐渐圆唇。

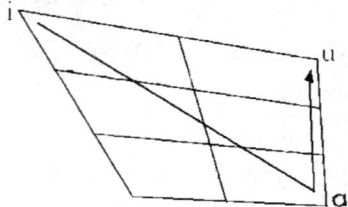

图 3-7　iao 韵母舌位示意图

注意：在发音过程中，中间的元音（韵腹）有些弱化，但并非消失，舌位动程主要表现为从前往后的滑动。汉语拼音方案规定在非零声母音节里把 iou 声写为 iu 只是为了省略，并不是完全按照读音记录的。

iou 韵母例字：有、谬、丢、牛、就、求、修；iou 韵母词语：悠久、秋游、绣球、牛柳。

uai[uai]，发音时，由圆唇的后高元音 u 开始，舌位向前滑降到前低不圆唇元音 a（即前 a），然后再向前

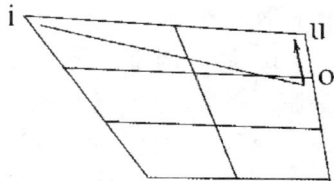

图 3-8　iou 韵母舌位示意图

高不圆唇元音 i 的方向滑动。舌位动程先降后升，由后到前。唇形从最圆开始，逐渐减弱圆唇度，至发前元音 a 始渐变为不圆唇。

uai 韵母例字：外、怪、快、坏、拽、踹、帅；uai 韵母词语：外快。

uei[uei]，发音时，由后高圆唇元音 u 开始，舌位向前向下滑到比前半高不圆唇元音[e]略偏后靠下的位置（但是比央元音 e[ə]的位置还要靠前），然后再向 i 的方向滑升。发音过程中，舌位先降后升，由后到前。唇形从最圆开始，随着舌位的前移，渐变为不圆唇。

注意：与 iou 相似，uei 受声调的影响，中间元音也会有些弱

化。所以在汉语拼音里，在非零声母音节里 uei 可省写为 ui。

uei 韵母例字：为、对、退、贵、亏、会、垂；uei 韵母词语：醉鬼、碎嘴、回归、魁伟。

对于山东人来说，中响复韵母，特别是其中的 uai 和 iao，也是学习的难点。因为山东方言里普遍把这类韵母里的 ai 和 ao 读成单韵母，所以，这类韵母必须特别注意辨析，反复练习，否则很难消除方言色彩。

三、鼻韵母的发音

鼻韵母由元音和鼻辅音韵尾构成。鼻韵母发音的共同点是由纯粹的元音开始，过渡到纯粹的鼻音结束。同复韵母的发音一样，鼻韵母在发音过程中，舌位、唇形等都可能发生明显的变化；与复韵母的发音明显不同的是，发鼻韵母的时候，软腭还要做相应的运动，以保证鼻辅音收尾能够到位。这一点尤其值得我们山东人注意。

在普通话里，充当鼻音韵尾的音素是 -n 和 -ng 两个，含有 -n 的叫前鼻韵母，含有 -ng 的叫后鼻韵母。在普通话的静态语音系统中，-ng 只做韵尾，不做声母。在连读音变中，-ng 也会出现在音节的开头部分，充当声母，但那不是常态。

鼻韵母共有 16 个，前鼻韵母 8 个，后鼻韵母 8 个。

（一）前鼻音尾韵母

普通话中的前鼻音尾韵母有 8 个：an、ian、uan、üan、en、in、un、ün。

an[an]，发音时，由纯粹的前 a[a] 开始，舌尖抵住下齿背，舌位降到最低，软腭上升，关闭鼻腔通路。发出"前 a"后，随着舌位的不断变化，软腭也同时下降，打开鼻腔通路，这时会出现短暂的口鼻音过渡；紧接着舌尖完全与上齿龈闭合，堵塞气流的口腔通路，气流和声音完全从鼻腔流出，最后发成纯粹的鼻音 -n，整个韵母的发音过程完成。整个发音过程中，口形先开后合，动程较大。an 韵母是山东人学习普通话的第一大难点，因为山东人大部分用鼻化元音韵母[æ]或[ɛ]代替普通话的[an]，所以我们一定要细心体会，反复练习，发好鼻韵母[an]。an 系列的 ian、uan、üan 自然也同样存在这个问题。

an 韵母例字：安、办、盘、慢、烦、但、摊、散；an 韵母词语：安然、蹒跚、烂漫、篮坛。

ian[iɛn]，发音时，从前高不圆唇元音 i 开始舌位向前低元音 a[a]（前 a）的方向滑降，当降至接近前 a（实际是半低前元音 ê[ɛ]）的位置就开始升高；软腭下降，逐渐增强鼻音色彩，舌尖迅速移到上齿龈，最后抵住上齿龈达到鼻辅音-n 的部位。正是开头的高元音 i 和后面的鼻辅音 n，共同拉高了韵腹元音的舌位，使它从低元音 a[a]上升到半低元音 ê[ɛ]的位置。这是一个非常自然的发音变化，所以我们不用着意控制发音部位的运动，只要能够发准 an 韵母，就能很自然地发准 ian 韵母。

ian 韵母例字：燕、遍、骗、免、点、天、钱；ian 韵母词语：连篇、天年、先前、翩跹。

uan[uan]，发音时，由圆唇的后高元音 u 开始，口型迅速由合口变为开口，舌位同时向前滑降到不圆唇的前低元音[a]（前 a）的位置。发 a 后，软腭下降，逐渐增强鼻音色彩，舌尖迅速移到上齿龈，最后抵住上齿龈达到鼻辅音-n 的部位。

uan 韵母例字：玩、断、团、暖、转，传、闩、钻；uan 韵母词语：乱窜、换算、婉转、还款。

üan[yɛn]，发音时，由圆唇的后高元音 ü 开始，向前低元音 a 的方向滑降。舌位只降到前半低元音 ê[ɛ]略后的位置就开始升高，软腭下降，逐渐增强鼻音色彩，舌尖迅速移到上齿龈，最后抵住上齿龈达到鼻辅音-n 的部位。这个韵母里韵腹由[a]变[ɛ]的原因与 ian 韵母的发音原理完全相同，这里不再重复说明。

üan 韵母例字：元、卷、全、选、苑；üan 韵母词语：源泉、轩辕、渊源、全权。

en[ən]，发音时，起点元音是央元音 e[ə]，舌位不高不低不前不后，舌尖接触下齿背，发成纯粹的口音 e[ə]；接着舌位上升，舌尖抬起向上齿龈靠拢；当两者将要接触时，软腭下降，打开鼻腔通路，出现短暂的口鼻音过渡；紧接着舌尖与上齿龈闭合，使在口腔受到阻碍的气流和声音从鼻腔里送出，最后发成纯粹的鼻音-n，发音结束。口形由开到闭，舌位移动较小。

与 an 韵母情况相同，山东人大都把 en 韵母读成鼻化元音韵母[ē]或[ə]，同一系列的 in、uen、ün 等几个韵母，也存在同样的问题，比如"文君"二字在山东话里大多读作[uē tɕyə]，与普通话有较大区别，这些方言语音要注意纠正。

en 韵母例字：恩、喷、闷、嫩、跟、很、陈、怎，en 韵母词语：真人、人参、愤懑、身份。

in[in]，发音时，起点元音是前高不圆唇元音 i，舌尖抵住下齿背，软腭上升，关闭鼻腔通路；接着舌位升高，当舌尖即将接触上齿龈时，软腭下降，打开鼻腔通路；紧接着舌尖与上齿龈闭合，使在口腔受到阻碍的气流从鼻腔透出，最后发成纯粹的鼻音-n。

in 韵母例字：因、斌、敏、您、林、紧、亲、心；in 韵母词语：民品、金鳞、秦晋、尽心。

uen[uən]发音时，由圆唇的后高元音 u 开始，向央元音 e[ə]的位置滑降，然后舌尖上翘。发 e[ə]后，软腭下降，逐渐增强鼻音色彩，舌尖迅速抵住上齿龈到达发鼻音-n 的部位。唇形由圆唇在向中间折点元音滑动的过程中渐变为展唇。

注意：uen 韵母的主要元音也会弱化。这个情况与 uei 相似。在汉语拼音里，uen 在非零声母音节里可省写为 un，但这并不等于韵腹的元音不存在，所以，用国际音标注音时，韵腹的元音 e[ə]是不能省略的。

uen 韵母例字：问、吞、论、滚、混、纯、舜、尊、损；uen 韵母词语：温存、稳准、困顿、馄饨。

ün[yn]，发音时，起点元音是前高圆唇元音 ü[y]。ün 与 in 的发音过程基本相同，只是元音的唇形不同。从圆唇的前元音 ü 开始，随后舌尖上翘抵上齿龈，同时软腭下降，打开鼻腔通路发出鼻辅音-n。

ün 韵母例字：晕、军、群、寻；ün 韵母词语：逡巡、均匀、军训、菌群。

（二）后鼻音尾韵母

普通话中的后鼻音尾韵母有 8 个：ang、iang、uang、eng、ing、ong、ueng、iong。

-ng[ŋ]是舌面后、浊、鼻音，它在静态的普通话音系中只做韵尾不做声母。发这个辅音时，舌头后缩，软腭下降与舌根接触后一起关闭口腔，打开鼻腔通道，声带颤动，气流与声音从鼻腔送出。这个辅音的发音部位见图 3-9。

ang[aŋ]，发音时，起点是纯粹的舌面元音 a[a]（后 a），口腔大开，舌位降至最低，舌尖离开下齿背，舌头后缩，软腭上升，关闭鼻腔通路。然后舌面后部抬起，当贴近软腭时，软腭下降，打开鼻腔通路，舌根随即与软腭接触，封闭了口腔通路，气流与声音从鼻腔里透出，最后发出纯粹的鼻音-ng，发音结束。

ang 韵母例字：昂、棒、胖、忙、囊、浪、长、上、藏、桑；ang 韵母词语：杠棒、螳螂、肮脏、方糖。

iang[iaŋ]，发音时，舌位从 i 开始迅速下降并后移到最低最后，到达后 a[a]位置后，舌根抬高、软腭下降发出辅音-ng，韵母发音完成。整个过程可以领会为：以比较轻短的元音 i 与韵母 ang 连接而成的一个合成体。

iang 韵母例字：央、亮、讲、强、想；iang 韵母词语：亮相、强项、湘江、降香。

uang[uaŋ]，发音时，由圆唇的后高元音[u]开始，舌位迅速滑降至后 a；然后舌位升高，发出鼻音-ng。即先发轻短的 u，再接着发 ang，连接成自然的整体，

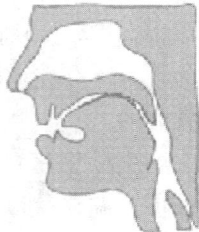

图 3-9 -ng 发音部位图

唇形从圆唇逐渐展唇。

uang 韵母例字：忘、光、狂、慌、爽；uang 韵母词语：黄光、闯王、皇庄、装潢。

ang 系列的四个韵母，在山东不少方言里也是读成鼻化音韵母的。比如，"香港"二字，在淄博、潍坊一带就会读成[ɕiɔ̃ gɔ̃]，在鲁西一带则会读成[ɕiʌ̃ gʌ̃]。这是学习普通话时必须注意纠正的。

eng[əŋ]，发音时，舌位是从略前略低的舌面后半高元音 e（介乎[ə]与[ɤ]之间）的位置开始上升，在舌位抬高的同时，软腭下降，打开鼻腔通路，舌根随即完全与软腭闭合，堵塞口腔通道，气流与声音从鼻腔流出，以纯粹的鼻辅音-ng 结束整个韵母的发音过程。

eng 韵母例字：蹦、碰、疯、等、能、更、坑、程；eng 韵母词语：生猛、鹏程、冷风、蒸腾。

ing[iŋ]，发音时，舌位从前高不圆唇元音 i 开始，向后向上移动，舌面后部逐渐抬起，同时软腭下降，打开鼻腔通路，舌根完全与软腭闭合，堵塞鼻腔通路，气流与声音从鼻腔流出，以纯粹的鼻辅音-ng 结束整个韵母的发音过程。ing 是 i 和-ng 合成的，舌位从 i 开始后，不降低，直接到-ng，口型没有明显的变化。也就是说，在 i 和-ng 之间不存在另一个元音。

ing 韵母例字：应、病、凭、鸣、顶、玲、请、行；ing 韵母词语：影星、精明、宁静、英挺。

ong[uŋ]，发音时，舌位从 u、o 之间开始（比发 u 时口腔松弛一些，比发 o 时口形更小一些，从音位角度看来还要属于/u/音位），随即上升与同步下降的软腭接触，打开鼻腔通路，此时舌根与软腭完全接触，堵塞口腔通路，使气流和声音从鼻腔流出，发出纯粹的鼻音-ng，发音结束。发音过程中唇形始终拢圆。由于元音舌位与 u 相近，所以传统语音学把 ong 归为合口呼韵母，也就是说把韵腹完全看做元音 u。注意，不能把这个韵母发成[oŋ]。

在普通话里，这个韵母只出现在带有辅音声母的音节里，不能组成零声母音节。也就是说，不能把"翁"字读作[uŋ]或[oŋ]。

ong 韵母例字：从、同、隆、空、冲、总、送；ong 韵母词语：弄懂、纵容、棕红、中空。

ueng[uəŋ]，发音时，由圆唇的后高元音 u[u]开始，舌位迅速滑降到舌面后半高不圆唇元音 e[ɤ]（实际比[ɤ]略前略低，接近于[ə]，所以该韵母一般写作[uəŋ]），然后舌位升高发出-ng。ueng 就是在 eng 之前增加一个轻短的 u。唇形从圆唇逐渐变到展唇。

在普通话里，韵母 ueng 只有一种零声母的音节形式 weng，不和任何辅音声母相拼。

ueng 韵母例字：瓮、翁。

iong[yŋ]，这个韵母虽然在汉语拼音书写方式里以两个元音字母的形式出现，但它实际发音时，舌位并非真的从 i 开始再下降到 o，而只是一个舌面前高圆唇元音 ü[y]直接连接到鼻辅音-ng。正因为韵腹是 ü[y]，所以传统语音学把 iong 归入撮口呼韵母之中。

iong 韵母例字：用、炯、穷、熊。

第三节　山东方言的韵母

山东方言内部也是有分歧的，就韵母而论，从韵母的类别（简称作韵类）到各个韵母的实际读音（简称作韵值），各地方言是不完全一致的。比如：从韵类方面来说，济南话、济宁话有 37 个韵母，青岛话有 36 个韵母，烟台话有 38 个韵母……从韵值方面来说，济南话、青岛话的单韵母 a 的读音是央元音[A]，"来、该"的韵母是[æ]；潍坊话、淄博话单韵母 a 的读音是后元音[ɑ]，"来、该"的韵母是[ɛ]。其他细微的差别就更多了。本节将对一些共性较强的方言现象进行综合论述。

一、山东方言韵母的音值特点

（一）复韵母的单元音化

前面说过，普通话的几个前响复韵母 ai、ei、ao 和中响复韵母 iao、uai、ue 的后半部,在发音时都要经过舌位开合高低的变化,也就是通常所说的具有较大动程。而在山东方言里,普通话里的前响复韵母字往往读成单元音韵母;相应的中响复韵母则读成后响复韵母。具体情况如表 3-3 所示:

表 3-3　山东方言里复韵母单元音化一览表

	盖	怪	给	贵	高	教
普通话	〔kai〕	〔kuai〕	〔kei〕	〔kuei〕	〔kɑu〕	〔tɕiɑu〕
济南	〔kɛ〕	〔kuæ〕	〔ke〕	〔kue〕	〔kɔ〕	〔tɕiɔ〕
青岛	〔kɛ〕	〔kuɛ〕	〔ke〕	〔kue〕	〔kɔ〕	〔tɕiɔ〕
淄博	〔kɛ〕	〔kuɛ〕	〔ke〕	〔kue〕	〔kɔ〕	〔tɕiɔ〕
枣庄	〔kɛ〕	〔kuɛ〕	〔ke〕	〔kue〕	〔kɔ〕	〔tɕiɔ〕
济宁	〔kɛ〕	〔kuɛ〕	〔ke〕	〔kue〕	〔kɔ〕	〔tɕiɔ〕
日照	〔kɛ〕	〔kuɛ〕	〔ke〕	〔kue〕	〔kɔ〕	〔tɕiɔ〕
聊城	〔kɛ〕	〔kuɛ〕	〔ke〕	〔kue〕	〔kɔ〕	〔tɕiɔ〕
临沂	〔kɛ〕	〔kuɛ〕	〔ke〕	〔kue〕	〔kɔ〕	〔tɕiɔ〕
烟台	〔kaɛ〕	〔kauɛ〕	〔kei〕	〔kuei〕	〔kaɔ〕	〔ciaɔ〕
荣成	〔kai〕	〔kuai〕	〔kei〕	〔kuei〕	〔kau〕	〔ciau〕

在上面举出的几个韵母里,ai、uai、ao、iao 四个韵母比较明显,其中 ai、uai 两个韵母尤其突出。所以,应该把这些复韵母当做学习普通话的重点。为了摆脱这种方言语音的影响,可以随时观察他人的发音动作,并经常对镜观察自己的发音动作以作对比;还要多多审查、聆听自己和他人的发音,通过对照养成新的发音习惯。

(二)前鼻韵母丢失鼻辅音韵尾-n

普通话里的 8 个前鼻韵母 an、ian、uan、üan、en、in、un、ün,都有清晰的鼻辅音韵尾-n;而在山东大多数地方的方言里,这些韵母的字往往失去鼻辅音韵尾-n 而读成鼻化韵母,只有少数几个地方能够读出鼻辅音韵尾-n。具体情况参见表 3-4。

表 3-4 山东方言里前鼻韵尾消失情况一览表

	甘	间	官	卷	跟	金	棍	君
普通话	[kan]	[tɕien]	[kuan]	[tɕyɛn]	[ken]	[tɕin]	[kuen]	[tɕyn]
济南	[kæ̃]	[tɕiɛ̃]	[kuæ̃]	[tɕyɛ̃]	[kə̃]	[tɕiə̃]	[kuə̃]	[tɕyə̃]
青岛	[kæ̃]	[tɕiɛ̃]	[kuæ̃]	[tɕyɛ̃]	[kə̃]	[tɕiə̃]	[kuə̃]	[tɕyə̃]
淄博	[kɛ̃]	[tɕiɛ̃]	[kuɛ̃]	[ɕyɛ̃]	[kə̃]	[tɕiə̃]	[kuə̃]	[tɕyə̃]
枣庄	[kɛ̃]	[tɕiɛ̃]	[kuɛ̃]	[tɕyɛ̃]	[kə̃]	[tɕiə̃]	[kuə̃]	[tɕyə̃]
济宁	[kɛ̃]	[tɕiɛ̃]	[kuɛ̃]	[tɕyɛ̃]	[kə̃]	[tɕiə̃]	[kuə̃]	[tɕyə̃]
日照	[kɛ̃]	[tɕiɛ̃]	[kuɛ̃]	[tɕyɛ̃]	[kə̃]	[tɕiə̃]	[kuə̃]	[tɕyə̃]
聊城	[kɛ̃]	[tɕiɛ̃]	[kuɛ̃]	[tɕyɛ̃]	[kə̃]	[tɕiə̃]	[kuə̃]	[tɕyə̃]
临沂	[kɛ̃]	[tɕiɛ̃]	[kuɛ̃]	[tɕyɛ̃]	[kə̃]	[tɕiə̃]	[kuə̃]	[tɕyə̃]
烟台	[kan]	[ɕiɛn]	[kuan]	[ɕyɛn]	[ken]	[tɕin]	[kuen]	[ɕyn]
荣成	[kan]	[ɕiɛn]	[kuan]	[ɕyɛn]	[ken]	[tɕin]	[kuen]	[ɕyn]

这两组韵母是山东人学习普通话的最大难点，因而也是山东省推广普通话的第一重点。尽管我们也许感觉[kan]和[kɛ̃]声音差不多，但是在外地人听起来却是差别很大的。所以，对这些韵母的发音要多多下工夫。

（三）单韵母的发音特点

1. 单韵母 ɑ 发音偏后

普通话的单韵母 ɑ 以及相应的 iɑ、uɑ 里面的元音 ɑ，都是舌面央、低、不圆唇的央 ɑ，即国际音标的[A]。而在山东不少地方话里，发音却是比较偏后的，接近于后 ɑ，即国际音标的[ɑ]。像潍坊以及附近的诸城、临朐，淄博、章丘，临沂以及附近的沂水等地，都存在这类问题。这样的发音，别人听起来会感觉沉闷，值得我们注意。

2. 单韵母 -i前[ɿ]、-i后[ʅ]的发音问题

普通话的单韵母 -i前[ɿ]与舌尖前辅音 z、c、s 的发音部位是相对应的，发 z、c、s 时舌尖抵住上齿背。而在山东多数方言里，发

z、c、s时舌尖是抵在下齿背的，虽然听起来近似，实际上不是一组音，与它相对应的-i_前韵母的发音部位自然也就与普通话不同。山东有的方言的 z、c、s 还是齿间音，对应的单韵母-i_前[ɿ]就更加不同了。这些需要注意。

普通话的单韵母-i_后[ʅ]与舌尖后辅音 zh、ch、sh 的发音部位是相对应的，舌尖上翘而且稍稍向后弯曲。在山东多数方言里，单韵母-i_后[ʅ]与舌叶音声母的发音部位是相对应的，舌头平伸。虽然目前使用相同的国际音标符号标注，但是这两种元音是不同的。我们学习普通话的时候，也要注意到其中的不同。

（四）ü 元音发音偏后

普通话里，ü 元音不论是做单韵母还是做韵头（介音），都是舌面前、高、圆唇元音，发音部位是比较靠前的。但在山东的济宁、菏泽、枣庄一带，都把这个音素发得比较靠后，接近央元音，个别字音甚至接近后元音。比如"句"字读作[cɯ]，"脚"字读作[cɯʌ]等。这些读音都是方言色彩浓重的原因，需要引起注意。

二、山东方言韵母的音类特点

（一）ong 与 eng、ing 与 iong 的合并

在普通话里，ong 与 eng 是开口呼与合口呼的对照，ing 与 iong 是齐齿呼与撮口呼的对照。而在青岛、平度、胶州、胶南、日照、五莲、高密、安丘、诸城等地，它们往往合并，ong 与 eng 合为一韵，ing 与 iong 合为一韵。在青岛话里，"登、东"都读作[toŋ]，"英、拥"都读作[yoŋ]；在五莲，"登、东"都读作[təŋ]，"英、拥"都读作[iŋ]。

（二）部分韵母丢失韵头

普通话里 d、t、n、l、z、c、s 七个声母与 uei、uan、un 三个韵母相拼的字，在山东不少方言里会丢失韵头 u，比如"队"读 dei，"段"读 dan，"孙"读 sen 等。存在这种问题的地方有威海、烟台、青岛及潍坊东部一带。

（三）普通话 ie 韵母在山东话里分为二韵

普通话读 ie 韵母的字，在山东话里分成 ie、iai 两类韵母。读

iɑi 韵母的字并不多，如"阶、街、界、皆、解、届、戒、介、芥，鞋、械、蟹、谐"。学习普通话的时候，要记住把这两类韵母合并到规范的 ie 韵母里去。

总体来说，学习韵母比学习声母要困难一些。这是因为：（1）韵母数量多于声母，难点较多；（2）韵母本身的结构比声母复杂得多。所以，在学习和使用普通话的时候，必然需要付出更多的心血才能得到理想的成绩。

（四）山东部分方言里的特殊韵母

复韵母：普通话里读作[iɛ]的，在山东大多数方言里分为[iæ][iə]（后者在有的方言里读为[iɛ]）两类，比如，"街、接"两字在济南话里分别读作[tɕiæ][iɛ]，读音都与普通话不同。表面看来，[iæ]与[iɛ]的读音很相似，而且，像淄博等地就读作[iɛ]，但是，它们所代表的音类系统却是不同的。"沟、周"等在普通话中韵母为[ou]的字，在潍坊话里韵母都读作[ɯɯ]。

另外，潍坊、青岛等地有后鼻韵母[oŋ]，如"东"字读作[toŋ]；平度、昌邑、平邑等地的少数地方还有双唇鼻韵母[om]，如"东"字读作[tom]，这些也都是普通话里没有的。

在阳谷话里还有一个特殊的纯辅音音节，在那里，"儿"字的读音为[ɭ̩]，在舌尖后浊边音[ɭ]的下面加上一个短竖线，就表示这是一个自成音节的辅音。

思考与练习

1. 连续发出下列元音组合，体会舌头在口腔里的运动状态。下面的符号都是汉语拼音。

ü~u   ɑ~i   ê~o   ü~i

2. 试述元音和韵母的关系。

3. 韵母的"四呼"是什么？我们为什么要把 ong 韵母列入合口呼，把 iong 韵母列入撮口呼？

4. 通过复韵母的发音，您有没有注意到韵母内部元音之间、元音与辅音韵尾之间发生的相互影响？

第四章　普通话的音节

第一节　音节的结构

一、什么是音节

音节是听觉上自然分辨出来的最小的语音单位，它由一个或几个音素按照一定的规律组合而成。当听到"那是力争上游的一种树"这样一段声音，我们很自然地把它们分成 10 个音段，也就是 10 个音节。可见，音节是可以直接凭借听觉来划分的。一般来说，一个汉字的读音就是一个音节，例外的是儿化词的两个汉字读一个音节，例如"花儿"（huār）、"扣儿"（kòur）。

二、音节的结构

普通话的音节由声母、韵母和声调三个部分组成。韵母内部又可进一步分为韵头、韵腹、韵尾三段。韵腹是音节中的主要元音，相对而言，它的发音最响亮，开口度最大。韵腹必须由元音充当，充当韵腹的元音有 a、o、e、ê、i、u、ü、er、-i前、-i后。韵头，又叫介音，是指介于声母和韵腹之间的音，它的发音轻而短。不是每个韵母都有韵头，可以充当韵头的只有 i、u、ü 三个高元音。韵尾是韵腹后面的那个音素，可以充当韵尾的只有高元音 i、u 和鼻辅音 n、ng。普通话中不是所有的音节都包括声母、韵头、韵腹、韵尾、声调这五个成分，有些音节缺少一个或几个成分。这五个成分组成的普通话音节结构类型大概有以下 8 种。（见表 4-1）

表 4-1　普通话音节结构类型表

例字 ＼ 结构	声母	韵母				声调	说明
		韵头（介音）	韵腹（主要元音）	韵尾			
				元音	辅音		
强	q	i	a		ng	阳平	五部俱全
刀	d		a	u(o)		阴平	少韵头
雪	x	ü	e			上声	少韵尾
使	sh		-i后			上声	少韵头、韵尾
外		u	a	i		去声	少辅音声母
恩			e		n	阴平	少辅音声母、韵头
握		u	o			去声	少辅音声母、韵尾
鱼			ü			阳平	少辅音声母、韵头、韵尾

从表 4-1 可以看出，普通话音节结构有以下特点：

1. 一个音节最多可以用四个音素符号来拼写，如"强"（qiáng）；最少只有一个音素，如"鹅"（é）。

2. 元音在音节中占优势。每个音节总要有元音，元音符号可以多至三个，并且须连续出现，分别充当韵头、韵腹、韵尾（如"外"）。如果一个音节只有一个音素，这个音素除个别例外都是元音（如"鱼"）。

3. 音节可以没有辅音（如"握、外、鱼"）。辅音大都在音节的开头或末尾出现（如"强、恩"），在音节末尾出现的辅音只限于 n 和 ng。没有两个辅音相连的音节，声母 zh 和韵尾 ng 都是由两个字母表示的一个音素符号。

4. 汉语音节都有声调和韵腹，可以没有辅音声母、韵头和韵尾。

以上是普通话音节结构的基本特点。另外，有几个特殊的叹词音节只有辅音而没有元音，如 m（呣）、ng（嗯）、hm（噷）、hng（哼）等，其中 m、ng 都是单辅音，hm、hng 都是由两个辅音拼合而成的。上述情况只出现在口语中，是普通话音节的个别现象。

三、普通话声调和声母、韵母的配合关系

声调与声母、韵母结合的规律性不强，较明显的有以下两条：

1. 普通话里 m、n、l、r 的阴平字很少，并且限于口语中常用的字，例如"妈、妞、蔫、拉、扔"等。

2. 普通话里 b、d、z、zh、j、g 与鼻音韵母结合时，基本上没有阳平的字，只有"甭"字是个例外，但它实际上是"不用"二字的合音。这些声母与非鼻音韵母结合时，一般四种声调的音节都具备。

第二节　普通话音节的拼读和拼写

一、普通话音节的拼读

音节的拼读就是把分析出来的声母、韵母急速连读拼合成为一个音节。

（一）拼音要领

1. 声母要念本音

辅音的发音不响亮，《汉语拼音方案》声母表中规定，念单独的声母时，要在辅音的后面加一个元音，如把 d 念成 de（得），把 m 念成 mo（摸），称作"呼读音"。拼音的时候，要把声母后的元音去掉，只用它的本音跟韵母相拼。有人把拼音的经验总结为"前音轻短后音重，两音相连猛一碰"，这句话基本反映了发音的要领。

2. 声母和韵母之间不要间断

拼音就是把声母和韵母连续快读成音节。例如，"古"的拼音，就是把 g 和 u 连续快读成 gu，g 和 u 之间不能停顿，否则就会拼成

g(ē)-ǔ(歌舞)。

3. 读准复元音韵母和鼻音韵母

在读复元音韵母和鼻音韵母时，既要体现动程，又要读成一个整体。有 i、u、ü 充当韵头的音节，韵头一定要读准，有意识地让嘴张开得慢一些，把韵头引出来。念不准韵头，就可能出现丢失韵头或改变韵头的现象。例如，读"怀"时，如果丢失韵头，就会读成"孩"。有鼻韵尾 n、ng 的音节一定要将韵尾念到位，也就是说必须以鼻音收尾，否则就读成鼻化音。

(二) 拼音的方法

拼音方法就是按照一定的结构规律把声母和韵母拼合成音节的方法。普通话音节的拼合方法很多，这里介绍几种常用的方法：

1. 两拼法

(1) 声韵两拼法

声韵两拼法就是把声母和韵母直接相拼，声母念得轻而短，韵母念得稍重。不管韵母的结构是简单还是复杂，都把韵母当做一个整体与声母相拼。例如：

小 x—iǎo→xiǎo　　　　火 h—uǒ→huǒ

团 t—uán→tuán　　　　讲 j—iǎng→jiǎng

(2) 声介与韵合拼法

声介与韵合拼法是先把声母和韵头 i、u、ü 拼合成整体，然后与后面的韵母相拼成音节。例如：

装 zhu—āng→zhuāng　　　表 bi—ǎo→biǎo

全 qu—án→quán　　　　黄 hu—áng→huáng

声介与韵合拼法适用于有韵头的音节。用声介合拼法可以少记一些韵母，但是要熟练掌握 29 个声介合母，如 bi、pi、mi、di、ti、ni、li、ji、qi、xi，du、tu、nu、lu、gu、ku、hu、zhu、chu、shu、ru、zu、cu、su、nü、lü、ju、qu、xu。这种方法有利于纠正某些方言区丢失韵头的情况，如普通话里 d、t、z、c、s 和 uei 相拼的音节，在山东威海、烟台、潍坊、青岛等地的方言中往往丢失韵头 u。如果采用声介与韵合拼法就可以有效避免这种情况。例如，腿 tu—ei→tui，因为 tu 要发出声音，而不是只取口形，所以避免了丢失韵头的情况。

2. 三拼法

三拼法就是把音节分成声母、韵头、韵身（韵腹＋韵尾）三部分进行拼读的方法。这种方法只适用于有韵头的音节。例如：

娘 n—i—áng→niáng　　快 k—u—ài→kuài

卷 j—ü—ǎn→juǎn　　段 d—u—àn→duàn

3. 整体认读法

整体认读法就是先做好发声母的准备，然后读带声调的韵母。例如"帮"字，先做好发声母 b 的架势，然后 āng 冲开阻碍，就发出了 bāng。这种方法要求必须熟练掌握基本音节，否则无法直呼出来。

在具体掌握上述方法时，应根据自身实际情况确定使用哪种方法，或者几种方法相互结合，灵活运用。

（三）音节定调的方法

要读准音节，除了注意声母、韵母的拼合外，还要读准其声调，常用的定调方法有以下三种：

1. 数调法

先把声母、韵母拼合在一起，然后从阴平开始按照"阴平—阳平—上声—去声"的顺序依次数，一直数到目的声调为止。这种方法只适用于初学阶段。例如：

duò(跺)：d＋uo→duō—duó—duǒ—duò

chǔn(蠢)：ch＋un→chūn—chún—chǔn

2. 韵母定调法

把声调附着在韵母上，然后再和音节的其他部分进行拼合。例如：

guàn(惯)：g＋uàn→guàn

huāng(慌)：h＋uāng→huāng

3. 音节定调法

把声母和韵母拼合成一个基本音节，在此基础上直接呼出声调。例如：

lán（蓝）：l＋an→lán

diàn（电）：d＋ian→diàn

二、普通话音节拼写

《汉语拼音方案》对音节的拼写制定了具体的规则，可总结为以下几个方面：

（一）隔音

汉语拼音分词连写时，为了音节界限的清晰，实际上设置了两种音节间的隔音方式，一种是使用字母 y、w，一种是使用隔音符号（'）。

1. y、w 隔音

y 和 w 是两个用来表示音节开头的符号性字母。为了避免在词连写时造成界限混淆，《方案》规定齐齿呼、合口呼、撮口呼的零声母音节，采用 y、w 隔音。具体规定是：

（1）在零声母音节中 i 行的韵母，如果 i 后面还有其他元音，就把 i 改为 y。这项规定涉及的韵母共有 7 个，改写情况如下：

ia→ya（压）　　　ie→-ye（夜）　　　iao→yao（要）

iou→you（有）　　ian→yan（烟）　　iang→yang（央）

iong→yong（用）

如果 i 后面没有其他元音，就在 i 前面加 y 这项规定涉及的韵母共有 3 个，加写情况如下：

i→yi（衣）　　　in→yin（阴）　　　ing→ying（英）

（2）在零声母音节中 u 行的韵母，如果 u 后面还有别的元音，就把 u 改成 w。这项规定涉及的韵母共有 8 个，改写情况如下：

ua→wa（蛙）　　　uo→wo（窝）　　　uai→wai（歪）

uei→wei（威）　　uan→wan（弯）　　uen→wen（温）

uang→wang（汪）　ueng→weng（嗡）

如果 u 后面没有其他元音，就在 u 前面加上 w。这项规定涉及的韵母只有 1 个，加写情况如下：

u→wu(乌)

(3)在零声母音节中 ü 行的韵母，无论 ü 后面有没有别的元音，一律在 ü 前面加 y，ü 上的两点要省去。这项规定涉及的韵母共有 4 个，加写情况如下：

ü→yu(迂)　　　　　üe→yue(约)　　　　üan→yuan(冤)

ün→yun(晕)

如果不用 y、w，有的音节就可能产生混淆。例如："dai"既可以读作 dài(袋)，又可以读作 dàyī(大衣)；如果在后一音节的开头加 y，就明确了它表示的是两个音节"大衣"了。

2. 隔音符号隔音

《汉语拼音方案》规定，a、o、e 开头的音节连接在其他音节后面的时候，如果音节界限发生混淆，可以用隔音符号(')隔开。例如：

xī'ān→西安　　　　fāng'àn→方案　　　shàng'è→上腭

míng'é→名额

只有当第二个音节开头的音素是 a、o、e 时才使用隔音符号，如果第二个音节的开头是辅音则不必使用，如"发难(fānàn)"就不必写成"fā'nàn"。这是因为汉语里辅音大都出现在音节的开头，因此汉语拼音音节的连读习惯是：音节中的辅音字母靠后，不靠前。即一个辅音字母如果前后都有元音字母，这个辅音应当跟后面的元音字母连成音节，如"fānàn"读成"发难"，而不是"翻案"；只有在辅音字母后面没有元音字母时才跟前面的元音字母连成音节，如"谈话"(tánhuà)的第三个字母 n 后面没有元音字母，因此 n 跟前面的元音字母连成音节，而 h 跟后面的 ua 连成音节。

(二)省写

1. 韵母 iou、uei、uen 的省写

《汉语拼音方案》规定，iou、uei、uen 前面加辅音声母的时候，

写成 iu、ui、un。例如：

　　niú(牛)　　　　guī(归)　　　　lùn(论)

　　不跟声母相拼(即自成音节)时就不能省写，仍然用 y、w 开头，写成 yōu(优)、wēi(威)、wēn(温)。

　　2.ü 上两点的省略

　　ü 行的韵母跟声母 j、q、x 相拼的时候，ü 上两点可省略。例如：

　　jū(居)　　　qū(区)　　　xū(虚)　　　jùn(俊)　　　xué(学)
　　quán(泉)

　　但是，ü 行韵母跟声母 n、l 相拼的时候，两点不可省略，仍然写成 nǚ(女)、lǚ(吕)。如果省略了，这些音节就会发生混淆。如：

　　nǚ(女)—nǔ(努)　　　lǚ(吕)—lǔ(鲁)

　　ü 行韵母和 j、q、x 相拼时省略两点，并不会与 u 行韵母相混，这是因为 j、q、x 不能跟合口呼韵母相拼，因此像 ju、que、xuan 中的韵母必是撮口呼而不是合口呼。

　　(三)标调法

　　1.声调符号标在音节的主要元音上，即韵腹上。例如：

　　bù(步)　　　xiá(霞)　　　huó(活)　　　jiě(姐)

　　2.当音节的韵母为 iu、ui 时，声调符号应标在后面的字母 u 或 i 上。例如：

　　qiū(秋)　　　duī(堆)　　　jiū(揪)　　　kuī(盔)

　　3.调号需要标在 i 的上面时，i 上的小点要省去。例如：

　　yī(衣)　　　xíng(形)　　　yǐn(隐)　　　duì(对)

　　4.轻声不标调。例如：

　　桌子 zhuōzi　　吃的 chīde　　晚上 wǎnshang
　　萝卜 luóbo

（四）音节连写

1. 同一个词的音节要连写，词与词之间要分写①，即以词为书写单位。句子或诗行开头字母要大写。例如：

团结就是力量。Tuánjié jiùshì lìliàng.

2. 专有名词和专用短语中每个词的开头字母要大写。汉语人名按姓和名分写，姓和名的开头字母大写。

李白 Lǐ Bái

董存瑞 Dǒng Cúnruì

诸葛孔明 Zhūgě Kǒngmíng

光明日报 Guāngmíng Rìbào

3. 标题可以全部大写，也可以每个词开头的字母大写，有时为了美观，可以省略声调符号。例如：

解放思想 建设中华

JIEFANG SIXIANG JIANSHE ZHONGHUA

Jiefang Sixiang Jianshe Zhonghua

第三节　普通话的声韵拼合规律

普通话中如果所有的声母和所有的韵母都能相拼的话，不计声调，可以有 858 个音节。但是，普通话音节表里大约只有 400 个有字的音节，声韵能拼合成有意义的音节的不到一半。普通话声母和韵母的拼合有很强的规律性，主要表现在声母的发音部位和韵母的四呼关系上。即如果声母的发音部位相同，韵母的四呼相同，它们的拼合关系一般也相同。声母和韵母的拼合情况列表如下：

---

① 具体参见附录三《汉语拼音正词法基本规则》。

表 4-2　　普通话声韵配合简表

声韵拼合情况　韵母　声母		开口呼	齐齿呼	合口呼	撮口呼
双唇音	b p m	＋	＋	只跟 u 相拼	
唇齿音	f	＋		只跟 u 相拼	
舌尖前音	z c s	＋		＋	
舌尖中音	d t	＋	＋	＋	
	n l	＋	＋	＋	＋
舌面音	j q x		＋		＋
舌根音	g k h	＋		＋	
舌尖后音	zh ch sh r	＋		＋	
零声母	∅	＋	＋	＋	＋

注："＋"表示全部或局部声韵能相拼，空白表示不能相拼。

一、普通话声韵拼合规律概况

(一)从声母的角度来看

1.b、p、m 不与撮口呼韵母相拼，可以跟开口呼、齐齿呼、合口呼韵母相拼，合口呼韵母只限 u。

2.f 只跟开口呼、合口呼(限于 u)韵母相拼，不跟齐齿呼、撮口呼韵母相拼。

3.z、c、s，zh、ch、sh、r，g、k、h 都只跟开口呼、合口呼韵母相拼，不跟齐齿呼、撮口呼韵母相拼。

4.d、t 不能跟撮口呼韵母相拼，可以和开口呼、齐齿呼、合口呼韵母相拼。

5.j、q、x 可以跟齐齿呼、撮口呼的韵母相拼，不跟开口呼、合口呼韵母相拼。

6.n、l 以及零声母能跟四呼中所有的韵母相拼。

（二）从韵母角度来看

1. 开口呼的拼合能力最强，除了 j、q、x 外，其他的声母都可以与它拼合。

2. 撮口呼的拼合能力最弱，除了 n、l、j、q、x 和零声母外，其他的声母都不能和它拼合。

3. 合口呼韵母不与 j、q、x 相拼，可以与其他各类声母相拼，但与双唇音、唇齿音相拼时仅限于单韵母 u。

4. 齐齿呼韵母可以和双唇音、舌尖中音、舌面音、零声母相拼，不与唇齿音、舌根音、舌尖前音、舌尖后音相拼。

上述规律中，凡属某类声母与某类韵母不能相拼的，概无例外；能相拼的，则并非指全部能相拼，还可以存在特殊情况。例如：一般来说，开口呼韵母能与舌面音以外的声母相拼，但其中的 ê、er 这两个韵母就不与任何辅音相拼，还有舌尖韵母 -i$_前$、-i$_后$ 分别不与舌尖前、舌尖后以外的辅音声母相拼。以上的一些规律是比较粗略的，只能看到声韵拼合规律的概况，要想全面细致地掌握普通话声韵拼合的规律，就需要多查看《普通话声韵配合表（音节表）》。

二、普通话声韵拼合细则

从表 4-2 中可以看出哪些声母可以和哪些韵母相拼，不可以和哪些韵母相拼。掌握这些规律，可以帮助普通话学习者做到举一反三，收到事半功倍的效果。适当对照方言，还可能减少把方言音节当成普通话音节的错误。

（一）声母和开口呼韵母的拼合细则

表 4-3　开口呼音节表

韵\声	a	o	e	ê	er	-i	ai	ei	ao	ou	an	en	ang	eng
b	ba	bo					bai	bei	bao		ban	ben	bang	beng
p	pa	po					pai	pei	pao	pou	pan	pen	pang	peng
m	ma	mo	(me)				mai	mei	mao	mou	man	men	mang	meng
f	fa	fo						fei		fou	fan	fen	fang	feng
d	da		de				dai	dei	dao	dou	dan	den	dang	deng
t	ta		te				tai		tao	tou	tan		tang	teng
n	na		ne				nai	nei	nao		nan	nen	nang	neng
l	la		le				lai	lei	lao	lou	lan		lang	leng
g	ga		ge				gai	gei	gao	gou	gan	gen	gang	geng
k	ka		ke				kai	kei	kao	kou	kan	ken	kang	keng
h	ha		he				hai	hei	hao	hou	han	hen	hang	heng
j														
q														
x														
zh	zha		zhe			zhi	zhai		zhao	zhou	zhan	zhen	zhang	zheng
ch	cha		che			chi	chai		chao	chou	chan	chen	chang	cheng
sh	sha		she			shi	shai	shei	shao	shou	shan	shen	shang	sheng
r			re			ri			rao	rou	ran	ren	rang	reng
z	za		ze			zi	zai	zei	zao	zou	zan	zen	zang	zeng
c	ca		ce			ci	cai		cao	cou	can	cen	cang	ceng
s	sa		se			si	sai		sao	sou	san	sen	sang	seng
∅	a	o	e	ê	er		ai	ei	ao	ou	an	en	ang	eng

从表 4-3 可以看出：

1. 所有开口呼韵母都不能与 j、q、x 构成音节。

2. ɑ 可以和 r、j、q、x 以外的所有辅音声母构成音节。

3. o 只能与 b、p、m、f 构成音节。e 不能与 b、p、m、f 构成音节。me 是"么"（mō）读轻声音节时的读音。

4. ê 不与任何辅音声母构成音节，可以自成音节，但自成音节的字只有一个叹词"欸"。

5. 舌尖前元音 -i前 只能与 z、c、s 构成音节，舌尖后元音 -i后 则只能与 zh、ch、sh、r 构成音节。

6. er 不与任何辅音声母构成音节，可以自成音节，但字数很少，如"而、二、儿、尔、耳"等。

7. ei 一般不与声母 z、c、s、zh、ch、sh、r 构成音节（只有"贼"和口语中的"这""谁"例外）。

8. d、t、n、l 一般不能与 en 构成音节〔"恁"（nèn）不常用，"嫩"（nèn）、"扽"（dèn）例外〕，但可以与后鼻音韵母 eng 相拼，因此"灯、等、登、邓、瞪、腾、藤、疼、誊、愣、棱、冷"等都应念后鼻音韵母 eng。n 与 eng 相拼的字，只有一个"能"字。

en 与 z、c、s 相拼的字非常少，只有"怎、参（参差）、岑、涔、森"这几个，因此，方言中 en 与 z、c、s 构成的字，除了上述几个外，其他一律改为 zh、ch、sh 声母即可。

9. b、p、m、f 与 eng 相拼，而不与 ong 相拼，因此"蹦、崩、泵、甭、鹏、碰、彭、孟、梦、猛、蒙、丰、封、峰、锋、蜂、烽、风、疯"等都应念 eng 韵。

(二)声母和齐齿呼韵母的拼合细则

表 4-4 齐齿呼音节表

韵\声	i	ia	ie	iao	iou	ian	in	iang	ing
b	bi		bie	biao		bian	bin		bing
p	pi		pie	piao		pian	pin		ping
m	mi		mie	miao	miu	mian	min		ming
f									
d	di		die	diao	diu	dian			ding
t	ti		tie	tiao		tian			ting
n	ni		nie	niao	niu	nian	nin	niang	ning
l	li	lia	lie	liao	liu	lian	lin	liang	ling
g									
k									
h									
j	ji	jia	jie	jiao	jiu	jian	jin	jiang	jing
q	qi	qia	qie	qiao	qiu	qian	qin	qiang	qing
x	xi	xia	xie	xiao	xiu	xian	xin	xiang	xing
zh									
ch									
sh									
r									
z									
c									
s									
Ø	yi	ya	ye	yao	you	yan	yin	yang	ying

从表 4-4 可以看出:

1. 齐齿呼韵母只能与 b、p、m、d、t、n、l、j、q、x 构成音节。不同 z、c、s、zh、ch、sh、r、g、k、h 和 f 相拼。

2. 韵母 ia 只与舌面前音 j、q、x 相拼(另有 lia 音节,只有一个字"俩")。

3. iou 不能与 b、p、f、t 构成音节。

4. d、t 不与前鼻音韵母 in 相拼，而与后鼻音韵母 ing 相拼，所以"丁、疔、玎、叮、盯、仃、顶、鼎、定、锭、订、厅、汀、蜓、亭、停、挺、艇"等都应念后鼻音。

5. b、p、m、d、t 只和 ian 相拼，不和 iang 相拼，因此"边、编、变、辩、汴、片、篇、骗、翩、骈、面、免、勉、棉、缅、甸、点、电、店、垫、天、甜、田、填、舔"这些字的韵母肯定是前鼻音韵母 ian，而不会是后鼻音韵母 iang。

6. n 与前鼻音 in 相拼的字，只有一个"您"字，其余的"宁、凝、咛、狞"等字都是后鼻音韵母 ing。

7. ia、iang 不能与 b、p、m、f、d、t 构成音节。

（三）声母和合口呼韵母的拼合细则

表 4-5　合口呼音节表

韵\声	u	ua	uo	uai	uei	uan	uen	uang	ueng	ong
b	bu									
p	pu									
m	mu									
f	fu									
d	du		duo		dui	duan	dun			dong
t	tu		tuo		tui	tuan	tun			tong
n	nu		nuo			nuan				nong
l	lu		luo			luan	lun			long
g	gu	gua	guo	guai	gui	guan	gun	guang		gong
k	ku	kua	kuo	kuai	kui	kuan	kun	kuang		kong
h	hu	hua	huo	huai	hui	huan	hun	huang		hong
j										

续　表

声\韵	u	ua	uo	uai	uei	uan	uen	uang	ueng	ong
q										
x										
zh	zhu	zhua	zhuo	zhuai	zhui	zhuan	zhun	zhuang		zhong
ch	chu	chua	chuo	chuai	chui	chuan	chun	chuang		chong
sh	shu	shua	shuo	shuai	shui	shuan	shun	shuang		
r	ru		ruo		rui	ruan	run			rong
z	zu		zuo		zui	zuan	zun			zong
c	cu		cuo		cui	cuan	cun		ueng	cong
s	su		suo		sui	suan	sun			song
∅	wu	wa	wo	wai	wei	wan	wen	wang		weng

从表 4-5 可以看出：

1. 合口呼韵母可以与除 j、q、x 以外的所有辅音声母构成音节。

2. 除 u 外，其余合口呼韵母都不能与 b、p、m、f 构成音节。

3. ua、uai、uang 只能与 g、k、h 和 zh、ch、sh 构成音节。

ua、uai、uang 只能与 zh、ch、sh 相拼，不能与 z、c、s 相拼，因此，凡以上韵母在方言中与 z、c、s 构成的字，直接把 z、c、s 改读为 zh、ch、sh 即可，没有例外。例如："抓 zua—zhua，拽 zuai—zhuai，抓、刷、耍、唰、拽、踹、揣、摔、甩、帅、衰、蟀、装、庄、壮、窗、床、闯、创、疮、双、霜、爽"等字声母读作 zh、ch、sh。

4. 除了"得、贼"这样的个别字，声母 d、t、z、c、s 不跟 ei 韵母相拼，但能跟 uei 韵母相拼，所以"对、队、堆、兑、腿、推、颓、退、蜕、嘴、最、罪、醉、催、崔、翠、脆、萃、悴、岁、穗、虽、隋、髓、碎、隧、遂、祟、邃"等应念 uei 韵。

5. ong 没有零声母音节。

ong 只能与 s 相拼，不能与 sh 相拼，因此遇到"松、耸、送、宋、颂、嵩、怂、讼、诵"等字时大胆地读作平舌声母 s 即可。

6. ueng 只能自成音节，不能与任何辅音声母构成音节。

（四）声母和撮口呼韵母的拼合细则

表 4-6　撮口呼音节表

韵＼声	ü	üe	üan	ün	iong
b					
p					
m					
f					
d					
t					
n	nü	nüe			
l	lü	lüe			
g					
k					
h					
j	ju	jue	juan	jun	jiong
q	qu	que	quan	qun	qiong
x	xu	xue	xuan	xun	xiong
zh					
ch					
sh					
r					
z					
c					
s					
∅	yu	yue	yuan	yun	yong

从表 4-6 可以看出：

能同撮口呼韵母构成音节的辅音声母只有 n、l 和 j、q、x，其中 n、l 只限于与撮口呼韵母中的 ü、üe 构成音节，而且这两个音节对应的汉字只有"虐、疟、略、掠"等很少的几个。

第四节　山东方言音节辨正

受方言语音的影响，部分普通话学习者在音节读音方面存在误读和缺陷，如错读普通话音节的声母、韵母、声调，声母和韵母的配合不符合普通话声韵拼合规律，拼读时发音不到位，发音部位不准，发音方法有误，声调调势不明显，调值偏高或偏低等诸多问题，在字词念读和说话过程中成系统地暴露出来。声母、韵母、声调的辨正在前面已经提到，下面仅从普通话声韵拼合规律和音节拼读方面，就山东人学习普通话音节应该注意的问题做简要说明。

一、不要把 fei 读成 fi

普通话中，f 不可以和齐齿呼韵母 i 相拼，而在山东的阳谷、平阴、肥城、泰安、微山、曲阜、宁阳、济宁、东平、汶上、郓城、巨野、成武、单县、东明、定陶、曹县、鄄城等地，f 可以和齐齿呼韵母 i 相拼，如将"飞、肥、匪、肺"读作 fi。方言中凡是读 fi 的字，要一律改读为 fei。ei 是复元音，发音时从 e 迅速滑向 i，既要体现动程，又要读作一个整体，读 ei 时开口度比 i 稍大。

表 4-7　fei 音节字与山东方音对照表

普通话语音	阴平	阳平	上声	去声	山东方音
fei	非飞菲妃蜚（～语）啡	肥腓	匪诽翡菲（～薄）	沸废肺费吠	fi

二、不要把 bo、po、mo、fo 读成 be、pe、me、fe

普通话中 o 与 b、p、m、f 相拼的音节，在山东的即墨、烟台、蓬莱、潍坊、商河、滕县、济南、德州、阳谷等地，韵母都读成了 e，如将"播、坡、摸、佛"读作 be、pe、me、fe。这是因为发 o 音时嘴唇合拢得不够圆，发成了近似扁唇的 e，所以纠正时，注意将嘴唇略微拢圆就可以了。

表 4-8　bo、po、mo、fo **音节字与山东方音对照表**

普通话语音	阴平	阳平	上声	去声	山东方音
bo	玻波菠播饽拨剥(～削)钵	伯博泊勃驳搏膊帛脖渤箔铋	跛簸(～米)	簸(～箕)跛	be
po	坡颇泼泊(湖～)	婆	叵	破迫(强～)珀粕魄(气～)	pe
mo	摸	磨模膜魔摩蘑摩馍	抹	磨(～面)末墨陌默沫漠茉莫	me
fo		佛			fe

三、不要丢失韵头 u

胶东话中 d、t、n、l、z、c、s 只能和合口韵中的 u、uo 两个韵母拼，但在普通话中，这几个声母除此之外，还可以和合口韵的 uei、uan、uen 三个韵母相拼。普通话中凡声母 d、t、n、l、z、c、s 和 uei、uan、uen 相拼的音节，胶东话都要去掉其中的 u 介音，将合口呼韵母改读成了开口呼，如将"团"读作 tan。在普通话里除了"得、贼"这样的个别字，d、t、z、c、s 不能和 ei 韵母相拼。普通话中韵母 en 与 d、t、z、c、s 相拼的字非常少，只有"怎、参(参差)、岑、涔、森"这几个。

表 4-9　**胶东方言中** ei、an、en **韵母和** d、t、n、l、z、c、s **声母**
相拼字与普通话读音对照表

普通话读音		阴平	阳平	上声	去声	胶东方音	
d	ui	堆			对兑队	d	ei
	ei			得			
t	ui	推	颓	腿	退褪蜕	t	ei
	ei						

续　表

普通话读音		阴平	阳平	上声	去声	胶东方音	
n	ui					n	ei
	ei				内		
l	ui					l	ei
	ei		雷	蕾	累		
z	ui			嘴	最罪醉	z	ei
	ei		贼				
c	ui	催崔摧		璀	脆翠萃 粹悴瘁	c	ei
	ei						
s	ui	虽	随遂隋	髓	岁穗隧碎	s	ei
	ei						
d	uan	端		短	段断锻缎	d	an
	an	丹单		胆	但淡蛋		
t	uan	湍	团			t	an
	an	贪摊滩	谈坛	坦	探		
n	uan			暖		n	an
	an	因	南男难		难		
l	uan		栾鸾銮峦	卵	乱	l	an
	an		蓝兰	懒	烂滥		
z	uan	钻		纂	攥	z	an
	an	簪	咱	攒	暂赞		
c	uan	汆	攒		窜篡	c	an
	an	餐参	蚕残	惨	灿		

普通话读音		阴平	阳平	上声	去声	胶东方音	
s	uan	酸			算蒜	s	an
	an	三		伞散	散		
d	u(e)n	吨蹾墩敦		盹	炖盾钝顿	d	en
	en						
t	u(e)n	吞	囤豚臀屯			t	en
	en						
n	u(e)n					n	en
	en				嫩		
l	u(e)n	抡	轮沦伦仑		论	l	en
	en						
z	u(e)n	尊遵				z	en
	en			怎			
c	u(e)n	村皴	存		寸	c	en
	en	参(～差)					
s	u(e)n	孙		损笋		s	en
	en	森					

四、不要分尖团音

普通话中，z、c、s不能和齐齿呼、撮口呼韵母相拼。但是在山东的蓬莱、威海、文登、荣成、崂山、海阳、即墨、乳山、日照、昌乐、青岛、胶南、临沂、郯城、菏泽等地，z、c、s可以和齐齿呼、撮口呼韵母相拼。这是因为上述地区分尖团音，而普通话不分尖团音。普通话j、q、x声母字在山东约半数地区读成两类，如"精、清、星"不同于"经、轻、兴"，"将、抢、箱"不同于"江、腔、香"，"聚、趋、须"不同于"句、驱、虚"。上述地区将尖音字的声母读作 z、c、s，如"精"读作 zing，"清"读作 cing，"星"读作 sing，"将"读作 ziang，"枪"读作 ciang，"箱"读作 siang，"聚"读作 zü，"趋"读作 cü，"须"读作 sü。它们的韵母均为齐齿呼和撮口呼，所以，当遇到方言中把 z、c、s 和齐齿呼、撮口呼韵母相拼的音节时，把 z、c、s 改读为 j、q、x 就可以了。

普通话中，g、k、h 不能和齐齿呼、撮口呼韵母相拼。但是在山东的蓬莱、威海、文登、荣成、崂山、海阳、平度、即墨、乳山、长岛、招远、莱西、烟台、福山、龙口、莱阳、栖霞、高密、牟平等地，类似于舌根音 g、k、h 的一组辅音声母却可以和齐齿呼、撮口呼韵母相拼。上述地区分尖团音，将团音字的声母读得近似于 g、k、h，是由舌面中部和硬腭构成阻碍而发出的音，发音部位比 g、k、h 略微靠前，而又比 j、q、x 靠后，国际音标记为[c][cʻ][ç]。韵母的发音部位也相应地向后漂移。例如："基"读作[cɨ]，"江"读作[ciang]，"欺"读作[cʻɨ]，"腔"读作[cʻiang]，"希"读作[çɨ]，"香"读作[çiang]，"居"读作[cu]，"决"读作[cuə]，"缺"读作[cʻuə]，"穷"读作[cʻung]，"虚"读作[çu]，"学"读作[çuə]，等等。它们的韵母均为齐齿呼和撮口呼，所以，当遇到[c][cʻ][ç]和齐齿呼、撮口呼韵母相拼的音节时，把这些声母辅音分别改读为 j[tɕ]、q[tɕʻ]、x[ɕ]就可以了。

五、读准零声母音节

普通话开口呼零声母的字，如"熬、袄、欧、呕、沤、俺、安、岸、恩、昂"等在山东方言中读成了有声母的字。在昌乐、日照、淄博、惠民、历城、德州、潍坊、寿光、益都、临朐等地，这些开口呼零声母字读成 ng 声母，如"爱"读作 ngai，"袄"读作 ngao，"呕"读作 ngou，"安"读作 ngan，"恩"读作 ngen，"昂"读作 ngang。在普通话中，ng 不能做声母，只能充当韵尾。因此，凡有此现象的地区，纠正读音时去掉 ng 声母，直接读开口呼韵母即可。而在山东青岛、临沂、枣庄、曲阜、济宁、菏泽、聊城、肥城等地，这些开口呼零声母字则读成了舌根浊擦音[ɣ]声母，如"爱"读作[ɣai]，"欧"读作[ɣou]。

正音时去掉[ɣ]声母，直接读开口呼韵母即可。

普通话合口呼零声母音节，济南市、德州地区以及惠民、聊城、淄博、潍坊、临沂等个别市县，把韵头 u 读成了唇齿浊擦音声母 v，如"外"读作 vai，"文"读作 ven，"玩"读作 van，"娃"读作 va。这些地区的人正音时，只需把唇齿辅音 v 改为圆唇元音 u 就可以了。

在普通话中，ong 只能和辅音声母相拼，不能自成音节，也就是说 ong 没有零声母音节。而在济宁、青岛、烟台等地的方言里，大抵把普通话中读零声母音节 ueng 的字如"翁、嗡、瓮"读成了 ong。

六、普通话里没有 lui 音、ler 音

普通话里声母 l 和韵母 ei 相拼的字，如"类、累、雷、磊、垒、肋、泪、蕾"等，在山东济南、泰安、潍坊、昌乐、高密、日照等地读作 lui。而在普通话中 l 不能和 uei 相拼，可以和 ei 拼。正音时，去掉韵头 u 即可。

普通话中 er 只能自成音节，不与任何辅音声母相拼。山东淄博、滨州、临沂、潍坊等地，卷舌元音 er 可以和声母 l 构成音节。上述地区在读"而、二、耳、儿"时都在 er 的前面添加了辅音 l，读作 ler。正音时，去掉声母 l，直接读卷舌元音 er 即可。

七、掌握音节拼读要领，读准复元音韵母和鼻韵母

前面说过，普通话复元音韵母的发音是一个口形和舌位不断变化的过程。它由一个元音快速滑向另一个元音，动程大，口形变化明显。山东多数地区读这些音时发音短促，没有动程，像一个单元音韵母。如海带(hǎidài)，方言读作[hæ dæ]。学好普通话复元音韵母，关键要读出动程。初学者可以采用拉慢速度、扩大动程的方法，反复练习。

山东大多数地区的人在读普通话中以鼻音结尾的音节时，不是以纯鼻音收尾，而是在发元音的同时软腭下降，气流从口腔和鼻腔两条通道流出，成为鼻化元音。鼻化元音用国际音标表示是在字母上方加"～"符号，如普通话的"俺"(ǎn)、"庄"(zhuāng)，山东方

言读成了"俺"(ǎ)，"庄"(zhuā)。纠正鼻化元音，关键是发完元音后软腭再下降，而不是在发元音的同时软腭下垂，另外收音时在口腔形成阻碍，让气流从鼻腔流出来，形成鼻音，可以有意识地检查一下收音时舌尖是否抵住上齿龈。

思考与练习

1. 音节拼读练习

(1)用声韵两拼法拼读音节

shùn   tú   guāng   míng   dèng   chá   jué   fǒu   hēi

(2)用声介与韵合拼法拼读音节

biān   xiōng   miào   juàn   kuáng   huǐ   lüè   jué   qún

(3)用三拼法拼读音节

liào   jiā   qiáng   luò   duān   shuō   jiǎng   qīn   xuǎn

(4)用整体认读法拼读音节

bān   niú   luàn   lún   kuò   wēng   cóng   shài   léi

pén   xià   sēng   niù   yà   tuán   shuǐ   huái   yūn

2. 音节综合训练

(1)分析下列音节的结构

轮 lún   温 wēn   由 yóu   远 yuǎn   推 tuī   袖 xiù

永 yǒng   共 gòng   而 ér   是 shì   同 tóng   风 fēng

(2)拼读下列各词，并把汉字写出来

tiáojiàn   bùmén   érnǚ   zhuǎnzhé   shǒufā

fēiyuè   wúwèi   yányǔ   xuěqiú   chuàngzào

guójiā   tuǒshàn   cùjìn   tuīxiè   dǎnqiè

guīlù   pìnrèn   chóubèi

(3)指出下列各词的拼写错误

劳累 láoluì   遥远 íaoǔan   推出 tēichū

袖子 xiòuzǐ   梦境 mòngzìng   婆婆 pésūo

凑巧 còuqiǎo   翠微 cùiwēi   美好 méihǎo

带电 dàidiàn   断绝 dùanjúe   堕落 dùoluò

雪球 xǔe qióu   堤岸 dīàn   威严 wuēiyián

疟蚊 nüè uén   群众 quénzhòng   海鸥 hǎiōu

轮换 luén hùan   详略 xiánglùe   月亮 yüèliàng

(4)根据普通话声韵拼合规律改正下列错误音节

siao(笑)   zing(精)   zü(足)   zuang(装)   giao(叫)

jua(抓)   xa(下)   mong(孟)   fe(佛)   güe(觉)

puo(坡)   tueng(同)   ler(而)   do(多)   siong(送)

cei(催)   zen(尊)   dei(对)   nan(暖)   chei(策)

tei（腿）   cie（且）   ong(翁)   len(冷)

第五章　声调的学习

　　比起声母和韵母来，声调的数量是很少的，不论是普通话还是各地方言都是如此。就以声调数量最多的广州话来说，原本也只有九个调子。

　　数量少，学习起来似乎就应该简单得多，其实不然。正因为数量少，分配到每个调子里的音节数量就多，出现错误的机会也就多；再加上声调方面的例外字比较多，出现错误的机会就更多了。另外，汉族人对于声调的感觉是很灵敏的，声调读不准就会让人感觉"怪怪的"，严重的还会影响理解。有人说，山东人只要把普通话的声调读准了，普通话就算过关了，这话虽然片面了些，但是也说明了声调在人们心目中的地位。

　　所以，声调的学习不可忽视。

第一节　声调概说

一、声调的性质和作用

　　汉语是利用声调区别词义的语言，在汉语里，区别"临沂"和"临邑"靠的就是第二个字的不同声调。就其物理性质而言，声调是指音节中音高方面高低升降、曲直长短的变化。一般情况下，一个汉字就是一个音节，所以也称为"字调"。我们可以从以下几个方面认识声调：

　　1. 声调主要取决于音高。音高取决于发音体振动频率的高低，但是声调的音高是相对的。另一方面，声调也跟音长有一定的关系。

从发音长短看（音长），上声发音持续的时间最长，其次是阳平；去声的发音时间最短，再就是阴平。假如以音高、音长两个因素为坐标，声调发音的情况参见图5-1。

2. 声调的高低、升降变化是逐渐滑动的，而不是跳跃式的。因此，它的过渡音是连续的、渐变的。所以，声调的调值不同于音乐的音符。比如，普通话的阳平声调调值为35，不能理解为音乐里的35，要用乐器来模拟的话，

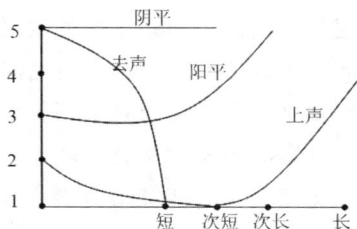

图 5-1　声调发音坐标图①

不能使用钢琴、琵琶，要用提琴、二胡、京胡之类的滑指来演奏。

3. 声调具有区别意义的作用，如"指导"（zhídǎo）与"知道"（zhīdào），"看书"（kànshū）与"砍树"（kǎnshù），"理解"（lǐjiě）与"历届"（lìjiè）等，每一组的声母和韵母都一样，只是由于声调不同，表示的意义就不同了。

4. 声调是汉语音节中不可缺少的组成部分，在汉语各方言里都没有不带声调的音节。

5. 诗文中所说的平仄就是利用组成音节的不同声调造成语流的抑扬变化，使得语言更加富于音乐性、节奏感，给人以美的愉悦。自南北朝以来，汉语文学作品都十分讲究声调的调节。唐宋以来的诗词把声调的韵律美发挥到了极致。

二、调值和调类

要认识汉语的声调，必须从调值和调类两个方面进行分析。

（一）调值

调值指的是音节高低升降曲直长短的变化形式，也就是声调的实际读法。

音高有绝对和相对之别。人们声带的厚薄、长短因人而异，因

徐世荣：《普通话语音常识》，98页，北京，语文出版社，1999。

此不同的人说出同一个音节的时候，音高的绝对数值不会是相同的，男女之间的区别更是明显。一般说来，男子的声音比较低沉浑厚，而女子的声音则高亢激越，这两种语音用仪器测量出的频率肯定是不同的，但是它们的表义功能却是完全一样的。而且，即使是同一个人的发音，如果情绪状态不同，声音的高低（频率）也会有差异，不过也不会影响语词区别意义的作用。这就是说，绝对音高本身不影响声调的别意功能。声调的物理性质是相对音高的变化。

同一发音体发出的语音音高变化的形式和幅度，构成了相对音高。例如，在用普通话读"第"字时，无论是成年人还是小孩儿，也不论是男人还是女子，都是从其自身发音的最高频率降到最低频率，这种频率变化的幅度，也就是其"从最高音到最低音"的升降模式，是所有社会成员都相同的。这就是相对音高的相同，声调的作用也就是从这个方面实现的。总之，调值所表示的乃是大家共同选用的相对音高，而不是某些人的绝对音高。

既然相对音高是统一的，自然可以用确定的数值表示出来。现在通常采用赵元任先生首创的"五度标记法"记录声调的调值。用五度标记法标记普通话四声的具体方法如图 5-2 所示：先用一根竖线作为比较线，把这条线均分为四格，出现的五个节点分别表示"高、半高、中、半低、低"五度，依次用"5、4、3、2、1"来代表。然后在比较线的左边用曲线或直线表示相对的音高变化形式和升降幅度。

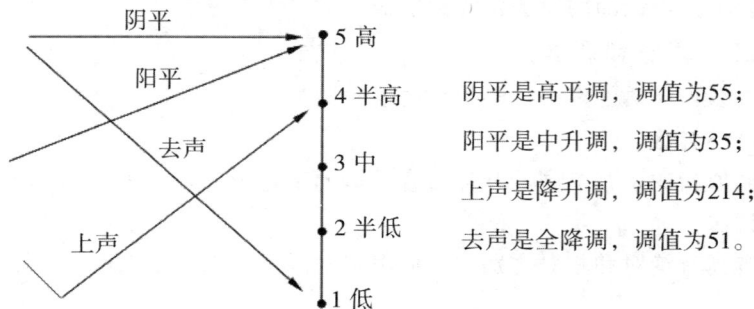

阴平是高平调，调值为55；

阳平是中升调，调值为35；

上声是降升调，调值为214；

去声是全降调，调值为51。

图 5-2　五度标记法

应该指出，表示调值的线段或数字，并不是绝对写实的。五度标记法的创始人赵元任先生明确说过："某一个声所以为那一声，它是相对的，不是绝对的，所以用不着像音乐里头分得那么细……在我们的经验，如果把音高的程度分成'低、半低、中、半高、高'五度就够了……并且从起头儿到收尾，如果这个调不是平的，是从下望上、从上望下、或者拐弯儿的，也只用起点终点也就够了，不用画成曲线。"

根据这段解说，我们不难判断，要在调值的数字或图形上做什么细致入微的发挥，都是多余的。比如，有人主张把普通话上声的调值定为 2114，把普通话上声的调值画作图 5-3 的样式，这样的诠释看起来是要追求精确，却显然违背了赵元任先生五度标记法的设计理念。

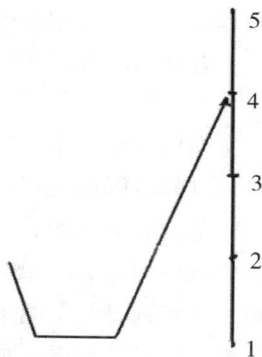

图 5-3　上声 2114 调形图

（二）调类

调类就是声调的类别或种类，把调值相同的字归并在一起，便成为一个调类。普通话有四种基本调值，因此归纳为四个调类。调类传统的名称是：阴平、阳平、上声、去声。这样的叫法来源于我国古代学者对于声调的命名。

因为古代汉语里有四种不同的声调，因而古人把声调叫做"四声"，他们用"平上去入"四个字做了四种声调的代表字，这就成了历代学者对于汉语声调的称谓和进一步分类的依据。随着时代的前进，声调的类别发生了变化，后来的学者依旧根据"平上去入"四个类别做补充界定，于是有了"阴平、阳平"之类的叫法。因为普通话里有四种声调，所以通常也简单地叫做一声、二声、三声、四声。北方方言区的许多方言都与普通话大体一致，调值有四种基本形态，也就是有四个调类。

（三）调值与调类的关系

在一个方言里，调值决定调类，有几种调值，就有几个调类。各方言区的调类数量不尽相同。就全国而言，最少的方言只有三个调类，如河北滦县话、山东烟台话；最多的有十个调类，如广西玉林话，其次是广州话有九个调类。多数方言的调类为四到六个，如沈阳话、兰州话、成都话有四个调类，上海话有五个调类，客家话有六个调类，厦门话有七个调类，等等。山东各地方言的调类数目和调值，可参见书后的附录四。

普通话与方言之间，方言与方言之间，调类相同的字，调值并不一定一样，比如"方"，在普通话和全国各地方言中都属阴平类，但它们的调值却不一定相同。普通话的调值是55，济南话的调值是213，聊城话的调值是13，威海话的调值是42。

与此相对应的，各地调值相同的字不一定会属于同一个调类，比如调值同是55，普通话是阴平，济南话、青岛话、泰安话却是上声；调值同是35，在普通话属阳平，在武汉话里却属去声。面对这种看似纷繁的关系，如果搞不清调类和调值的关系（区别和联系），就可能出错。

（四）调号

调号就是调类的标记符号。汉语拼音方案中所规定的调号是："－""∕""∨""∖"四种。

虽然声调属于整个音节，但其高低升降、曲直长短的变化主要集中体现在韵腹即主要元音上，所以调号一般标在主要元音上，如"青菜"（qīngcài）、"历届"（lìjiè）、"好友"（hǎoyǒu）、"威吓"（wēihè）。如果不是需要特别标注的，一般都要标注本调，不标变调。比如："有水"的正确注音为"yǒu shuǐ"，不能依据变调标为"yóu shuǐ"。

普通话中除了阴平、阳平、上声、去声四个调类外，还有一种轻声现象，如"桌子、椅子"里的"子"，"舌头、木头"里的"头"，发音都轻而短，其调值不同于上述四声的任何一个。我们必须清楚，轻声不是一个独立的调类，而是一种音变现象。对轻声问题，本书后面会有专章讲解。

三、普通话四声的发音

普通话有四种声调，具体描写如下：

1. 阴平——高平调。发音时调值由 5 度到 5 度，简称 55。声带则绷到相对最紧，自始至终没有明显变化。例字：巴、方、低、青、知、喝。

2. 阳平——中升调。发音时调值由 3 度到 5 度，简称 35。声带则从不松不紧开始，逐渐绷紧，最后到相对最紧。例字：拔、房、敌、情、职、昨。

3. 上声——降升调。发音时调值由 2 度降到 1 度，再升到 4 度，简称 214。声带则从略微紧张开始，又立刻松弛下来稍微延长，接着迅速绷紧，但达不到相对最紧。例字：把、仿、底、请、止、左。

4. 去声——全降调。发音时调值由 5 度到 1 度，简称 51。声带则从相对最紧开始，到完全松弛为止。例字：罢、放、第、庆、志、做。

表 5-1　普通话声调的调类和调值综合表

调类	调值	调型	调号	例字
阴平	55	高平	—	衣 yī　些 xiē
阳平	35	中升	/	移 yí　斜 xié
上声	214	降升	V	椅 yǐ　写 xiě
去声	51	全降	\	易 yì　谢 xiè

普通话四个声调的发音，除注意调值高低抑扬的变化外，还要和气息控制结合起来。有学者把四声的读法归纳为一首口诀：

阴平：起音高平莫低昂，气势平均不紧张。

阳平：从中起音向上扬，用气弱起逐渐强。

上声：中起先降转上挑，降时气稳扬时强。

去声：高起直送向下降，强起到弱要通畅。

普通话声调也可简单概括为"一平、二升、三曲、四降"。

第二节　声调辨正

汉语的声调具有区别意义的作用，声调不准是造成歧义或表义错误的重要原因之一。前面提到，声调并不是一成不变的，它也经历过并将继续经历着历史演变过程，它是随着汉语的不断发展变化而演变发展的。从古代汉语到现代汉语，声调已有很大变化。北方方言区的声调演变状况见表 5-2。

表 5-2　古汉语声调在现代汉语部分方言里的分化表

古音	平		上	去	入				
例字	刚 知 专 尊 穷 陈 床 才		古 展 手 老	近 厚 掌 助	出	德	笔 不	日 月	白 食
1.北京	阴平 55	阳平 35	上 214	去 51	阴平	阳平	上	去	阳平
2.沈阳	阴平 44	阳平 35	上 213	去 41	阴平	阳平	上	去	阳平
3.济南	阴平 213	阳平 42	上 55	去 21	阴平			去	阳平
4.郑州	阴平 31	阳平 42	上 54	去 31	阴平				阳平
5.太原	平 11		上 53	去 55	入 21（青）／ 阴入 21				阳入 54（老）
6.西安	阴平 21	阳平 24	上 53	去 45	阴平				阳平
7.兰州	阴平 31	阳平 53	上 33	去 24					阳平
8.成都	阴平 44	阳平 31	上 53	去 13	阳平				
9.昆明	阴平 44	阳平 31	上 53	去 13	阳平				
10.汉口	阴平 55	阳平 213	上 42	去 35	阳平				
11.南京	阴平 32	阳平 14	上 22	去 44	入 5				

具体来说，方言区的人学习普通话的声调，需要解决两个问题：（1）调值问题，尤其是普通话有而当地方言中没有的调值容易把握不准；（2）调类问题，如何按普通话四声对汉字进行归类。以下从这两方面分别加以说明。

一、调值辨正

（一）读准调值

学习普通话声调，首先应当准确把握普通话四声的调值，明确普通话基本声调有 55、35、214、51 四种具体读法，并反复进行练习，力求尽快掌握四种调值的准确读法。

其次，应当明确方言调型、调值与普通话调型、调值之间的差异与相同或相似之处，做到心中有数，求同正异。

表 5-3　普通话与济南话、青岛话的调值比较

地市 ＼ 调值 ＼ 例字 ＼ 调类	阴平 诗	阳平 时	上声 使	去声 是
济南话、青岛话	213 曲	42 降	55 平	31 降
普通话	55 平	35 升	214 曲	51 降

从表 5-3 中可以看出，普通话与济南话和青岛话的四种调型及调值均有差异。（1）普通话阴、阳、上、去四声的调型是平、升、曲、降，济南话和青岛话阴、阳、上、去四声的调型是曲、降、平、降，没有升调。由此可知，济南人和青岛人若要学好普通话的声调，读准 35 这个上升的调值至关重要。（2）济南话和青岛话阴平的调值与普通话上声的调值相似，只要读时起点一样，末尾升高一点，就是普通话上声的调值。（3）济南话和青岛话与普通话去声的调型虽都是降调，但济南话和青岛话去声的调值是低降调 31，下降幅度很小，而普通话去声的调值是 51，是个全降调，因此说普通话时应注意尽量把发音的起点放到最高，发出下降幅度最大的全降调。（4）济南话上声的调值与普通话阴平的调值完全一样，在说普通话的阴平字时，发成与济南话上声字相同的调值即可。

由此可知，对济南人和青岛人来说，学习普通话的阴平调 55 并不难，因为济南话和青岛话中的上声调值与此完全相同，照此转化即可。学习普通话的上声调 214 也不难，因为济南话和青岛话中的阴平调值 213 与此相似，发音时注意尾音略高一些即可。最重要

的是学会并发准 35 这一上升的调子，因为济南话和青岛话中没有
升调，没有可模仿的依据；其次是学会发全降调 51，因为济南话和
青岛话中虽有降调，但是低降调 31，与全降调 51 还有一定距离。
如果把济南话和青岛话阳平调的 42 提升一下起点再加上去声的 31，
组合起来就与普通话的 51 基本相同了。举例来说，用济南话和青
岛话的声调连续读出"疑义"二字，听起来就与普通话的"义"字非常
近似了。当然，这个方法只能用来体会调值发音的感觉，不能用于
所有调值的学习。

就山东省内各地与普通话对比的情况而言，山东大部分地区与
济南话一样，四声调值的调型有平调、曲调、降调而没有升调；降
调又多为高降调或低降调，没有全降调（见附录四《普通话与山东各
区市调值对照表》）。具体来说：

阴平：普通话阴平的调值是 55，山东绝大部分地区读降升调
213，此外，聊城、菏泽地区分别读低升调 13、低平升调 113，烟
台、威海的平声则分别读低降调 31、中降调 42。

阳平：普通话阳平的调值是 35，山东绝大部分地区读降调，而
其中多数又是中降调 42（如青岛、泰安、德州、潍坊、济宁、菏泽
等地），其次是高降调 53（如滨州、东营、临沂、日照等地）。除降
调外，个别也有高平调 55（如枣庄），但没有一个地方是读升调的。

上声：普通话上声的调值是 214，山东大部分地区读平调，其
中多数是高平调 55（如青岛、泰安、德州、济宁、日照、聊城等
地），少数是半高平调 44（如滨州、东营、潍坊等地）。此外，也有
与普通话相同或相似的降升调（如烟台 214、威海 312），以及个别
地方的升调（如枣庄 24）。

去声：普通话去声的调值是 51，山东大部分地区也是降调，但
一般不是全降调，其中最多的是低降调 31（如青岛、泰安、滨州、
东营等地）或 21（如德州、潍坊、淄博等地），也有部分地区读降升
调 312（如济宁、临沂、日照、菏泽等地）或 412（如聊城），少量地
区读平调 44（如烟台、威海）。

由上看出，对大部分山东人来说，学习普通话的调值，发准升调 35 与全降调 51 是关键。

（二）发准调值的方法

针对各地的不同情况，在学习普通话调值时，可借助下列方法来进行：

以阳辅阴——即阳平字与阴平字连读，借阳平末尾的高音辅助读准阴平字。如：

栏杆 lángān　　　　　谋生 móushēng　　　　难关 nánguān
舷窗 xiánchuāng　　　学期 xuéqī

以去辅阳——即去声字与阳平字连读，用去声字的下降来压低阳平字的起音，尾音就易于升高，以读准阳平字。如：

祝福 zhùfú　　　　　纵容 zòngróng　　　　混杂 hùnzá
凤凰 fènghuáng　　　扣除 kòuchú

以去辅上——即去声字与上声字连读，去声的尾音可以使上声的起始音下降得低些，则尾音容易升高，以此帮助读准上声字。如：

固守 gùshǒu　　　　调遣 diàoqiǎn　　　　号码 hàomǎ
近海 jìnhǎi　　　　　副本 fùběn

以阴辅去——即阴平字与去声字连读，借助阴平的高平调增加去声的起点高度与幅度，以读准去声字。如：

憎恨 zēnghèn　　　　飘动 piāodòng　　　　深切 shēnqiè
贴近 tiējìn　　　　　勘测 kāncè

二、调类辨正

普通话及汉语各方言的声调均由古汉语声调分化演变而来。普通话有阴平、阳平、上声、去声四个调类，分别由古汉语的平、上、去、入四声而来。古平声字在普通话中分成阴平、阳平两类，古上声字的绝大部分在普通话中仍属上声，古上声字的少部分（全浊上声字）及古去声字在普通话中属去声，古入声调在普通话中消失，入声字分别归入阴、阳、上、去四声中。古汉语声调到普通话声调的这种演变规律可简单地概括为"平分阴阳，浊上变去，入派四声"。

北方方言区的绝大多数方言与普通话的声调演变规律大体相同，调类一致，如汉口话、济南话、沈阳话、成都话等都是阴、阳、上、去四个调类，入声分别归入阴、阳、上、去四声中，每一类所属的汉字与普通话也有较整齐的对应规律。也就是说，某些字在普通话中是阴平字，那么在这些北方方言区也属阴平字，因此学习普通话的声调时就可以直接将这些字的方言调值改为普通话相应类别的调值。比较特殊的是河北滦县及山东烟台等地只有三个调类——平声、上声与去声，调类数最少，而南京、太原，以及山东的章丘、利津等地则还保留着入声，有五个调类。

学习普通话的声调时，方言调类比普通话少的，要分化，如青岛、烟台、淄博的一部分方言只有三个调类，那么就要依据普通话将其分解为四个调类；方言调类比普通话多的，要把多出的类别裁掉，也就是把一部分字合并到其他调类里去，比如章丘、利津部分地方保留着入声调类，就要把那些入声字合到其他调类去，相应地改读为普通话的阴、阳、上、去四声。

合并是容易的，分解就有了选择的问题，难度也随即增加了。最直接也是最可靠的办法，是将入声字在普通话中的声调逐一记住。此外，还可以找出入声字的一些分化规律，依规律加以记忆。如普通话鼻韵母的字及 zi、ci、si、er 等音节的字都没有古入声字，这一部分就可排除在外；声母为 m、n、l、r 或零声母的古入声字，在普通话中一般念去声，如"木、麦、纳、列、热、若、亦、物、握"，这部分字直接改读去声调 51 即可；有的方言如成都话，古入声字全归入阳平，这些地区的人只记忆普通话中哪些古入声字归阴平、上声、去声即可，归阳平的则不需记忆。总之，古入声字在普通话中的声调改读问题是许多方言区存在的问题，应当下工夫分清、记准。

从书后附录五《山东各方言区调类表》可以看出，山东各地方言与古代汉语在声调系统方面的继承发展关系。分析此表可以发现，山东大部分地区的调类数目、调类名称都与普通话一致，也是阴平、阳平、上声、去声四类；每一调类所包含的字与普通话也大致相同，一般在这些地区属哪一类的字，在普通话中也属于哪一类。例如，"山、明、水、秀"在山东大部分地区分属阴、阳、上、去四声，它们在普通话中同样也分属阴、阳、上、去四声，二者之间有较整齐的对应规律。古代汉语平上去三类向现代汉语变化的规律，大部分山东方言与普通话是一致的，只有烟台等仅有三个调类的方言与普通话的差别略大。山东方言在调类方面与普通话的差别主要是在古代的入声一类，古代的入声一类当中，清声母字在现代语言中的归类，普通话没有清晰的规律性，山东方言则整齐地归于阴平（如济南话、济宁话）或上声（如青岛话、烟台话）。这正是山东人学习普通话声调时，在调类方面会出现问题的地方。书后的附录六《部分古代入声字在普通话里的读音》字表可以帮助我们做出判断，希望读者多多翻检查阅。

我们可以利用这种对应规律推知大部分汉字在普通话中的声调，学习时直接把这些字的方言调值改为相应的普通话调值即可。但也有一小部分字在这些地区的调类归属与普通话的不一致，如"竹、菊、铁、雪"，在山东方言区多归阴平，但在普通话中，"竹、菊"归阳平，"铁、雪"归上声。这些在规律之外、不能类推的字，我们称为"声调例外字"。"声调例外字"是山东人学习普通话声调应重点解决的问题。

普通话与山东各地方言里声调类别不同的具体情况简述如下：

乐陵、宁津、陵县、德州、武城、夏津、禹城、济南、泰安、新泰一线及其以南的西齐区和东潍区的沂源、蒙阴、沂南等地方言中读阴平的字，在普通话中大部分也读阴平，小部分（古清声母入声字）则分别读作阳平、上声、去声，因此这些地区的人应将这部分字从本地方言阴平字中分离出来，依据普通话分归到阳平、上声、去声中；昌邑、安丘、临朐、青州、沂水、五莲、胶南一线及其以东地区方言中读上声的字，在普通话中大部分也读上声，小部分(古清声母入声字)则分别读作阴平、阳平、去声；沾化、庆云、阳信、滨州、惠民、商河、临邑、平原、济阳、广饶、寿光、昌乐、潍坊、莒县、莒南、日照方言中读阴平、上声的字，在普通话里大部分也读阴平、上声，小部分(古清声母入声字)则分别读作上声/阴平、阳平、去声；西鲁区所有方言中读阴平的字，在普通话中大部分也读阴平，一小部分(古清声母入声字)分别读作阳平、上声、去声，一小部分(古次浊声母入声字)读作去声。以上地区的人都应将本地方言与普通话声调不对应的字作相应的分离、归并；此外，淄博、桓台二地有阴平、上声、去声、入声四个声调，比普通话少一个阳平调，多一个入声调，其入声字在普通话中分别归到阴、阳、上、去四声中，也应作相应的分离、归并。至于以上涉及的入声字有哪些以及它们在普通话中的声调情况，请参照附录六。

除了古入声字以外，还有些字在山东各地的调类归属与普通话也不甚一致，以下列举部分常见字，以普通话声调排列，山东人学普通话时应特别注意纠正：

阴平：胞锋峰蜂糙敷卑背(～包)猫捞抡膏刮供(～应)估他她它冠(鸡～)刊枯窥骄津荆居拘菌希相(～当)勋脂珍专殊臧憎埃医蛙危微巍佣些。

阳平：毗脯(胸～)焚樊肪防妨屠婪岷您拦棱怜扛横(～竖)潜擎权持驰弛乘燃仍儒孺蠕咱裁惭而嗷遨翱宜仪邮延无吾梧唯维愉娱舆额惩崇淫。

上声：鄙捕漂(～白)匪讽腐腑抚讨艇椭拟碾努朗卵履轨傀吼罕己矫缴矩绮岂启企且遣朽址沼肘枕储处(～理)阮组左佐纂此髓呕以冶侮纬与予羽宇允颈侈暑曙黍伪黔涌。

去声：范付附负赴赋妒态涕唾酿憾互技济(～事)耗境智倡畅逝墅遂隧沤异毅讶焰应(～答)映坞畏与(参～)酝。

山东省内还有少数地方与普通话调类数不一致，有三个或五个声调。如胶东一带的烟台、威海、福山、栖霞、海阳、莱西、即墨、崂山和中北部的莱芜、博兴、高青、无棣等地，都只有平声、上声、去声三个调类，其平声字大致与普通话的阴平相当，而普通话的阳平字在烟台等地与去声合并，在莱芜等地则与上声合并，因此烟台等地的人须从方言去声字中分出一类阳平来，而莱芜等地的人须从方言上声字中分出一类阳平来。胶东一带的莱州、平度则只有阴平、阳平、上声三个调类，普通话去声字在这两地混入了阴平、阳平两类，因此这两地的人还须从方言的阴平字和阳平字中分出一部分组成去声。对以上地区而言，究竟应分离出哪些字形成一个新的调类，没有类推规律可循，只能靠平时多下工夫去记忆。古入声字在以上地区也有不同的分化情况，具体可参照附录六记忆。此外，利津、邹平、章丘等地有阴平、阳平、上声、去声、入声五个调类，比普通话多出一个入声调，这些地方的人应将方言中的入声字依据普通话分别归到阴、阳、上、去四声中，具体归类情况也可参照附录六。

第三节　声调训练

在声调读不准的情况下，可按调型打手势辅助练习，帮助纠正。

一、两字词训练

（一）阴阴

cānjiā	xīzhuāng	bōfēng	yōushēng	zhōukān
参　加	西　装	波　峰	优　生	周　刊
fēngfān	xiāngjiāo	jiāngshān	kāidāo	bānchē
风　帆	香　蕉	江　山	开　刀	班　车

（二）阴阳

zīcái	jiānchá	xiānhóng	xīnxué	zhuīsuí
资　财	监　察	鲜　红	新　学	追　随

fākuáng	jiācháng	xīngchén	Zhōngwén	qiānmíng
发狂	家常	星辰	中文	签名

(三)阴上

qīwǔ	duōguǎ	dēngtǎ	shēngsǐ	xīnkǎn
欺侮	多寡	灯塔	生死	心坎
jiāchǎn	gēyǒng	gōngkuǎn	gēnggǎi	fēnxiǎng
家产	歌咏	公款	更改	分享

(四)阴去

zhuāngzhòng	bōsòng	yīnyùn	guīquàn	shuāibài
庄重	播送	音韵	规劝	衰败
dāngàn	xīwàng	huānkuài	zhōnghòu	jiāgù
单干	希望	欢快	忠厚	加固

(五)阳阴

guógē	liánhuān	nánbiān	qúnjū	quánsuō
国歌	联欢	南边	群居	蜷缩
nóngfū	hángtiān	yíngqīn	yuánzhuī	tóubiāo
农夫	航天	迎亲	圆锥	投标

(六)阳阳

zhídá	huáxíng	étóu	tuányuán	qínghuái
直达	滑行	额头	团圆	情怀
rénhé	míngyán	chíyí	jíxiáng	háohuá
人和	名言	迟疑	吉祥	豪华

(七)阳上

huángkǒng	yánchǎng	quánshuǐ	qínglǚ	niánjǐng
惶恐	盐场	泉水	情侣	年景
qínglǎng	miáozhǔn	míwǎng	píngshěn	yánglǎo
晴朗	瞄准	迷惘	评审	养老

（八）阳去

háomài	liáoliàng	móliàn	líndài	jiéshè
豪 迈	嘹 亮	磨 练	林 带	结 社
juéjiàng	gédiào	tóngbèi	xíngjìng	yínhuì
倔 强	格 调	同 辈	行 径	淫 秽

（九）上阴

zhǐzhāi	tǒngchēng	zhuǎnbō	běnjiā	fěibāng
指 摘	统 称	转 播	本 家	匪 帮
fǎnqīng	fǎyī	yǎnhuā	jiǎngshī	qǔjīng
返 青	法 医	眼 花	讲 师	取 经

（十）上阳

zhǐnán	pǔchá	fǎnhuán	qiǎnzé	chǔjué
指 南	普 查	返 还	谴 责	处 决
lǎngdú	kěyí	qǐchéng	měitán	dǎngtuán
朗 读	可 疑	起 程	美 谈	党 团

（十一）上上

gǔpǔ	bǎomǎn	lǐnghǎi	gǔsuǐ	yǒngměng
古 朴	饱 满	领 海	骨 髓	勇 猛
huǒzhǒng	zhǎnzhuǎn	cǎnsǐ	dǎoyǔ	lǐpǐn
火 种	辗 转	惨 死	导 语	礼 品

（十二）上去

gǎizhì	wǔbù	zhǔjiàn	fǎngzhào	sǎoxìng
改 制	舞 步	主 见	仿 照	扫 兴
kǎozhèng	xiǎngniàn	tǔzhù	xiěyì	diǎnfàn
考 证	想 念	土 著	写 意	典 范

（十三）去阴

xiàdiē	kuànggōng	xiàozhōng	guìbīn	shèqū
下跌	矿工	效忠	贵宾	社区

lièqiāng	rènshēn	jiàngwēn	tèyuē	qìgōng
猎枪	妊娠	降温	特约	气功

（十四）去阳

zìxué	huànóng	cuòjué	tècháng	wàngguó
自学	化脓	错觉	特长	万国

huìtán	zhèngjú	pèijué	wèilán	biànbó
会谈	政局	配角	蔚蓝	辩驳

（十五）去上

nèixǐng	jùchǐ	xiàyě	zàitǐ	wùchǎn
内省	锯齿	下野	载体	物产

bànlǚ	xìnshǐ	xiàoliǎn	diànlǎn	liàngjiě
伴侣	信使	笑脸	电缆	谅解

（十六）去去

lièyàn	qìnghè	yànjuàn	huàpiàn	xièdòu
烈焰	庆贺	厌倦	画片	械斗

shìkàn	dàdiàn	kuàyuè	jiànjìn	làoyìn
试看	大殿	跨越	渐进	烙印

二、声调例外字练习

（一）读阴平的声调例外字

胞（同胞）　锋（锋利）　峰（山峰）　敷（敷衍）　捞（打捞）

抡（抡拳）　勋（功勋）　拙（拙劣）　殊（特殊）　埃（尘埃）

蛙（青蛙）　危（危险）　庸（平庸）　卑（谦卑）　刊（创刊）

鞠（鞠躬）　骄（骄傲）　荆（荆棘）　熹（熹微）　相（相信）

脂（油脂）　专（专门）　缩（伸缩）　背（背包）　供（供给）

冠（桂冠）　　窥（窥视）　　居（居住）　　拘（拘泥）　　憎（憎恨）

医（医院）　　佣（佣人）　　逼（逼迫）　　猫（花猫）　　孵（孵化）

答（答应）　　估（评估）　　缉（缉拿）　　菌（细菌）　　珍（珍贵）

娠（妊娠）　　臧（臧否）　　虽（虽然）　　撇（撇开）

（二）读阳平的声调例外字

伯（伯父）　　泊（漂泊）　　博（广博）　　膊（赤膊）　　辐（辐射）

幅（横幅）　　福（幸福）　　答（回答）　　得（获得）　　德（道德）

格（格律）　　革（皮革）　　隔（隔膜）　　咳（咳嗽）　　吉（吉祥）

级（班级）　　菊（菊花）　　橘（金橘）　　节（过节）　　结（结局）

决（决断）　　诀（诀窍）　　角（角色）　　猦（猰猦）　　折（挫折）

哲（哲学）　　蜇（海蜇）　　逐（追逐）　　竹（翠竹）　　职（职务）

识（相识）　　则（规则）　　责（指责）　　足（满足）　　邮（集邮）

仆（仆人）　　焚（焚烧）　　肪（脂肪）　　防（防卫）　　妨（妨碍）

读（读书）　　国（国家）　　潜（潜水）　　权（侵权）　　蹰（踟蹰）

持（把持）　　驰（驰骋）　　儒（儒家）　　孺（孺子）　　蠕（蠕动）

燃（点燃）　　仍（仍然）　　咱（咱们）　　裁（制裁）　　惭（羞惭）

而（而后）　　违（违背）　　唯（唯一）　　维（维护）　　延（拖延）

樊（樊笼）　　棱（棱角）　　怜（怜惜）　　横（横祸）　　扛（扛活）

即（即使）　　乘（乘坐）　　昨（昨天）　　宜（权宜）　　仪（仪表）

愉（愉快）　　娱（欢娱）　　翱（翱翔）　　遨（遨游）　　葛（纠葛）

壳（弹壳）　　卓（卓越）　　穴（穴位）　　急（焦急）　　瘠（贫瘠）

媳（儿媳）

（三）读上声的声调例外字

百（百合）　　柏（松柏）　　北（北京）　　笔（铅笔）　　撇（撇嘴）

漂（漂白）　　法（方法）　　匪（匪徒）　　腑（肺腑）　　讽（讥讽）

塔（塔吊）　　铁（钢铁）　　帖（请帖）　　葛（诸葛）　　骨（骨头）

谷（稻谷）　　轨（轨迹）　　渴（渴望）　　己（自己）　　甲（甲虫）

脚（腿脚） 角（角落） 矫（矫正） 缴（上缴） 且（况且）

遣（派遣） 朽（腐朽） 雪（大雪） 嘱（叮嘱） 只（只有）

窄（宽窄） 沼（沼气） 咫（咫尺） 辱（羞辱） 组（小组）

以（以后） 侮（欺侮） 呕（呕吐） 冶（陶冶） 匹（布匹）

腐（迂腐） 辅（辅助） 俯（俯瞰） 抚（爱抚） 讨（声讨）

椭（椭圆） 拟（拟定） 努（努力） 卵（卵生） 傀（傀儡）

罕（罕见） 脊（脊背） 绮（绮丽） 岂（岂非） 启（启示）

企（企业） 寝（就寝） 址（地址） 储（存储） 属（下属）

此（因此） 髓（骨髓） 允（应允） 纂（编纂） 鄙（卑鄙）

碾（碾子） 履（履行） 朗（朗读） 拱（拱桥） 矩（矩形）

枕（枕巾） 处（处理） 左（左手） 佐（辅佐） 予（赋予）

与（赠与） 羽（羽毛） 宇（宇宙） 纬（经纬） 血（出血）

曲（乐曲） 给（送给） 给（给养） 犷（粗犷） 强（强迫）

涨（上涨） 冗（冗长） 尔（尔后） 偶（偶然） 肘（肘子）

瓦（瓦解） 涌（涌现）

（四）读去声的声调例外字

必（必须） 不（绝不） 僻（偏僻） 墨（笔墨） 麦（小麦）

覆（覆盖） 复（复杂） 附（附近） 付（支付） 踏（踏青）

榻（下榻） 态（心态） 蜡（蜡染） 力（力争） 立（自立）

肋（肋骨） 烙（烙饼） 酪（奶酪） 略（侵略） 克（攻克）

刻（时刻） 扩（扩大） 阔（辽阔） 赫（显赫） 互（相互）

寂（静寂） 技（技巧） 间（间断） 确（准确） 却（推却）

雀（雀跃） 鹊（喜鹊） 蓄（蓄谋） 旭（旭日） 筑（建筑）

质（质疑） 掷（投掷） 秩（秩序） 稚（稚嫩） 智（智商）

触（触摸） 绰（绰约） 倡（倡导） 畅（舒畅） 摄（摄影）

束（结束） 示（示意） 室（教室） 视（视野） 饰（装饰）

适（适合） 逝（逝世） 释（释然） 入（入围） 册（画册）

策（策略）　测（测量）　侧（侧身）　涩（苦涩）　塞（堵塞）
速（时速）　宿（宿营）　肃（甘肃）　恶（恶果）　坞（船坞）
沤（沤肥）　药（药品）　袜（鞋袜）　握（握手）　畏（畏惧）
应（应聘）　映（上映）　负（负担）　赴（奔赴）　赋（赋闲）
缚（束缚）　浙（浙江）　血（鲜血）　帖（字帖）　瀑（瀑布）
煞（煞白）　范（师范）　妒（妒忌）　特（独特）　涕（涕零）
唾（唾弃）　或（或者）　惑（迷惑）　憾（遗憾）　洽（洽谈）
榨（榨取）　术（技术）　硬（硬件）　促（促使）　遂（遂心）
隧（隧道）　扼（扼杀）　异（诧异）　役（役使）　疫（疫苗）
译（破译）　毅（坚毅）　喻（喻示）　讶（惊讶）　焰（火焰）
酝（酝酿）　魄（魂魄）　的（目的）　劣（恶劣）　各（各地）
境（境界）　恰（恰好）　斥（斥责）　墅（别墅）　庇（包庇）
腹（心腹）　讣（讣告）　吐（呕吐）　泞（泥泞）　迹（足迹）
绩（成绩）　召（召开）　赠（赠送）　挫（挫折）　谊（友谊）
与（与会）

三、四字词练习

（一）按四声顺序排列

中国伟大　山河美丽　天然宝藏　资源满地
阶级友爱　中流砥柱　工农子弟　千锤百炼
身强体健　精神百倍　心明眼亮　光明磊落
山明水秀　花红柳绿　开渠引灌　风调雨顺
阴阳上去　非常好记　高扬转降　区别起落

（二）按同声母排列

包薄宝报　巴拔把霸　波驳跛簸　坡婆叵破
烹朋捧碰　铺仆普瀑　妈麻马骂　矇萌猛梦
咪迷米密　方房访放　夫扶府妇

思 考 与 练 习

1. 什么是声调？

2. 什么是调类？什么是调值？举例说明你所属方言与普通话在声调上的异同。

3. 根据书后附录五《山东各方言区调类表》里面的例字，归纳一下，看看您的家乡话里有几个调类，如果可能，记录出各个调类的调值。

第六章　连读音变

音变有历时音变和连读音变两类。

历时音变指语音在历史发展的过程中发生的变化。例如"精"在古代声母为[ts]，在现代汉语普通话中声母为[tɕ]，"径"在古代声母为[k]，在现代声母也是[tɕ]，这种"[ts]→[tɕ]""[k]→[tɕ]"的语音变化就是历时音变。

连读音变又叫做语流音变，是同一时期同一语音系统内部因为音素或音节之间的相互影响而发生的语音变化。人们说话时，总是一个音紧接着一个音，若干个音连续不断，形成长短不等的一段段语流，语流内的一连串音紧密连接，发音部位和发音方法不断改变，难免相互影响，产生语音的变化，这种语音变化就是连读音变。连读音变是一切语言都存在的一种语言现象，它是客观存在的，不以人的意志为转移的。在朗读、说话时只有遵循这些规律，才能达到语言的规范。

因此，我们对于语音做静止的分析研究，即对每个声音本身做定性的研究是有必要的；而对语音做动态的分析研究，看它在变动不息的语流中所呈现的状态，看某些声音跟其他声音在配合、联系之中产生的变化，更是十分必要的。

本章只介绍普通话音系中的某些连读音变。普通话的连读音变中，最常见的是变调、轻声、儿化和语气词"啊"的音变。

第一节　变调

一、什么是变调

先看两组例子：

友好——油好　　李老师——黎老师

在实际对话当中，我们会感觉"友好"和"油好"同音，"李老师"和"黎老师"同音，但是，单独读起来，"友"和"油"、"李"和"黎"却又明显不同。像这样两个或两个以上音节连在一起时，音节的调值会发生有规律的变化，这种语音变化就是变调。

变调是相对于单字调而言的。所谓单字调，是指音节在单读时的调值。例如普通话中的"土"，单念时读为 tǔ[tʻu₂₁₄]，"214"就是它的单字调调值。单字调是音节声调的基本形式，所以又叫"本调"。变调是从单字调中变化出来的调值。例如"土改"，前一个音节"土"的调值由 214 变为 35，35 调值就是"土"这个音节的一个变调。

普通话中变调情况很多，最常见的有下列几种：上声变调、"一、不"变调、去声变调、重叠式形容词变调。

二、普通话中变调的几种类型

（一）上声变调

单念或在词语末尾的时候，上声字调值不变，调值是 214。以下几种情况会发生上声字的变调：

1. 上声＋上声

两个上声音节连读时，前一个上声音节变阳平（有人称之为"直上"），调值由 214 变为 35。例如：

理想　　美好　　海岛　　野草　　起点　　选举
简短　　粉笔　　古典　　鬼脸　　广场　　懒散

上声音节的这种变调，实际上是异化音变。两个上声字相连，读起来拗口、不方便，因此前一个上声异化，调值读成 35。

朗读下列词语，对比声调的异同：

土改——涂改　　柳嫂——刘嫂　　懒散——蓝伞

2. 上声＋非上声

上声音节在非上声音节（阴平、阳平、去声）前面时，上声变为半上，调值由 214 变为 21。

上声＋阴平

| 火车 | 剪刀 | 子孙 | 主编 | 启发 | 检修 |
| 小说 | 首先 | 指挥 | 普通 | 主观 | 纺织 |

上声＋阳平

| 厂房 | 美德 | 语言 | 总结 | 转移 | 整齐 |
| 女人 | 旅行 | 可能 | 委员 | 本来 | 有时 |

上声＋去声

| 景色 | 海外 | 简化 | 暖气 | 保护 | 鼓动 |
| 讨论 | 感谢 | 表示 | 美丽 | 掌握 | 整个 |

上声的调型是降升调，有两个阶段，先降后升，过程较长。在阴平、阳平、去声之前，由于连读和语速的影响，上声只降不升，实际上只是读出了上声的前半个阶段。

3. 上声＋轻声

在轻声音节前，上声有两种变调现象：

（1）上声在非上声转化来的轻声前念半上 21。例如：

| 我的 | 怎么 | 仿佛 | 两个 | 尾巴 | 里头 |

（2）上声在上声转化来的轻声前念阳平 35 或念半上 21。例如：

| 小鬼 | 可以 | 水里 | 手脚 | 等等（念阳平） |
| 老子 | 耳朵 | 椅子 | 嫂嫂 | 马虎（念半上） |

上声在轻声音节前的变调大致可以看成是由上声在非上声前的

变调规律派生出来的。

4. 三个上声音节相连

三个音节都是上声，变调就可能稍微复杂一些，一般可根据词语的内部结构情况来确定上声的变读。常见的有三种形式：

(1)三个音节为并列结构，不分主次轻重，变读为"阳平＋阳平＋上声"，即"35＋35＋214"。例如：

水火土　　早午晚　　甲乙丙　　稳准狠

(2)相连的三个上声音节，其内部结构是双单格，变读为"阳平＋阳平＋上声"，即"35＋35＋214"。这种情况下，前两个上声音节的词语往往修饰或限制后一个上声音节，整个结构一般为偏正结构。例如：

展览馆　　选举法　　跑马场　　表演奖

(3)相连的三个上声音节，其内部结构是单双格，变读为"半上＋阳平＋上声"。这种情况下，第一个上声音节往往重读，整个结构一般是偏正结构。例如：

老古董　　纸老虎　　马导演　　小老虎　　老酒鬼

5. 一连串上声音节相连，先根据词语结构和语意适当分组，再按以上规律去读。这种情况有时要根据句子表达的需要而读，不一定死板地套规律。例如：

我／很理解／柳导演。

请你／给我／买两把／纸雨伞。

我想／请你／给我买／九两／好酒。

柳所长／想找／李导演／导／几场／舞蹈。

(二)"一、不"变调

"一"的单字调是阴平，调值是55；"不"的单字调是去声，调值是51。在语流音变中，"一、不"要根据情况的不同进行变调。

1."一、不"单念或在词句末尾，"一"在序数中时，读原调。

例如：

| 一 | 初一 | 十一 | 唯一 | 万一 | 统一 | 始终如一 |

| 不 | 决不 | 偏不 | 允许说"不" | 学会说"不" |

2."一、不"在去声前一律变阳平 35 调。例如：

一座　　一概　　一句　　一遍　　一路平安

不信　　不是　　不变　　不幸　　不动声色

3."一、不"在非去声前，"一"变去声 51 调，"不"仍读去声。例如：

在阴平前：一生　　一刀两断　　不知　　不安好心

在阳平前：一排　　一筹莫展　　不足　　不谈爱情

在上声前：一曲　　一举两得　　不忍　　不以为然

4."一、不"嵌在词语中间时，变读轻声。当"一"嵌在重叠式的动词之间，"不"夹在动词或形容词之间，即夹在动词和补语之间，轻读，属于"次轻音"。例如：

猜一猜　　尝一尝　　管一管　　笑一笑　　试一试

说不说　　对不起　　听不懂　　差不多　　挡不住

行不行　　受不了

（三）去声变调

去声音节在非去声前不变调。

1. 两个去声音节相连，前一个如果不是重读音节则调值由 51 变为 53，即由全降变为半降。读时要注意第一个去声音高起点是 5 度，不要起点过低，第二个去声是一个全降调，调值是 51。例如：

电线　　大副　　种树　　试验　　扩大　　正确　　世界

注意　　应试　　变调　　就业　　现状　　戏剧　　战略

2. 去声字作为语流中的后一个字，也常常只读 53 调。例如：

那些历史教训今天的我们不应该忘记。

本科毕业顺利考取研究生是很多大学生的愿望。

(四)重叠式形容词的变调

形容词重叠主要有两种形式,即 AA 式和 AABB 式,除此之外还有带有叠音后缀的 ABB 式。在语流中有时要发生变调,变调时遵循以下规律:

1. 单音节形容词重叠后不儿化,即 AA 式,一般读原调;重叠后儿化时,即 AA 儿式,第二个音节不论本调是什么,往往变成阴平,调值是 55。例如:

平平(píngpíng)　　　厚厚(hòuhòu)　　　美美(měiměi)

慢慢儿(mànmānr)　　好好儿(hǎohāor)　　早早儿(zǎozāor)

暖暖儿(nuǎnnuānr)　　稳稳儿(wěnwēnr)

2. 单音节形容词的叠音后缀,即 ABB 式,叠音后缀为非阴平时多变读成阴平,调值是 55。例如:

红彤彤(hóngtōngtōng)　　　亮堂堂(liàngtāngtāng)

明晃晃(mínghuānghuāng)　　沉甸甸(chéndiāndiān)

软绵绵(ruǎnmiānmiān)　　　毛茸茸(máorōngrōng)

部分 ABB 式的形容词,叠音后缀不变,读原调。例如:

喜洋洋(xǐyángyáng)　　　乐陶陶(lètáotáo)

空荡荡(kōngdàngdàng)　　赤裸裸(chìluǒluǒ)

3. 双音节形容词重叠后,即 AABB 式,多数情况第二个音节变成轻声,后面的第三、四个音节读阴平,调值是 55。例如:

老老实实(lǎolao-shīshī)　　舒舒服服(shūshu-fūfū)

清清楚楚(qīngqing-chūchū)　漂漂亮亮(piàopiao-liāngliāng)

部分不变调,仍读原调。例如:

轰轰烈烈(hōnghōng-lièliè)　　沸沸扬扬(fèifèi-yángyáng)

高高兴兴(gāogāo-xìngxìng)　　欢欢喜喜(huānhuān-xǐxǐ)

需要说明的是,并不是所有的重叠式形容词都变调,应该具体情况具体分析,如书面性很强的词语就可以不变调,而且 ABB 式形容词有不变调的趋势。

　　4.“A 里 AB”式形容词

　　一些含有消极意义的双音节形容词，可以重叠为“A 里 AB”式，如“啰嗦”可以重叠为“啰里啰嗦”，“古怪”可以重叠为“古里古怪”。重叠后，“里”读轻声，最后一个字读阴平 55。

女里女气(nǚlinǚqī)　　　　　娇里娇气(jiāolijiāoqī)

思考与练习

1. 上声变调练习

(1)上声＋阴平

喜欢	展出	组织	等车	老师	普通	主张	小心	北方
口腔	北京	许多	体操	准星	警钟	马鞍	缓坡	晚安
果珍	指标	恐慌	奖杯	冷清	始终	补丁	取经	垦荒
首先	省心	港湾	纺织	体操	保温	许多	火车	史诗

(2)上声＋阳平

祖国	敏捷	考查	语流	草原	口才	羽毛	指责	主持
解决	漂白	口诀	几何	女鞋	等于	搞活	旅行	演员
好人	柳林	火柴	体型	雪人	可怜	企图	祈求	鸟笼
起航	理由	起源	主食	以来	抢劫	钾肥	履行	品德

(3)上声＋上声

感慨	美好	手表	也学	可以	减少	所有	诊所	转角
准予	组长	语法	土产	死守	爽朗	谱写	砝码	古老
采访	老虎	好久	有好	抖擞	匕首	辅佐	把柄	耳语
岬角	水果	尽管	勉强	偶尔	笔挺	老板	场所	橄榄
惨死	领土	土壤	宝塔	舞女	雨伞	了解	鲁莽	哺乳

(4)上声＋去声

笔画	满意	好像	努力	考试	体育	丑恶	美丽	首饰
琐碎	比赛	本质	处分	旅客	反应	比较	柏树	感谢

改造　懂事　腐败　几件　请假　好散　阐述　打破　呕吐
领袖　解放　翡翠　朗诵　屡次　广大　宇宙　笼罩　款待

(5)上声＋上声＋上声

影响好　选举我　处理品　水彩笔　手写体　老保守
洗脸水　蒙古语　小拇指　孔乙己　冷处理　很了解
很理想　小两口　耍笔杆　好总理　小海岛　孔乙己

2."一、不"变调练习

(1)"一"的变调练习

一批　　一层　　一口　　一年　　一脸　　一宗　　一手
一次　　一同　　一种　　一架　　一家　　一幕　　一直
一撮　　一寸　　一贯　　一度　　一阵　　一颗　　一夜
一路　　一片　　一概　　一行　　一天　　一座　　一律
一时　　一起　　一位　　一遍
一心一意　　一朝一夕　　一唱一和　　一上一下
一模一样　　一五一十　　一问一答　　一起一落
一张一弛　　一针一线　　一年一度　　一板一眼
一丝一毫　　一言一行　　一东一西

(2)"不"的变调练习

不理　　不安　　不辞　　不孝　　不但　　不错　　不凡
不论　　不是　　不妨　　不可　　不散　　不配　　不歪
不变　　不顾　　不愧　　不用　　不曾　　不仅　　不禁
不定　　不修　　不聊　　不服　　不要　　不红　　不走
不菲　　不羁　　不惑　　不堪
不伦不类　　不明不白　　不好不坏　　不慌不忙
不多不少　　不卑不亢　　不折不扣　　不清不白
不紧不慢　　不大不小　　不死不活　　不闻不问
不管不顾　　不三不四　　不见不散

3. 形容词变调练习

(1)ABB 式

白晃晃	沉甸甸	骨碌碌	汗淋淋	黑洞洞
黑蒙蒙	黑油油	黑黝黝	黄澄澄	金煌煌
乱腾腾	闹嚷嚷	乱蓬蓬	慢腾腾	毛茸茸
明晃晃	蓝盈盈	文绉绉	懒洋洋	亮堂堂
热辣辣	热腾腾	乌油油	羞答答	湿淋淋
湿漉漉	水淋淋	雾茫茫	直瞪瞪	碧油油
笑吟吟	血淋淋	绿茸茸	绿莹莹	绿油油
白茫茫	白皑皑	赤裸裸	赤条条	红艳艳
灰沉沉	金灿灿	空洞洞	金闪闪	空荡荡
气昂昂	圆滚滚	阴沉沉		

(2)AABB 式

断断续续	整整齐齐	堂堂正正	高高兴兴
老老实实	别别扭扭	痛痛快快	大大咧咧
暖暖和和	哭哭啼啼	磨磨蹭蹭	含含糊糊
恍恍惚惚	弯弯曲曲	仔仔细细	

第二节　轻声

一、轻声的性质

　　轻声是指一个音节在一定条件下失去原来的调值而读成一种又轻又短的调子，这种字调的变化就叫轻声。轻声是一种特殊的音变现象，不是存在于原有声调以外的一个独立调类。轻声并不是普通话特有的音变现象，在现代汉语的一些方言之中，特别是在不少北方方言之中，也存在着轻声，不过适用的范围不一定都与普通话相同罢了。

一般来说，任何一种声调的字，在一定的条件下，都可以失去原来的声调，变读为轻声。例如，"称呼、出息、聪明、扎实、规矩、摸索、欺负、商量、过来、脖子"等词语中的后一个音节，单念时都各有自己固定的声调，但是在这些词语里却都读得又轻又短，它们就是轻声字。

轻声在物理属性上主要决定于音长和音强，轻声音长变短，音强变弱，又短又轻是轻声的本质特征。轻声在音高上的具体音值，则因受前一个字声调的影响而不固定。一般来说，上声字后面的轻声字调值最高，阴平、阳平字后面的轻声字偏低，去声字后面的轻声字最低。例如：

阴平＋轻声→.｜2(半低)	功夫	舒服	冤枉	听过	蹲下
	金的	东西	家伙	师傅	商量
	疏忽	生意			
阳平＋轻声→.｜3(中调)	活动	麻烦	朋友	学问	拿下
	银的	得罪	福气	便宜	葡萄
	琢磨	篱笆			
上声＋轻声→.｜4(半高)	眼睛	老婆	耳朵	爽快	躺下
	铁的	打听	老婆	脑袋	嘴巴
	稳当	暖和			
去声＋轻声→.｜1(低)	刺激	应酬	队伍	客气	坐下
	镍的	大方	动静	骆驼	月亮
	絮叨	大夫			

轻声字不仅会引起音高的变化，改变原来的调值，而且有的还会影响字音的声母和韵母，引起音色的变化。常见的现象有：

1. 使不送气的清塞音和清塞擦音声母浊音化。例如，所有以"子"作后缀的轻声词，像"桌子、脖子、一下子"等，"子"的声母z[ts]有时会变成浊塞擦音[dz]；"来吧"里"吧"的声母b[p]变化为浊音[b]，读成[lai bɐ]；"好的"里"的"的声母 d[t]变化为[d]，读作[xɑu də]。这种情况一般称为语音的弱化。

2. 使本来的高元音或低元音向央元音靠拢，韵母变得比较含混。例如，"哥哥"的后一音节"哥"，读本调时为[kɤ₅₅]，韵母为半高元音[ɤ]，读轻声时音节为[gə]，[ə]为央元音；"茄子"的后一音节"子"，读本调时为 zi[tsɿ₂₁₄]，韵母为舌尖元音-i[ɿ]，读轻声时为[dzə]，韵母由[ɿ]变为[ə]。

3. 有时引起韵母或声母的脱落。例如"去不去"[tɕ'y₅₁ b · tɕ'y₅₁]、"不知道"[pu₅₁ z̩ · tɑu₅₁]，等等。

以上几种现象都说明，轻声和音强、音长、音高、音色都有关系。

二、普通话变读轻声的规律

在现代汉语的实际运用中，哪些词读轻声，哪些词不读轻声呢？一般来说，新词、科学术语没有轻声音节，而口语中的常用词才有轻声音节。下面总结几条在普通话中读轻声的规律。

1. 结构助词"的、地、得"和时态助词"着、了、过"读轻声。例如：

甜甜的　我的　轻轻地　忽地　觉得

显得　拿着　看着　输了　划了

2. 语气词"的、了、呢、吧、吗、啊、嘛、哪、呀、哇、着呢、罢了"等读轻声。例如：

好的　走了　你呢　去吧　吃了吗　是啊　别生气嘛

开门哪　快说呀　烦着呢　不愿意说罢了

3. 叠音词和动词的重叠形式后头的词读轻声。例如：

姐姐　奶奶　姥姥　哥哥　婆婆　猩猩　试试

等等　商量商量　打听打听

4. 构词用的虚语素"子、头、巴"，表示群体的"们"，以"么"

结尾的一些代词等读轻声。例如：

骗子　案子　盼头　零头　下巴　泥巴

同学们　朋友们　这么　什么

注意：有些实语素的"子、头"不能读轻声，如"电子、中子、窝窝头、狗头军师"等。

5. 用在名词、代词后面表示方位的语素或词读轻声。例如：

家里　路上　校内　屋外　椅子上　床底下　桌子上面　抽屉里面

6. 用在动词、形容词后面表示趋向的词"来、去、进、出、过、起、上来、下去、进来、出去、过来、起来"等读轻声。例如：

拿来　出来　回来　上去　回去　出去　想起来　走出来

抢回来　溜过去　跳回去　冷下去　热起来　落下去

7. 量词"个"常读轻声。例如：

这个　那个　哪个　五个　七个

8. 口语色彩较浓的四音节词中，第二个音节（无实在意义）读轻声。例如：

马里马虎　黑不溜秋　叽里咕噜　黑咕隆咚　傻不拉叽

9. 一大批常用的双音节词的第二个音节，习惯上要读轻声。一般读轻声的词参见附录七《普通话水平测试用轻声词语表》。例如：

缘分　自在　口袋　麻烦　和尚　吩咐　奴才　阔气

包袱　吆喝　鼓捣　告诉　应酬　早晨　姨夫　周正

奸细　饥荒　风水　生意　真是　脾气

三、轻声的作用

1. 区别意义。例如：

莲子 liánzǐ：莲花的种子。（名词）

帘子 liánzi：指布、竹子等做的有遮蔽作用的器物。（名词）

照应 zhàoyìng：配合，呼应。（动词）

照应 zhàoying：照料。（动词）

孙子 sūnzǐ：古代的军事家。（名词）

孙子 sūnzi：儿子的儿子。（名词）

文字 wénzì：记录语言的书写符号系统。（名词）

蚊子 wénzi：昆虫。雄蚊吸食花果液汁；雌蚊吸血，能传播疟疾、丝虫病和流行性乙型脑炎等疾病。（名词）

2. 区别词性。例如：

地道 dìdào：在地面下掘成的地下通道。（名词）

地道 dìdao：真正的，纯粹。（形容词）

大意 dàyì：主要的意思。（名词）

大意 dàyi：疏忽；不注意。（形容词）

对头 duìtóu：正确；合适。（形容词）

对头 duìtou：仇敌；敌对的方面。（名词）

报仇 bàochóu：采取行动来打击仇敌。（动词）

报酬 bàochou：由于使用别人的劳动、物件等而付给别人的钱或实物。（名词）

3. 区分词和短语。例如：

干事 gànshì：做事情。（短语）

干事 gànshi：专门负责某项工作的人。（名词）

动静 dòngjìng：动和静两个方面。（短语）

动静 dòngjing：动作或说话的声音。（名词）

火烧 huǒshāo：火燃烧。（短语）

火烧 huǒshao：烧饼。（名词）

年月 niányuè：年和月。（短语）

年月 niányue：日子，岁月。（名词）

4. 区分短语层次关系。例如：

打死(sǐ)人——"打"与"死人"构成动宾关系，意思是击打人的尸体。

打死(si)人——"打死"与"人"构成动宾关系，意思是把活人打死。

想起来(qǐlai)——"想"与"起来"构成动宾关系，意思是不希望再躺着。

想起来(qilai)——"想"与"起来"构成动补关系，意思是回忆起或设想着某种事情。

第三节　儿化

一、什么是儿化

"儿化"指的是后缀"儿"与它前面音节的韵母结合成一个音节，并使这个韵母带上卷舌音色的一种特殊音变现象。这种卷舌化了的韵母就叫"儿化韵"。

在普通话里，韵母 er 只能自成零声母音节，常用字有"而、二、耳、儿、饵、尔、贰、迩"。在普通话中，"儿"还可以跟其他音节连在一起，使前一个音节的韵母带上一个卷舌动作的尾音。读音时，"儿"只表示韵母加上一个卷舌动作，"儿"不是一个独立的音节。

用汉语拼音字母拼写儿化音节时，只需在原来的音节之后加上 r(表示卷舌动作)就可以了，而不是加上整个的韵母 er，如"小鸟儿"(xiaoniaor)、"花儿"(huar)。儿化了的音节只是一个音节，但是用汉字书写却是两个汉字，如"草儿、车儿、本儿"等，其中"儿"都只是词缀，没有什么具体意义。

需要注意的是，并不是所有带"儿"字的词语都需要读作儿化，例如"婴儿、幼儿、女儿"等，就必须把"儿"读作一个完整音节。

二、儿化的格式

1. 词末儿化：这是最常见的一种儿化形式。例如：

花样儿(没有"花样")　　　好玩儿(没有"好玩")

山歌＝山歌儿　脸盆＝脸盆儿　鸭梨＝鸭梨儿

尖≠尖儿　　亮≠亮儿　　空≠空儿

2. 词中间儿化：这种儿化形式比第一种要少见一些。例如：

片儿汤　　　坎儿井　　　玩儿完　　　真格儿的

3. 末尾和中间都儿化：这种儿化形式比前两种更要少见一些。例如：

圈儿圈儿　　老娘儿们儿　　小九儿九儿

三、儿化的规律

普通话里除了 er、ê 韵母外，其他的韵母都可以儿化。韵母儿化后，读音也发生相应的变化。因为儿化韵的基本特征就是卷舌，如果韵母的发音与卷舌动作不冲突，发韵母时就可以直接卷舌，如果冲突，就要改变韵母的发音，以适应卷舌的要求。下面是普通话儿化规律的大体情形，详细情况可参见本节的表 6-1。

1. 无韵尾或只有 u 韵尾的，直接加卷舌动作，包括的韵母有 13 个：a、ia、ua、o、uo、e、ie、üe、u、ao、iao、ou、iou。例如：

马扎儿　　豆芽儿　　　酒窝儿　　　火锅儿　　　小车儿

山歌儿　　麻雀儿　　　小鸟儿　　　符号儿　　　土豆儿

眼珠儿　　主角儿

2. 韵尾是 i、n 的韵母，丢掉韵尾，主要元音加卷舌动作，有的要改变或增加韵腹，包括的韵母有 12 个：ai、uai、ei、uei、an、ian、uan、üan、en、uen、in、ün。例如：

盖盖儿　　乖乖儿　　　宝贝儿　　　耳坠儿　　　饭碗儿

花园儿　　圆圈儿　　　脸盆儿　　　光棍儿　　　红裙儿

一(这、等、多)会儿

3. 高元音韵母 i、ü 作韵腹的，在原韵母以后加上央元音[ə]再卷舌。例如：

果皮儿	针鼻儿	小米儿	摸底儿	难题儿
小妮儿	鸭梨儿	小鸡儿	打气儿	凉席儿
玩意儿	毛驴儿	马驹儿	有趣儿	小曲儿
金鱼儿				

4. 韵母是舌尖前韵母-i 和舌尖后韵母-i 的，把韵母变成[ə]再卷舌。例如：

石子儿	没词儿	血丝儿	树枝儿	锯齿儿
没事儿				

5. 韵尾是 ng 的韵母，卷舌时韵尾丢失，主要元音鼻化，有 i 韵腹的要加上[ə]，包括的韵母有 8 个：ang、iang、uang、eng、ing、ong、iong、ueng。例如：

帮忙儿	照亮儿	蛋黄儿	线绳儿	人影儿
胡同儿	小熊儿	小瓮儿		

小结

(1)由于韵母儿化时，有的韵母改变了发音，所以造成原来不同音的韵母儿化后变得相同了。例如：

儿化韵读音	原韵母	儿化例词
[Ar][iAr][uAr]	a、ia、ua	刀把儿—豆芽儿—大褂儿
[ɐr]	ai、an	银牌儿—银盘儿
[ər]	ei、en	小辈儿—小本儿
[uər]	uei、uen	打鬼儿—打滚儿
[iər]	i、in	姨儿—音儿
[yər]	ü、ün	有趣儿—红裙儿

(2)音节的韵母儿化会使音节的读音发生变化。儿化对音节的影响主要表现在韵尾上，其次对韵腹也有一定的影响，对音节的韵头、声母则没有影响。

表 6-1　普通话的儿化音变表

儿化韵	原韵母	例　字
[ʌr]	a	把儿
[ɐr]	ai、an	牌儿　盘儿
[iʌr]	ia	芽儿
[iɐr]	ian	尖儿
[uʌr]	ua	花儿
[uɐr]	uai、uan	拐儿　罐儿
[yɐr]	üan	院儿
[or]	o	婆儿
[uor]	uo	窝儿
[ɑur]	ao	刀儿
[iɑur]	iao	票儿
[ər]	-i[ɿ]、-i[ʅ]、ei、en	丝儿　枝儿　碑儿　根儿
[iər]	i、in	鸡儿　今儿
[uər]	uei、uen	柜儿　棍儿
[yər]	ü、ün	鱼儿　裙儿
[ɤr]	e	歌儿
[iɛr]	ie	叶儿
[yɛr]	üe	曲儿
[ur]	u	屋儿
[our]	ou	钩儿
[iour]	iou	球儿
[ɑ̄r]	ang	缸儿
[iɑ̄r]	iang	亮儿
[uɑ̄r]	uang	筐儿

儿化韵	原韵母	例　字
[ər]	eng	灯儿
[iər]	ing	影儿
[uər]	ueng	瓮儿
[ūr]	ong	空儿
[yər]	iong	熊儿

四、儿化的作用

儿化不仅是纯粹的语音现象，它跟构词、语法和表达有密切的关系，在修辞方面也有积极的作用。它具有区别词义、区分词性和表示感情色彩的作用。

（一）区别词义

有的词儿化前后意义不同。例如：

信（信件）——信儿（消息）

口（嘴巴）——口儿（裂开的缝隙）

空（腾出）——空儿（时间）

白面（白的面粉）——白面儿（毒品海洛因）

（二）区分词性

这类词主要是指名词和动词的兼类词，儿化后固定为名词，也有的名词或动词儿化后借用为量词。例如：

盖（动词）——盖儿（名词）

钉（动词）——钉儿（名词）

错（形容词）——错儿（名词）

亮（形容词）——亮儿（名词）

手（名词）——（一）手儿（量词）

堆（动词）——（一）堆儿（量词）

块（量词）——块儿（名）

（三）表示感情色彩

表示细小、亲切、诙谐、喜爱、轻微、厌恶等感情色彩。例如：

小孩儿	老头儿	一点儿	树枝儿	红唇儿
小勺儿	白眼儿	傻帽儿	小偷儿	败家子儿

儿化的关键是卷舌动作，练习儿化音时，可以先按照儿化规律来念读，熟练后再不考虑规则自然流利念说。

就山东地区而言，绝大多数地区方言中有儿化音节，所以，儿化的发音难度不大，只是需要强调舌位的准确度而已。但是，需要指出的是，淄博一带变韵型儿化地区的人，他们的方言中缺乏儿化音，所以他们的儿化发音较为困难，应该对这类发音多加练习。

思考与练习

1. 词语练习

马扎儿	豆芽儿	酒窝儿	火锅儿	锯末儿
小车儿	山歌儿	麻雀儿	土豆儿	眼珠儿
小鸟儿	符号儿	面条儿	办法儿	主角儿
盖盖儿	宝贝儿	耳坠儿	圆圈儿	花园儿
饭碗儿	乖乖儿	脸盆儿	光棍儿	粮本儿
使劲儿	口信儿	红裙儿	脚印儿	菜心儿
一会儿	这会儿	等会儿	坐会儿	多会儿
帮忙儿	药方儿	照亮儿	鼻梁儿	蛋黄儿
相框儿	板凳儿	红绳儿	胡同儿	桌洞儿
小熊儿	小羊儿	小声儿	蚕蛹儿	天窗儿
金鱼儿	果皮儿	打气儿	玩意儿	小米儿
小曲儿	毛驴儿	有趣儿	摸底儿	马驹儿
三十儿	没词儿	石子儿	血丝儿	没事儿

2. 句子练习

小宝贝儿，穿花裙儿，咧小嘴儿，喜滋滋儿，小小手儿，拿树枝儿，小小脚儿，踢木棍儿，看见小鸡儿吃麦穗儿，扬起树枝儿打小鸡儿，小鸡儿不怕树枝儿打，扔掉树枝儿换木棍儿，木棍儿打得小鸡儿跑，宝贝儿乐得拍手心儿。

小姑娘儿，红脸蛋儿，清晨起来梳小辫儿，又擦胭脂又抹粉儿，画上两片红嘴唇儿，粉红袄儿瘪瘪襟儿，活里儿活面儿的小坎肩儿，大红花的裙裤儿真丝绸儿，真皮的皮鞋儿擦红油儿。

进了门儿，倒杯水儿，喝了两口儿运运气儿，顺手儿拿起小唱本儿，唱一曲儿，又一曲儿，练完了嗓子我练嘴皮儿，绕口令儿，练字音儿，还有单弦儿牌子曲儿，小快板儿，大鼓词儿，越说越唱我越带劲儿。

小哥俩儿，红脸蛋儿，手拉手儿，一块儿玩儿。小哥俩儿，一个班儿，一路上学唱着歌儿。学造句儿，一串串儿，唱新歌儿，一段段儿，学画画儿，不贪玩儿。画小猫儿，钻圆圈儿，画小狗儿，蹲庙台儿，画只小鸡儿吃小米儿，画条小鱼儿吐水泡儿。小哥俩儿，对脾气儿，上学念书不费劲儿，真是父母的好宝贝儿。

第四节　语气词"啊"与其他音变

一、语气词"啊"的音变是重要而又常见的语音变化规律

语气词"啊"在句子或词语后面出现时，会随着前一音节收尾音素的不同而出现不同的变体，这种语音现象就叫做语气词"啊"的音变。这种音变不仅出现在普通话里，也会出现在现代汉语各个方言里，而且它们的变化规律是完全相同的。普通话里会说："你说呀！"山东话里也同样会说："你说呀！"这里就显示着同样的音变规律。

于是，不难想到，假如我们听到某人的口里说出的语气词"啊"，没有按照这样的规律发音，那么，最大的可能就是前面的音节发音与普通话不完全一致。总体来说，如果违背了某条音变规律，那么肯定就是遵守执行了另外的音变规律。这一点须引起足够的注意。

二、语气词"啊"的音变规律

语气词"啊"是一个零声母音节的汉字，读音是 ā，阴平调。当它连在其他音节之后时，往往受前字读音的影响，产生音变。其音变规律如下：

1. 前一个音节末尾音素是 a、o（不包括 ao、iao）、e、ê、i、ü 时，"啊"读作 ya，汉字可以写成"呀"。例如：

就是他呀！　　　你快点说呀！　　　多漂亮的小车呀！

好大的雪呀！　　　他有多生气呀！　　　这么多鱼呀！

好奇怪呀！

2. 前一个音节末尾音素是 u 时（包括 ao、iao，因为 ao、iao 最后一个音素实际发音就是 u），"啊"读作 wa，汉字可以写成"哇"。例如：

你在哪里住哇？　　　花篮真精巧哇！　　　妈妈对我真好哇！

3. 前一个音节末尾音素是前鼻音 n 时，"啊"读作 na，汉字可以写成"呐"或"哪"。例如：

你是哪里人哪？　　　大家很开心哪！　　　公司很近哪！

快干呐！

4. 前一个音节末尾音素是后鼻音 ng 时，"啊"读作 nga，汉字写成"啊"。例如：

大声唱啊！　　　花园里的花儿真香啊！　　　你真行啊！

好冷啊！

5. 前一个音节末尾音素是舌尖前元音-i前 时（只出现在 zi、ci、si 三个音节中），"啊"读作[zA]（发音部位和发音方法与普通话声母 s 基本相同，不同的是声带必须振动）。例如：

要好好学习写字啊！　　　这是什么词啊！　　　他真是大公无私啊！

6. 前一个音节末尾音素是舌尖后元音-i（只出现在 zhi、chi、shi、ri 四个音节中）或卷舌韵母 er（包括儿化韵）时，"啊"读作 ra，汉字写成"啊"。例如：

要实现人生的价值啊！　　你可不要来迟啊！　　要实事求是啊！

儿啊，什么事儿啊！　　　随便吃啊！　　　不应该忘记历史啊！

注意："呀、哇、哪"三个字是"啊"受前一音节末尾音素影响而发生音变的结果，所以这三个字的使用应该符合"啊"的音变规律，不可乱写乱用。

"啊"作为一个使用频率极高的语气词，在很多方言中使用并不严格，在学习普通话时应注意这一点。为了读准"啊"，在学习初期，朗读时可以先将"啊"前面音节的末尾音素适度夸张延长，与后面的"啊"连读，然后自然念说。例如：

好书啊 u-wa　　　骗人啊 n-na　　　银行啊 ng-nga

表 6-2　语气词"啊"的连读音变表

"啊"前面音节的末尾音素	"啊"读作	例　子	汉字写法
i ü o e ê a	ya	喝呀、下呀、磨呀	啊/呀
u	wa	酷哇、妖哇、药哇	啊/哇
n	na	看哪、门哪、新哪	啊/哪
ng	nga	听啊、忙啊、灯啊	啊
-i[ʅ]	[zA]	字啊、寺啊、词啊	啊
-i[ʅ] er	ra	纸啊、儿啊、是啊	啊

三、"啊"的音变是语音规律，不是"规则"

方言区人在学习和使用普通话的时候，往往在"啊"的音变方面出现失误，有人甚至怀疑普通话"啊"的音变"规则"是否规定得过于死板苛刻。其实，这种怀疑是没有道理的。普通话"啊"的音变是语音规律，不是"规则"。

所谓规则，是人们为了便于一些活动、工作的开展和正常进行，通过商讨研究制定的某些规定，它是人为的东西。所谓规律，是自然形成的、客观存在的法则，它是不以人们的意志为转移的，人们会自发地、下意识地遵守它。"啊"的音变就是这样的规律。例如，前面提到，前一个音节末尾音素是前鼻音 n 时，"啊"读作 na，这是北京人发音时必定遵守的规律，即使他没有接受过语音教育，他也不会违背这条规律。

刘宝瑞是一位北京籍的相声演员，他并没有受过什么高深的教育，更没有接受过普通话语音体系的培训，但是，他说的相声段子《测字》里，总共出现了 76 次前一个音节末尾音素是前鼻音 n 的"啊"，没有一处不是读作 na 的。这个例子充分证明，前面归纳的规律是符合北京音系的发音实际的。那么，如果要"以北京音为标准音"，就应该接受并遵行这条规律。否则，就不能算"语音合乎规范"了。

四、"啊"的音变练习

请标出需要更正的"啊"字：

它便敞开美丽的歌喉，唱啊唱，嘤嘤有韵，宛如春水淙淙。

太阳他有脚啊，轻轻悄悄地挪移了。

但不能平的，为什么偏白白走这一遭啊？

人生会有多少个第一次啊！

跌倒了，从头干，真是百折不回啊！

孩子，雪大路滑，当心啊！

可真是一方水土养一方人啊!

郊外的景色真美啊!

满桥欢笑满桥歌啊!

觉得它离自己好近啊!

你呀,为什么不早说啊!

好大的雪呀,可我没有合适的冰鞋啊!

瓜子皮儿可不能乱吐啊!

好哇,你这家伙可真会取巧啊!

这事可难啊,叫人怎么办啊!

是啊!他们又背诗啊,又画画儿啊,老师教得多好啊!

多伟大的母亲哪!

你写的这也叫诗啊?

今天我们可不能去迟啊!

原来你真不识字啊!

这是第几次啊?

甲:这是什么啊?

乙:吃的东西啊!面包啊,香肠啊,饮料啊,西瓜啊,瓜子啊,应有尽有啊!

甲:今天我们要大吃一顿啊!

乙:是啊,给你好好庆贺庆贺啊!

甲:给我庆贺什么啊?

乙:今天是你的生日啊!你怎么忘了?

甲:啊,对啊!今天是我的生日啊,我怎么忘了呢?

五、其他音变

语流连续之中,是会发生许多语音变化的,上面只是简要的介绍,实际上语流变化的类型非常丰富。

(一)连读造成的-m韵尾

我们知道,普通话里鼻辅音韵尾只有-n 和-ng[ŋ]两个,古代汉语里存在过的-m 韵尾在普通话里已经消失了。可是，在连读之中，由于音变的关系，还会出现-m 韵尾。具体来说，原本是-n 尾韵母的字，如果后面紧跟一个双唇音声母的字，那么，前面这个字的韵尾就会变成-m 韵尾。例如：

面包 mianbao→miambao　　晚报 wanbao→wambao

前面 qianmian→qiammian　　关门 guanmen→guammen

根本 genben→gemben

（二）连读造成的元音央化

舌面央元音是发音时最为省力、方便的，所以，一般口语之中会出现许多前后元音央化的音变现象。前面在介绍轻声的时候提到轻声音节造成的元音央化、声母浊化等，这里不再重复。但是，有些音节并不是轻声音节，也会产生类似情况。比如"盖儿"并不是轻声音节，但是由于儿化的卷舌动作使得前元音韵母[ai]发生央化，读成了[kɐɻ]。

（三）连读造成的鼻化韵母

前辈学者早先曾经指出：n 韵尾后边紧接着舌尖音、双唇音以外的辅音或元音的时候，舌尖不和上齿背接触而使前边的元音读成鼻化元音。例如：

"南方"读[nãfaŋ]　　"珍珠"读[tʂētʂu]

"三月"读[sãyɛ]　　"换一块儿"读[xuãikuɐɻ]

在静态情况下，普通话里是没有鼻化韵母的，在连读之中，读音就发生变化了。

第七章　山东方言的词汇语法特点

第一节　山东方言的词汇特点

　　词汇与语音一样，也是语言的重要组成部分。山东方言词汇跟普通话词汇的关系十分密切。一方面，普通话是"以北方话为基础方言"的，这句话实际就是确定普通话的词汇标准。根据调查，在作为基础方言的北方话中，各方言都有75％以上的口语高频词与普通话存在相同的说法，北京官话、冀鲁官话、胶辽官话、兰银官话等更是高达90％以上。所以，属于基础方言的山东方言与普通话有着很强的一致性，常用词语绝大多数相同。另一方面也应看到，方言词汇是丰富多样的地域文化的重要载体之一，是方言中最能够直观反映方言个性特色的部分。山东方言是一定区域内人们所使用的语言，其词汇必定含有鲜明的地域特色，这些地域特色也让它在许多方面表现出与普通话的不同。

　　本节重点介绍山东方言中与普通话有明显差异的词汇现象，以帮助方言区人们辨识方言词语，更有效地学习和掌握普通话词汇。

一、山东方言与普通话词汇的构词差异

　　汉语的词都是由一个或几个语素构成的。由一个语素构成的词为单纯词，由两个或两个以上的语素构成的词为合成词。依照构词方式，合成词又分为复合式、附加式、重叠式三类。从构词角度来观察，山东方言与普通话的差异主要体现在合成词的构成上面。

（一）复合式合成词的构词差异

复合式合成词，又称复合词，是由两个或两个以上不相同的词根语素结合在一起构成的。山东方言的复合词与普通话复合词相比，在构成形式上，主要有以下不同：

1. 构词语素不同

普通话	山东方言（方言点举例）
厨房	灶间（莱州）
火柴	洋火（沂水、寿光、章丘、枣庄）
月亮	月明（平度、沂水、潍坊、章丘、博山）
月晕	风圈（牟平、烟台）
开支	花销（寿光、无棣、单县）
说话	做声（淄川）

2. 构词语素相同，但顺序不同

普通话	山东方言（方言点举例）
颠倒	倒颠（新泰、平度）
整齐	齐整（聊城）
摆布	布摆（平度）
散乱	乱散（平度）
快乐	乐快（牟平）
喜好	好喜（牟平）

3. 音节数量不同

（1）山东方言为多音节复合词，而普通话为双音节复合词。例如：

普通话	山东方言（方言点举例）
日蚀	日子蚀（枣庄）
北斗	星勺星（潍坊）
门栓	门插栓（枣庄）
眼屎	眵麻糊（济南）
手套	手巴掌儿（牟平）
苦菜	苦苦菜（金乡）

(2)山东方言为双音节复合词,而普通话为多音节复合词。例如:

普通话	山东方言(方言点举例)
自行车	洋车(德州)
手电筒	电棒(济南)
灯芯绒	条绒(潍坊)
糖葫芦	糖球(烟台)

值得注意的是,山东方言中的复合词与普通话的复合词并不完全对等,比如有些山东方言中的复合词,在普通话中相对应的却是单纯词形式。例如:

普通话	山东方言(方言点举例)
蝌蚪	蛤蟆蝌塔儿(济南)
蟾蜍	蚧巴子财主(牟平)
霜	霜雪(临沂)
背	脊梁(临沂)
鳖	团鱼(临沂)
雕	勒勒雕(文登)

普通话中的复合词,在山东方言中相对应的也可能是单纯词。例如:

普通话	山东方言(方言点举例)
米饭	饭(利津)
厕所	栏(利津)
火柴	火(荣成)
魔鬼	魔(德州)
讨厌	烦(聊城)
叔叔	叔(济南、利津、曲阜、沂水、烟台、荣成)

(二)附加式合成词的构词差异

附加式合成词是由词缀语素附加在词根语素上而构成的词。在汉语中,附加法构词主要有三种功能:第一,成词功能。它可以使

不成词的词根语素附加上词缀语素后成为一个词，如平度话中的
"馅＋子"构成"馅子"（馅儿），济南话的"雹＋子"构成"雹子"（冰
雹）。第二，转类功能。词根语素附加上词缀语素构成词后，它的
词性较之原词根的性质发生了变化，如平度话的"秃厮"（秃子），即
墨话的"瞎汉"（瞎子），其词根"秃""瞎"都为动词性质，后缀上"厮"
"汉"后词的性质为名词。第三，变义功能。词根语素（成词的或不
成词的）附加上词缀语素构成词后，其词义（词汇意义、色彩意义或
语法意义）较之原词根的意义发生了变化，如寿光话的"捏巴""擦
巴""刹巴"等都在原有词根"捏""擦""刹"的意义上增加了"随意、不
经心"的意味，又如聊城话的"老砸"（强盗），济宁话的"老缺"（土
匪），其词根"砸""缺"加上"老"后不再表示其动词意义，而是用来
指称某些不务正业的人。

　　与普通话相比，山东方言的词缀语素丰富，使用频率高，山东
人学习普通话词汇应特别注意方言与普通话的词缀差异。

　　1.　前缀

　　（1）形式相同用法有别的前缀

　　普通话常用的前缀有"老""第""初"等，在山东方言中这些前缀
也经常使用，但有的在用法上却与普通话有所不同。比如前缀
"老"，在济宁、聊城、临清等方言中可以附加在动词、形容词性词
根前面构成名词，指称有某种性格特征或不务正业的人，这种用法
就是普通话中所没有的。例如：

山东方言（方言点举例）	普通话
老缺（济宁）	土匪
老杂儿（济宁）	什么都会一点的人
老砸（聊城）	强盗
老闷儿（临清）	不爱说话的人
老蔫儿（临清）	精神不振的人

　　（2）方言特殊前缀

　　山东方言中还有一些前缀是普通话中所没有的，比如德州等

方言中的"家",可构成"家东""家西""家南""家北",用来表示方位,相当于普通话中的"东""西""南""北"或"东边""西边""南边""北边"。

2. 后缀

山东方言中的后缀语素较普通话来说要丰富多样得多。普通话后缀语素以构成名词为多,山东方言的后缀语素不仅可以构成名词,还可以构成大量的动词、形容词和少量的副词,而且这些词语往往都含有某种特殊意义,有些甚至很难简单地用普通话词语来对应,所以,方言区的人们经常会把它们误带进普通话。

(1)名词后缀

首先看方言与普通话中形式相同而用法有别的名词后缀。这种情况以后缀"子""头"的用法最为典型。

①"子":与普通话相比,山东方言的词缀"子"在构词上主要有以下情况值得注意。

a. "子"附加在名词性、动词性和形容词性词根后面构成指称事物的名词,对应的普通话词语往往不带"子"尾,具体说来主要有以下几类:

第一,山东方言附加"子"尾,而普通话无"子"尾。例如:

山东方言(方言点举例)	普通话
土豆子(新泰)	土豆
算盘子(新泰)	算盘
泉子(潍坊)	泉
锅子(潍坊)	锅
旮旯子(平邑)	旮旯
手掌子(平度)	手掌

第二,山东方言附加"子"尾,而普通话是儿化形式。例如:

山东方言(方言点举例)	普通话
酒盅子(青州)	酒盅儿
嘴角子(郯城)	嘴角儿

面条子（郯城）	面条儿
后脑勺子（平度）	后脑勺儿
馅子（平度）	馅儿
画子（淄川）	画儿
蒜瓣子（新泰）	蒜瓣儿
眼子（新泰）	眼儿

第三，山东方言是"子"尾词，而普通话是完全不同的词形。例如：

山东方言（方言点举例）	普通话
黑粽子（牟平）	雀斑
水溜子（沂水）	水渠
埝子（沂水）	地方
坠子（沂水）	耳环
交叉子（沂水）	马扎儿

b. "子"附加在名词性、动词性、形容词性词根后面构成指称人的名词。这些词一般用于背称，多为贬称；如用于面称，则具有晋语性质。普通话中没有相对应的词。例如：

牟平　拐子_{手臂有残疾者}　斜拉眼子_{眼斜视者}　孤老子_{无儿子的人}

跟脚子_{随母改嫁的孩子}　带肚子_{孕妇改嫁后出生的孩子}　拐汉子_{情夫}

痴子_{严重精神病患者}

沂水　疤拉眼子_{眼部有疤痕的人}　卵蛋子_{矮小的人}

咬舌子_{舌尖生硬、卷起不灵活、吐字不清的人}　促舌子_{舌头短、发音不到位的人}

拐汉子_{姘夫}　车货子_{车夫、脚夫}　皮搭子_{顽皮的小孩子}

打狗子_{杀狗卖肉的屠户}　晕头子_{总是晕头转向的人}　城猾子_{城里人}

夹腔子_{不大方、吝啬的人}

c. "子"附加在名词性词根的重叠式后面，构成"NN子"式名词，用来指称不好的事物、事物中不好的部分或同类事物中比较小的。

第一，指称不好的事物或事物中不好的部分。例如：

平度	枝枝子	根根子	丝丝子	边边子	角角子
	皮皮子	面面子	末末子		

淄川	帮帮子	棒棒子	岔岔子	翅翅子	带带子	芽芽子
	眼眼子	秧秧子				

寿光	条条子	道道子	片片子	渣渣子

第二，指称同类事物中比较小的。例如：

	大的	中的	小的
淄川	板	板子	板板子
	刀	刀子	刀刀子
	筒	筒子	筒筒子
	皮	皮子	皮皮子

b、c 两类"子"尾词都是普通话中所没有的，山东人学习普通话应注意纠正这些说法。

②"头"：在山东方言中，"头"主要是附加在动词性、形容词性词根的后面构成名词，指称有某种性格、经历或嗜好的人。这些"头"尾词大多也是普通话中所没有的。例如：

山东方言（方言点举例）	普通话
败乎头（枣庄）	败家子
绝户头（枣庄）	没有子女的人
憨头（临清）	傻子
青头（临清）	鲁莽的人
离巴头（郯城）	外行
呓怔头（平邑）	固执、不怕事的人
拗筋头（平邑）	爱钻牛角尖的人
柴头（泗水）	难对付的人
夹嘎头（沂水）	蔑称不大方、吝啬的人

除此之外，山东方言中还有一些普通话中所没有的特殊名词后缀，常见的有"厮""汉""巴""巴子"等，山东人学习普通话时也应注意纠正这些方言说法。例如：

	山东方言（方言点举例）	普通话
厮	秃厮（平度、临朐、诸城、利津）	秃子
	痴厮（平度）	傻子
	瞎厮（临朐、利津）	瞎子
	聋厮（利津）	聋子
汉	瞎汉（平度、诸城、淄川）	瞎子
	疯汉（临朐、诸城、淄川）	疯子
	聋汉（临朐、诸城、平度、淄川）	聋子
	慢汉（淄川）	行动迟缓的人
巴	嘲巴（淄川、新泰、沂水、诸城）	傻子
	瘸巴（淄川、临朐、诸城、新泰）	瘸子
	瘫巴（淄川、新泰、沂水）	瘫痪的人
	憨巴（新泰）	傻子
巴子	甩巴子（枣庄）	没本事的人
	瘸巴子（枣庄）	瘸子
	磕巴子（青岛）	口吃的人
	拖巴子（青岛）	瘫痪的人

（2）动词后缀

普通话中的动词后缀很少，山东方言中的许多常用动词后缀都是普通话中所没有的。其中各地普遍使用的主要有"巴""嗒""悠""查""拉""么"等，它们附着在单音节动词词根之后，构成"V巴"（"V嗒""V悠""V查""V拉""V么"）式双音节动词。例如：

	~巴					~嗒			
平度	提巴	弹巴	压巴	洗巴	平度	戳嗒	垒嗒	数嗒	拧嗒
寿光	画巴	擦巴	剁巴	砸巴	寿光	剁嗒	夹嗒	钉嗒	蹬嗒
济南	撸巴	砸巴	摘巴	捆巴	新泰	走嗒	蹦嗒	说嗒	唱嗒
聊城	揉巴	撕巴	剁巴	分巴	德州	摔嗒	甩嗒	踢嗒	砸嗒

	～悠			
平度	飘悠	颤悠	荡悠	逛悠
淄川	磨悠	窝悠	剜悠	卷悠
新泰	团悠	转悠	搓悠	晃悠
利津	摆悠	荡悠	撒悠	团悠

	～查			
平度	爬查	挖查	糊查	舞查
寿光	抠查	刮查	扒查	劈查
沂水	拱查	蹲查	刨查	抹查
德州	挠查	拢查	包查	啃查

	～拉			
荣成	撒拉	扯拉	划拉	搅拉
寿光	拌拉	调拉	摇拉	翻拉
淄川	抹拉	涮拉	投拉	锯拉
济南	扑拉	扒拉	拨拉	白拉

	～么			
平度	咂么	贴么	约么	照么
沂水	舔么	撒么	估么	瞅么
济南	揣么	寻么	蔑么	沾么
新泰	齐么	顺么	团么	盖么

除此之外，还有"嗦""送""乎""咕""赤""弄""那"等动词后缀也有一定区域的分布。例如：

荣成	摸嗦	抠嗦	披嗦	找嗦
平度	填送	拱送	拥送	拄送
	惹乎	理乎	摆乎	管乎
沂水	占咕	揶咕	扎咕	耍咕

新泰	坐赤	站赤	蹲赤	搋赤
德州	戳弄	显弄	和弄	摆弄
	挤那	掐那	扭那	剜那

由这样一些后缀构成的动词，多数都可以按"ABAB"式重叠，其作用大致相当于普通话的"V一V"或"V一下"。例如：

牟平	包巴包巴	劈巴劈巴	捏巴捏巴	缠巴缠巴
平度	戳嗒戳嗒	垒嗒垒嗒	数嗒数嗒	拧嗒拧嗒
淄川	磨悠磨悠	窝悠窝悠	剜悠剜悠	卷悠卷悠
沂水	拱查拱查	蹲查蹲查	刨查刨查	抹查抹查
荣成	撒拉撒拉	扯拉扯拉	划拉划拉	搅拉搅拉
济南	揣么揣么	寻么寻么	蔑么蔑么	沾么沾么

这类动词都是日常生活常用口语词，在山东方言中的使用频率非常高，所以，山东人学习普通话需特别注意纠正这类方言词汇现象。

（3）形容词后缀

山东方言的形容词后缀也比普通话要丰富得多，其中使用较为普遍的有"楞""巴""乎"等，它们附加在单音节形容词性、动词性以及少数名词性词根的后面，构成"A楞""A巴""A乎"式双音节形容词，一般用来描述物体的状态。由这些后缀构成的形容词，多数都可以按"AABB"（"AA楞楞""AA巴巴""AA乎乎"）式重叠，表示程度的加深。这种用法在山东的分布区域也比较广，同样是山东人学习普通话时需要关注的现象。

①"楞"：济南、聊城、德州等地都有这种用法。例如：

德州　斜楞——斜斜楞楞　　瘪楞——瘪瘪楞楞

　　　绞楞——绞绞楞楞　　翘楞——翘翘楞楞

　　　柴楞——柴柴楞楞

②"巴"：常见于新泰、济南、寿光、平度、即墨、荣成等地。例如：

平度　窄巴——窄窄巴巴　　紧巴——紧紧巴巴

　　　瘦巴——瘦瘦巴巴　　挤巴——挤挤巴巴

　　　野巴——野野巴巴　　干巴——干干巴巴

③"乎"：主要见于济南、新泰、寿光、平度等地。例如：

寿光　胖乎——胖胖乎乎　　热乎——热热乎乎

　　　急乎——急急乎乎　　黑乎——黑黑乎乎

（4）副词后缀

山东方言中的副词后缀主要有"自""价"两个语素，其作用是使语气加强（"自"缀词）或语气缓和（"价"缀词），普通话无此类用法。例如：

沂水　仅自　凡自　几自　一自

济南　别价　甭价　没价

新泰　反自　偏自　敢自　但自

德州　没价　成天价　成宿价　着天价

（三）重叠式合成词的构词差异

重叠式合成词是由两个相同的词根语素重叠构成的。重叠是汉语中一种重要的构词方法，重叠构词法也有成词、转类和变义三种功能。在普通话中，重叠构词法以构成名词为主；而在山东方言中，重叠构词法不仅可以构成名词，还可以构成大量动词、形容词，而且在语音上重叠的后一音节或语素都读轻声。

1. 重叠式名词

普通话的重叠式名词主要是亲属称谓，如"爷爷、奶奶、爸爸、妈妈"等，亲属称谓以外的重叠式名词只有"娃娃、星星"等少数几个。山东方言的重叠式名词比普通话的重叠式名词丰富。重叠式名词一般都是名词性语素的重叠，动词性、形容词性语素重叠的比较少；所构成的名词除亲属称谓名词外，还有关于人体、吃穿排泄、动物家畜等内容的名词。例如：

沂水　　娘娘 伯母　　婆婆　　面儿面儿 少量的粉末　　爪儿爪儿 动物足，手状植物

　　　　末儿末儿 细末　　方儿方儿 药方，方法　　兜兜 肚兜　　咬咬 小昆虫的统称

　　　　羞羞 女阴

利津　　妈妈 乳房　　涎涎 口水　　秫秫 高粱　　花花 麻花　　里里 里面、里头

　　　　冻冻 冰

荣成　　道道 线形痕迹，道理、奥妙　　梗梗 有影响的人　　背背 皱纹，皱褶　　棒棒 玉米

2. 重叠式动词

在山东方言中，重叠式动词是非常丰富的，一般多为动词性成分的重叠，名词性和形容词性成分重叠的较少。这种用法与普通话表示"短暂、尝试"意义的单音节动词"AA式"（想想、看看）重叠用法不同，它们都是单音节语素的重叠，各自表示着某种具体的动作行为。例如：

沂水　扒扒 翻卷　　霸霸 长时间霸占，完全占有　　眯眯 两眼微合、眯缝　　逗逗 闭合起来

　　　探探 伸出　　吞吞 凸出　　拿拿 做作，拘谨　　收收 收藏，保管　　插插 拥挤

　　　蛆蛆 暗中打听、商量、破坏　　筋筋 牵扯在一起　　虾虾 （腰）弯曲　　哑哑 说话嘶哑

　　　阴阴 脸色阴沉

聊城　虑虑_{思虑}　落落_{点点滴滴地丢、撒}　戳戳_{挑拨、怂恿}　歪歪_{狡辩、胡说}

荣成　眯眯　虑虑　奔奔_{(牙等)向外突出}　荡荡_{使来回运动}　擦擦_{迟缓地做事}

　　　凑凑_{接近、巴结}　扯扯_{交往多而滥、胡扯}　候候_{停留、不肯离去}　酱酱_{蛆蝇拱食}

　　　鞭鞭_{指导、吩咐}　弯弯_{变弯曲、学唱或学说}　僵僵_{变干巴、生长缓慢}

3.重叠式形容词

与重叠式名词、重叠式动词相比，山东方言中重叠式形容词数量较少。在形式上，它与普通话单音节形容词的重叠用法不同，普通话的单音节形容词重叠用法第二个音节不读轻声，而山东方言的重叠式形容词第二个音节读的是轻声。例如：

聊城　细细_细　偏偏_偏　花花_{花色}　圆圆_圆　方方_方　尖尖_尖

沂水　圆圆_圆　方方_方　团团_圆　长长_长　扁扁_扁

临淄　沉沉_沉　千千_{干枯}　瘦瘦_瘦　湿湿_湿　脏脏_脏

利津　矮矮_矮　窄窄_窄　浅浅儿_{很浅}　弯弯_{变弯曲}　歪歪_歪　空空_{很空}

牟平　扁扁_扁　娇娇_{娇气}　尖尖　温温_{微热}　拙拙_{被动、十分为难}

　　　花花_{有花儿的，不均匀的，不诚实}

荣成　团团_圆　长长_长　温温_{微热}

二、山东方言与普通话词汇的意义差异

（一）同形不同义

山东方言中有些词词形与普通话相同，但所表示的意义却不同。常见的主要有以下几种情况：

1.词义完全不同

同一形式，普通话指的是甲事物，山东方言指的却是与之相关的乙事物。例如：

词目	普通话	山东方言（方言点举例）
姑娘：	年轻女子	姑姑（聊城、巨野、泗水、济宁）
明天：	次日	早晨（泗水、邹县、平邑、苍山）
忌讳：	因风俗习惯等原因而躲避或顾忌某事	醋（金乡、济南）

米饭：大米饭　　　　　　　小米粥(沂水)

公事：公家、集体的事　　　婚丧嫁娶等事(新泰)

洗澡：用水洗身体，除去　　游泳(新泰、利津、郓城)

　　　污垢

2. 词义部分不同

(1)词义的范围不同

同一形式，山东方言所代表的含义与普通话的含义有宽窄范围上的不同，通常方言的含义比普通话要宽些。例如：

词目　普通话　　　　山东方言(方言点举例)

打仗：进行战争　　　进行战争兼指吵架、打架(济南、德州)

外甥：姐妹的孩子　　姐妹的孩子兼指外孙(济南、青岛、烟台)

药铺：卖药的商店　　卖药的商店兼指医院(金乡)

(喝)茶：茶水　　　　茶水兼指开水(金乡、枣庄)

二哥：兄弟中排行　　兄弟中排行第二的兼指半吊子(淄川)

　　　第二的

(2)义项的数量不同

有时同一形式在山东方言和普通话中，它们所含有的义项数量不同。方言往往比普通话有更丰富的引申义或比喻义。例如：

词目　普通话　　　　烟台方言

面：　粮食磨成的粉　　①粮食磨成的粉；②人缺少阳刚之气；老实

海：　海洋　　　　　　①海洋；②形容人或物非常多

割：　用刀等切断　　　①用刀等切断；②买(肉、布)

宽：　面积大　　　　　①面积大；②锅、盆里的水多

财主：富有者　　　　　①富有者；②富有

猴儿：猴子，动物名　　①猴子，动物名；②鬼主意；鬼点子

(二)同构不同值

山东方言中有些词有与普通话一样的构词方式或附加成分，但

所体现出的附加意义或语义价值却不尽相同。在山东方言中这些词语往往都含有明显的方言特色，它们与普通话在用法上的不同可总结为两大方面。

1. 色彩意义不同

（1）增加感情色彩

比如临清方言中的前缀"老"，附加在动词、形容词性词根前面构成名词，其意义多含有贬义色彩，用于指称有某种性格缺陷或不务正业的人，如"老闷儿"（不爱说话的人）、"老蔫儿"（精神不振的人）等。

在牟平、沂水方言中，后缀"子"附加在名词性、动词性、形容词性词根后面可构成指称人的名词，是对某类人的一种贬称，也含有贬义色彩。在这些方言中，这类词很丰富，依据其意义可以归为以下几类：

第一，对具有某种身体缺陷的人的贬称。例如：

牟平　彪子_{傻子}　痴子_{严重精神病患者}　秃子　拐子_{手臂有残疾者}

斜拉眼子_{眼斜视者}

沂水　麻子　拐子　瘸爪子_{手有残疾的人}　撮腚子_{臀部瘦小的人}

个眼子_{独眼人}　清水罐子_{无生育能力的男人}　肉磙子_{胖壮的人}

第二，对具有某种特殊身世、经历或身份的人的贬称。例如：

牟平　带肚子_{孕妇改嫁后出生的孩子}　跟脚子_{随母改嫁的孩子}

老生子_{老年生的孩子}　孤老子_{无儿子的人}　拐汉子_{情夫}

沂水　上床子_{结婚当月怀孕而生的孩子}　头生子_{第一胎所生的孩子}

老生子_{晚年所生的孩子}　光棍子_{单身汉}　拐汉子_{姘夫}

替头子_{续嫁女子的亲戚}

第三，对具有某种品行的人的贬称。例如：

沂水　皮搭子_{顽皮的小孩子}　晕头子_{总是晕头转向的人}　硬挣子_{执拗的人}

鬼渣子_{诡计多端的人}　夹腔子_{不大方、吝啬的人}　亚户子_{爱说爱闹的女青年}

快嘴子_{嘴快的人}　犟眼子

第四，对从事某种谋生手段的人的贬称。例如：

沂水　　贩子　　厨子　　锢炉子_{焊锅器皿的匠人}　　剃头匠子　　叫货郎子

　　　　杀猪屠子_{杀猪的屠户}　　打狗子_{杀狗卖肉的屠户}　　车货子_{车夫,脚夫}

第五，对城里人、庄户人、外地人的贬称。例如：

沂水　　城猾子_{城里人}　　庄户肘子_{庄稼人,农民}　　山杠子_{没见过世面的庄稼人}

　　　　南蛮子_{南方人}　　外来户子_{从外地迁移来的人}

（2）增加形象色彩

在山东沂水、聊城、荣成等方言中，有非常丰富的重叠式动词，这些动词所表示的动作都带有描摹性，含有明显的形象色彩。例如：

沂水　　吞吞_{凸出}　　插插_{拥挤}　　筋筋_{牵扯在一起}　　哑哑_{说话嘶哑}

聊城　　喳喳_{胡说八道}　　戳戳_{挑拨,怂恿}　　歪歪_{狡辩,胡说}

荣成　　凑凑_{接近,巴结}　　候候_{停留,不肯离去}　　涌涌_{使朝前去}

2. 语法意义不同

与普通话动词的构成不同，山东方言中有丰富的带后缀的动词，如"～巴""～嗒""～拉""～查""～悠""～么"等，这些动词，常具有特殊的语法意义，其中，"～巴""～嗒""～拉""～查"等常表随意貌，"～悠""～么"等常表反复貌。

另外，前面已经提到，在山东聊城、临淄、利津、沂水、牟平、荣成等方言中，存在一种重叠式形容词，它们在形式上与普通话的单音节形容词重叠用法不同。实际上，在语法意义上它们也不像普通话单音节形容词的重叠用法那样用于强调程度深，而是用来表示事物的性质，如："这张桌子是圆圆的，不是方方的。"意思是："这张桌子是圆的，不是方的。"除语法意义与普通话不同外，这类重叠词在语法功能上也与普通话有所不同。由于它们都不表程度的加深，所以都能受程度副词的修饰，如"楞圆圆""精瘦瘦"，而普通话中的单音节形容词重叠后是不能受程度副词修饰的。

第二节　山东方言的语法特点

与普通话的语法系统相比较，山东方言语法在许多方面都有自己明显的特点。下面我们着重介绍山东方言中特点比较突出的几类语法现象。

一、代词

（一）人称代词

虽然山东方言的人称代词系统同普通话差别不大，比如都有第一人称、第二人称和第三人称之分，也都有单数和复数的区别。但二者在具体的人称表述形式上、单复数的表达方式上却存在明显的不同，而且，这种不同也存在于山东方言内部的不同地区之间。山东方言人称代词的特点如下：

1. 有两套人称代词

山东各地方言普遍存在"我、你、他"和"俺、恁（侬、您、恩）、他"这样两套人称代词，其中"我、你"只表示单数，"俺、恁（侬、您、恩）"则既表示单数又表示复数。例如：

金乡	我想学画画儿。	平度	你去吧！
	你看看俺_我画的这个。		谁敢跟恁_你比！
	俺_{我们}都想学画画儿。		恁_{你们}都去吧。

2. 人称代词的复数表达方式

山东方言人称代词的复数表达方式，并不只是像普通话那样在单数之后加"们"来构成的，而是有多种情况。

（1）山东胶东地区的烟台、威海、荣成、文登、乳山、牟平、海阳、栖霞、长岛、蓬莱、龙口等地，复数形式一般不用"们"，而是用"这些儿""乜些儿""轧伙儿"等。例如：

| 普通话 | 牟平话 | 长岛话 |
| 我们 | 俺、俺这些儿 | 俺、俺轧伙儿 |

咱们	咱、咱这些儿	咱、咱轧伙儿
你们	俺、俺这些儿	俺、俺轧伙儿、俺这些儿
他们	他这些儿、他乜些儿	他轧伙儿、他这些儿

（2）除第三人称单数和复数的表示方式有别外，山东方言第一人称和第二人称的单数、复数还可用同一形式表示，即第一人称单复数皆用"俺"，第二人称单复数皆用"恁（如莱州、沂水）/俿（如牟平、栖霞）/您（如淄川、利津）/恩（如潍坊、寿光）"。

（3）山东方言第三人称复数的表示方法，同普通话一样都可用"他们"，但更多情况下是说"他那些人儿"（牟平、荣成），"他这伙"（济南），"他几个"（临清、东明），等等。

（二）指示代词

指示代词是指具有替代和指别作用的一类代词。普通话的指代系统是"这"和"那"相对应的近指、远指二分系统，而山东方言的指示代词系统各地不尽相同，归结起来可分为两大类：一是"这"和"那（乜）"相对应的近指、远指二分系统，分布在东莱区、西鲁区以及东潍区和西齐区的大部分地区；二是"这""捏""那"相对应的近指、中指、远指三分系统，这种特点主要分布在东潍区中西部和西齐区东南部的山东中部一带地区。例如：

淄博　捏就是我的老师。

　　　捏是个啥东西？_{那是个什么东西？}

　　　他捏鞋比我这好。

　　　我也不喜欢嚷_{"那样"合音}啊，不是没有办法吗？

潍坊　章_{"这样"合音}不中，娘_{"捏样"合音}不中，怎么才中？_{这样不行，那样不行，怎么样才行？}

　　　这事儿就章吧。_{这事儿就这样吧。}

　　　不是嚷_{"那样"合音}，也不是娘，是章。

寿光　我要那枝，你要捏枝。

牟平　这山儿望着乜山儿高。

　　　这个人儿我认得，乜个人儿我不认的。

（三）疑问代词

山东方言的疑问代词，就其语法功能来说与普通话基本一致，但它们在语义上与普通话则有较大差异，这主要表现在以下几个方面：

1. 处所疑问代词在语义上有指代空间大小或具体和不具体的区别。

比如临清话，常用来询问处所的代词主要有"哪垓儿""哪弯儿""么地方儿"三个，在语义上它们各自都有自己的表义范围，其大致分工为：

询问具体方位	问：铅笔放唠哪垓儿/哪弯儿？
	答：放唠桌子上。
询问处所所属	问：这是么地方儿？
	答：这是棉纺厂。
所问事物占空间小	咱待哪垓儿下棋啊？
所问事物占空间大	津浦铁路通哪弯儿啊？

2. 时间疑问代词在语义上有指代时间长短或指代不同时间概念的区别。

比如潍坊话，常用来询问时间的代词主要有"几儿""哪霎儿""多咱""多少节"四个，在语义上它们各自都有自己基本的指代范围，其具体分工为：

询问哪一天	你几儿走啊？ 你哪一天出发啊？
	捏是几儿的事？ 那是哪一天的事情？
询问什么时候	咱哪霎儿开会？ 咱什么时候开会？ ——所指时间短
	怎多咱开学？ 你/你们什么时候开学？ ——所指时间长
询问做某事花了多少时间	这段路你走了多少节？ 这段路你走了多长时间？
	你住了多少节？ 你住了多长时间？

3. 问人的性质的疑问代词，在语义上常有不同感情色彩的差别。

比如临清话，询问人的性质时常用"么样儿""哪户儿"等代词。

在语义上，"么样儿"常用于正面人物相貌的询问，而"哪户儿"则含有贬义，不能用于正面人物的询问。例如："新市长是么样儿的人？""秦桧儿是哪户儿的人？"

二、量词

从总体情况看，山东方言的量词虽然多数在形式和配合关系上跟普通话差别不大，但由于它的形式不如普通话丰富，区分也不如普通话严格，所以在使用中大部分情况下不能与普通话完全对等。

(一)匹配关系不同

山东方言中的多数量词形式，在普通话中是存在的，但它们与所匹配的对象间的对应关系却跟普通话不尽相同。

1. 可与同一事物名词匹配的量词数量不同

(1)在方言中只有一种量词能与某一事物名词匹配，而在普通话中则有多种量词与之匹配。例如：

	山东方言(方言点举例)	普通话
戏：	出(济南、曲阜、菏泽)	出、台、个、场
歌：	个(济南、菏泽)	支、首、个
故事：	个(菏泽)	个、段、篇
牙膏：	块(烟台、莱州)	支、盒儿、管儿

(2)在普通话中只有一种量词能与某一事物名词匹配，而在方言中则有多种可与之匹配。例如：

	山东方言(方言点举例)	普通话
铲子：	个、把(烟台、莱州、德州、曲阜)	把
香肠：	根儿、轱辘儿(曲阜)	根
自行车：	块、个、辆(莱州)	辆
马：	个、匹(烟台、济南、曲阜)	匹

2. 可与同一量词匹配的事物名词不同

(1)与不同事物名词匹配时，普通话不予区分，都用同一个量词，而在山东方言中则需——区分。如"裤子""鱼""街"等名词，在普通话中都可与量词"条"搭配，说成"一条裤子""一条鱼""一条街"，而在牟平话中则习惯说成"一个裤""一根鱼""一趟街"。

（2）与不同事物名词匹配时，山东方言可以用同一个量词，而普通话则需要严格区分。由于山东方言的量词总体上区分不太严格，所以，这种山东方言混用而普通话严格区分的情况更为突出。山东方言中与事物名词匹配能力强的量词主要有"个""块（儿）""根（儿）"等。

①"个"的这种用法遍及全省。例如：

山东方言（方言点举例）	普通话
一个鞭子（烟台、莱州、德州、曲阜、菏泽）	一根鞭子
一个刀（烟台、莱州、济南、德州、曲阜、菏泽）	一把刀
一个牛（烟台、即墨、潍坊、济南、淄博、曲阜）	一头牛
一个羊（荣成、即墨、潍坊）	一只羊
一个帽子（淄博、沂水、潍坊、即墨）	一顶帽子
一个褂子（聊城、潍坊、即墨、荣成）	一件衬衣
一个裤（子）（淄博、牟平）	一条裤子
一个桌子（潍坊、聊城）	一张桌子
一个椅子（潍坊、淄川）	一把椅子

②"块（儿）"的这种用法主要集中在东区。例如：

山东方言（方言点举例）	普通话
一块管子（烟台、莱州）	一截管子
一块绳子（烟台、莱州）	一根绳子
一块牙膏（烟台、莱州）	一支牙膏
一块儿故事（烟台、莱州、牟平）	一段故事
一块戏（莱州、潍坊）	一出戏
一块（儿）电影儿（潍坊、即墨、平度、烟台、牟平）	一部电影
一块（儿）歌儿（莱州、平度）	一首歌儿
一块纸（小张的纸）（即墨）	一张纸

一块电视机(潍坊、即墨)	一台电视机
一块(儿)自行车(莱州、平度)	一辆自行车

③"根(儿)"的用法在山东也比较普遍。它与普通话一样都用于长条形的物体，但它的匹配范围跟普通话并不完全一致。例如：

山东方言(方言点举例)	普通话
一根袖子(潍坊)	一只袖子
一根裤腿(潍坊)	一条裤腿
一根(儿)鱼(潍坊、牟平)	一条鱼
一根烟筒(潍坊)	一节烟筒
一根长虫(潍坊、沂水)	一条蛇
一根街(潍坊)	一条街
一根胡同(淄川)	一条胡同
一根手巾(平度)	一条毛巾
一根儿葱(荣成)	一棵葱

除此之外，山东方言中用法比较特殊的量词还有"溜(儿)""趟(儿)"等，常用于成行、成排、成条的物体。"溜(儿)"的分布区域比较广，例如：

山东方言(方言点举例)	普通话
一溜儿椅子(牟平)	一行椅子
一溜儿墙(青州)	一排墙
一溜儿座位(青州)	一排座位
一溜(儿)树(新泰、沂水、临清、牟平)	一行树
一溜人(新泰)	一排(行)人
一溜房子(临清)	一排房子
一溜儿布子(荣成)	一条布

"趟(儿)"在普通话中是一个动量词，而在山东方言中它往往既可用作动量词也用作物量词。"趟(儿)"常见于山东方言东区，例如：

山东方言（方言点举例）	普通话
一趟（儿）树（即墨、平度、莱州）	一行树
一趟（儿）房子（即墨、潍坊）	一排房子
一趟座位（潍坊、寿光）	一排座位
一趟椅子（寿光、莱州）	一排椅子
一趟麦子（即墨）	一行麦子
一趟儿道儿（荣城）	一条道儿
一趟沟（牟平）	一条沟
一趟街（牟平）	一条街

（二）普通话中没有的量词形式

山东方言中也有一些普通话中所没有的量词，它们以双音节为多。其中既有物量词也有动量词，现分别列举如下：

1. 常见的物量词

山东方言（方言点举例）	普通话
一架草地（曲阜）	一大片草地
一库查庄稼（德州）	一小片庄稼
一荡子人（曲阜、寿光）	一群人
一码子事（文登、荣成）	一件事
一档子事（荣成、济南、泰安、聊城）	一件事
一铺子草（潍坊、新泰、淄川）	一小堆草
一堆崮儿草（平度）	一小堆草
一桄子线（金乡、利津）	一束线
一码拉儿雪（德州）	一薄层雪
一墩地瓜（潍坊、德州、牟平）	一窝地瓜
一拖罗绳子（即墨）	一团绳子

2. 常见的动量词

山东方言（方言点举例）	普通话
（干了）一盼子（潍坊、诸城、曲阜、平度）	（干了）一会儿
一盼儿（莱州、平邑）	

一气儿(烟台、威海、莱州)

(跑了)一杳晃儿(临沂)　　　　　　　　　(跑了)一圈儿

一窠郎(郯城)

一遭儿(新泰)

(去了)一遭(烟台、文登)　　　　　　　　(去了)一次

一末儿(新泰、沂水)

(洗了)一货(淄博、烟台、威海、金乡)　　(洗了)一遍

(打了)一盼儿(曲阜)　　　　　　　　　　(打了)一下儿

三、几类特殊虚词

(一)"把"

山东方言的介词"把",除了同普通话一样能表示处置、致使的意义,在山东东区的潍坊、即墨、莱州、平度、招远等地,还可以表示处所、时间、范围的起点,用法相当于普通话的"从"。例如:

莱州　把这来往东走。从这里往东走。

他把哪里来?他从哪里来?

他把济南那边来。他从济南那边来。

把明日打头儿从明天开始,天天跑早操。

他把上个月打头儿就戒烟了。他从上个月开始就戒烟了。

他想把烟台坐火车回北京。他想从烟台坐火车回北京。

把干部起到一般社员从干部到一般社员,每人都要积一天绿肥。

(二)"从"

普通话中的"从"是一个介词,山东方言的"从",既具有介词的语法功能,也具有动词的语法功能。这种用法主要分布在山东西区,集中在沿津浦线从德州经济南、泰安一直到曲阜、济宁和沿胶济线从济南到淄博的大片地区。

1. 介词"从"

(1)"从"可以表示时间、地点的起点或经过,这时,"从"的意义与普通话的介词"从"相同。例如:

济南　从趵突泉到大明湖只有两站地。

　　　　从上个月可他就住院了。

德州　他从学校往家走。　　　　　我刚从市里回来。

　　　　从德州市穿过。　　　　　从梯子上下来啊。

（2）"从"跟处所、方位等词语结合，表示动作发生或事物存在的处所、范围、时间等，这时，"从"的意义与普通话的介词"在"相当。例如：

济南　我从学校说普通话，从家里就说济南话。

　　　　你从这里等着，我去买盒烟。

　　　　从中学可在中学的时候，俺俩一个班。

　　　　你数学不好，就得多从数学上下点工夫。

德州　他从地溜地里干活。　　　书从桌子上放着。

　　　　他从农村生的。　　　　　我从三楼上住。

聊城　他从家里干活。　　　　　我从厂里上班。

2. 动词"从"

山东方言的"从"还可以表存在，这时，"从"的意义与普通话的动词"在"相当。例如：

济南　问：珂珂从家吗？　答：从家里，你来吧。

　　　　问：你爸爸呢？　答：俺爸爸从馆驿街啊。

德州　问：他这咱现在从哪海儿啊？　答：从家啊。

聊城　问：你哥哥从家里吗？　　答：从家里哩。

（三）"了"

1. "了"的表示形式

普通话中的"了"有两种用法：一是用在动词、形容词后面，表示动作或性状的实现，属动态助词，一般记为"了₁"，如"看了两本书"，"晴了两天"；一是附着在句子末尾，表示事态变化的实现，属语气词，一般记为"了₂"，如"吃饭了"，"看完三遍了"。两个"了"可以出现在同一个句子里，如"掌握了₁三门外语了₂"；甚至有时还会重合，如"他拿走了"，"脸红了"。山东方言中的"了"，在用法上跟普通话一样，也有"了₁"和"了₂"的分别，但在表现形式上却有很大差别。

(1)"了₁"和"了₂"语音形式不同

普通话中的"了₁"和"了₂"语音形式相同，但在山东大部分地区的方言中两者的读音都有区别，而且在不同地区还会有所不同。比如在菏泽、聊城、济宁、金乡等地，一般是"了₁"读作"[lou·]/[ləu·](喽)"，"了₂"读作"[la·](啦)"；在德州、滨州等地，则是"了₁"读作"[liou·](溜)"，"了₂"读作"[lia·](啊)"；而在淄川等地，"了₁"随着前一音节韵母的读音而变，多读作"[ə·]"，"了₂"一般读作"[lia·](哇)"。例如：

	山东方言	普通话
聊城	我吃喽饭啦。	我吃了饭了。
	这出戏我看喽三遍。	这出戏我看了三遍。
	他上星期回家啦。	他上星期回家了。
德州	我吃溜饭啊。	我吃了饭了。
	他买溜菜啊。	他买了菜了。
淄川	吃[ə·]饭再走。	吃了饭再走。
	干[ə·]三年哇。	干了三年了。
	我吃饭哇。	我吃饭了。

(2)"了₁"为零音节形式

山东有些方言表示动作或性状的实现，不是如普通话一样在动词后加助词"了₁"，而是用零音节形式表示，即通过动词末尾音节音变的方式来完成。比如东区的烟台、威海、荣成、文登、牟平、海阳、栖霞、长岛、蓬莱、龙口、莱阳、莱西等方言，用的就是动词末音节儿化的方式；平度方言用的是重读并延长前面动词读音的方式；而西区的德州方言，用的则是动词末音节变调的方式，虽说在形式上省去了助词"溜"，但动词却仍要发生像位于轻声音节前一样的变调。例如：

	山东方言	普通话
牟平	吃儿饭了。	吃了饭了。
	找儿个旅馆住儿一宿。	找了个旅馆住了一夜。
荣成	开儿锅了。	开了锅了。
	他红儿脸了。	他红了脸了。
平度	笑掉——大牙了。	笑掉了大牙了
	跑——和尚跑不了庙。	跑了和尚跑不了庙。
德州	我吃（[tʂʻ৲₂₁₃₋₂₁]）饭呐。	我吃了饭了。
	我到（[tɔ₂₁₋₄₂]）南边儿。	我到了南边儿。

2. 与普通话"了"用法上的不同

普通话中的"了₁"和"了₂"，尽管在山东方言中都有相应的形式与之相对应，但它们的使用范围却并不完全对等，学习普通话时应注意不能简单类推。以聊城、金乡等地的"喽""啦"为例，我们可以看到它们之间的这种差异。

（1）在祈使句句末，表示未然用"喽"，表示已然或正在进行用"啦"，普通话中的"了"并没有表示未然意义的用法。例如：

聊城　　路不好，摔倒喽。（没有摔倒，以防摔倒）

　　　　路不好，摔倒啦。（已经摔倒了）

　　　　快点儿走，开演喽。（尚未开演，以防迟到）

　　　　快点儿走，开演啦。（已经开演，不要迟到太久）

金乡　　把药吃喽！（药还没有吃）

　　　　看住他，甭叫他跑喽！（还没有跑掉）

　　　　坐好，甭动啦！（正在动）

　　　　开会啦。（从未开会到开会）

（2）在表可能的句子末尾，多用"喽"，而普通话相对应的句子则不用"了[lə·]"。例如：

聊城　他今天来喽来得了。　　这件事他办喽办得了。

　　　　彩电他买起喽买得起。

金乡　这活儿一天干完喽干得完。

那年的事儿我还想起来喽_{想得起来}。

（3）"喽"用在动词后面，表示的不是动作的实现，而是动作的结果。普通话表达这种意义多是用"掉"，不用"了"。例如：

聊城　把鸡窝拆喽_{拆掉}。　　把这盅酒喝喽_{喝掉}。　　吃喽_{吃掉}吧。

3."了"的介词用法

"了"在山东方言中还可以用在动词和处所补语之间作介词，介引出动作的方位和处所，意义相当于普通话的"在""到"。例如：

聊城　吃喽_到肚哩。　　住喽_在庄儿东头。　　放喽_{在/到}桌子上。

临清　坐唠_在床上。　　跑唠_到临清。

新泰　坐唠_在地上歇气。　　把车开唠_到村里。

　　　把帽子戴唠_{在/到}头上。

潍坊　你搁了_在哪里？　　搁了_到布袋儿里吧。

　　　掉了_{在/到}地上了。

荣成　笔掉儿_到地下去了。　　他装儿_在布兜里了。

　　　搁儿_{在/到}柜里放着。

（四）"可"

在山东方言中，有一个特殊的虚词"可"，是用来表示两个动作行为之间的关系状态的助词，这种关系包括时间关系和条件关系两种。它的读音主要有[k'ə·][xə·][kə·]三种形式，在书面上除个别方言志（如《汶上方言志》）写作"个"外，一般都写作"可"。在地域上，它主要集中在山东中部、西部和西北部地区的大运河及黄河流域。其中，读[k'ə·]的主要分布在泰安、新泰、济南、宁津、临清、滨州等地，读[xə·]的主要分布在东平、宁阳一带，读[kə]的主要是汶上等少数地区。另外，在济宁、曲阜等地其读音已明显弱化，声母发音听上去介于[k']和[k]之间。虽然各地读音不完全相同，但从功能来看，它们实际都是同一助词的变体。

1."可"出现的位置

从其分布环境来说，今山东方言的"可"主要有三个位置：一是前一分句的末尾；二是句中语气停顿的地方；三是全句的末尾。以济南话为例：

分句末尾　你上北京可，别忘了说声。

句中停顿　俺小霎_{小时候}可就认得他。　俺想想可再说。

全句末尾　等我一会儿，我锁上门儿可。

趁热吃吧，要不凉了可。

2.“可”的语法意义

（1）表时间关系

表示两个行为之间具体的时间关系。它又有两种情况：一是两个行为有时间先后之分，即差时关系；二是两个行为无时间先后之分，即两个行为同时进行，为同时关系。

①差时关系

“可”用在前句只是为了强调事件发生的时间，在普通话中，这种用法的“……可”就只能说成“……的时候”。例如：

济南　你上小学可我都大学毕业了。

我去可他已经走了。

汶上　你没来个我就给他说啦。

那会儿挨饿个还没你哩。

如果强调的是先后顺序，对应的普通话说法就是“（等）……以后”。例如：

济南　凉了可再喝！

宁津　有溜钱可再买。

你要是走，得等他来溜可。

新泰　你去看电影吧？——去啊，吃了饭可。

如果强调前一个行为是后一个行为的出现条件，对应的普通话说法就是“（等）……的时候”。例如：

新泰　过了年可，我上东北去。

济南　凉了可才能喝！

你长大了可干么_{干什么}？

②同时关系

由于同时关系句中的两个行为是同时发生的，所以句子中的"……可"在普通话中都只能对应说成"……的时候"。例如：

济南　去年可俺来过这里。

　　　俺吃着饭可他来啊。

　　　你上街可叫着俺。

宁津　他夜来可来啊。

　　　我来可，有俩小孩儿逮捏玩儿。

　　　赶你娶可，我一定来送你。

临清　早侵起来可，这垓儿出唠件事儿。

　　　年时可，他上这垓儿来过。

　　　哪会儿里有空儿可，你就上家来玩儿。

汶上　我来子个遇着他啦。

　　　你上大学个再给你买吧。

新泰　你最近上我这来一趟。——行，赶星期天可。

(2)表条件关系

助词"可"用在两个行为之间还可以表示两个行为之间一种抽象的条件关系。从山东方言来看，这种条件关系又可分为假设和让步两种主要关系。

①假设关系

"可"都用于假设关系复句的偏句句末，在偏句中，常有表示假设的"要、要是"等连词与之相呼应。这种用法的"可"在普通话中都可对应说成"(如果)……的话"。例如：

济南　这是小张的车子_{自行车}，俺的可，就借给你了。

新泰　你要是知不道可，去问问李老师。

临清　没人愿去可，我去。

汶上　我吃不了可你帮子我吃。

　　　我不来可你去。

②让步关系

"可"都用于假设复句中偏句的末尾，偏句中常有表示虚设、让步意味的"就、就是"等副词出现。在普通话中，这种用法的"可"都可对应说成"(就是)……的话"。例如：

济南　就是不为孩子着想可，也得为自己想想吧！

汶上　有好收成个也得俭省子点儿。

　　　下雨个也得干。

(五)"着"与"可"相近的用法

山东方言东西区交汇地带的寿光、淄川、沂水等地，"可"的上述用法常用"着"(寿光、淄川读作"[tʂuə·]"，沂水读作"[tʂə·]")来表示。例如：

淄川　你看见他着你看见他的话，告诉他一声。

　　　夜来不下雪着如果昨天不下雪的话，今日我就坐车去了。

　　　你吃完了饭着吃完了饭以后咱再走。

沂水　到明日着到明天的时候俺在集上等你。

　　　咱歇一歇着咱歇一歇以后再干晚不了。

　　　以后着以后的话可得小心着点儿。

　　　三十块钱着三十块钱的话俺就买一身。

　　　我不跟你着如果我不跟你的话你就得打一辈子光棍子。

寿光　你看着就来拿。你要看的时候/要看的话就来拿。

　　　你来着先写个信来。你来的时候先写封信来。

　　　你先等等，我和他说句话着。我和他说句话以后再和你……

　　　你先吃，我看完了书着。等我看完了书以后再吃。

"着"在用法上与"可"也有不同，"着"用来强调时间时，一般不能用在表过去时间的句子中。

四、形容词生动形式

普通话的形容词生动形式主要有以下几种：AA 的(红红的、大大的)、ABB 的(香喷喷的、亮晶晶的)、ABC 的(美不滋儿的、软古囊的)、ABCD 的(黑不溜秋的、瞎了呱叽的)、AABB 的(整整齐齐的、漂漂亮亮的)、A里AB的(糊里糊涂的、哆里哆嗦的)、BABA的(通红通红的、精瘦精瘦的)。山东方言的形容词生动形式，除了也有以上各种形式外，还有几种形式是普通话所没有的。

(一)"B(儿)B(儿)A"式

它是一种加深原形容词程度的表示方式。A为形容词(绝大多数为单音节形容词)，B为表程度的前缀，前缀"B"重叠构成"BBA"式("BB"常儿化，说成"B儿B儿")。例如：

	A	BA	B(儿)B(儿)A
即墨	香	喷香	喷喷香
	硬	绷硬	绷绷硬
	紧	绷紧	绷绷紧
	咸	齁咸	齁儿齁儿咸

在"BA"、"B(儿)B(儿)A"和"BABA"三式对应较为整齐的方言里，"B(儿)B(儿)A"式所表程度比"BA"式深，比"BABA"式浅。例如：

	A	BA	BBA	B儿B儿A	BABA(的)
沂水	穷	血穷	血血穷	——	血穷血穷的
	硬	绷硬	绷绷硬	——	绷硬绷硬的
	甜	西甜	西西甜	——	西甜西甜的
	愉括	怪愉括	怪怪愉括	——	怪愉括怪愉括的
	整壮	怪整壮	怪怪整壮	——	怪整壮怪整壮的
济南	酸	溜酸	溜溜酸	——	溜酸溜酸的
	咸	齁咸	齁齁咸	——	齁咸齁咸的
	黑	黢黑	黢黢黑	——	黢黑黢黑的
利津	香	喷香	喷喷香	——	喷香喷香的
	粘	焦粘	焦焦粘	——	焦粘焦粘的
	硬	棒硬	棒棒硬	——	棒硬棒硬的
	软	稀软	稀稀软	——	稀软稀软的

金乡	苦	悲苦	悲悲苦	——	悲苦悲苦
	窄	溜窄	溜溜窄	——	溜窄溜窄
	亮	剔亮	剔剔亮	——	剔亮剔亮
	细	拧细	拧拧细	——	拧细拧细

（二）"老（么）A(B)"式／"没是 A(B)"式和"没 AB 儿"式

山东方言中部分有正反义对立的与度量衡单位有关系的单音节形容词，如"深"和"浅"、"高"和"低"、"大"和"小"、"长"和"短"、"厚"和"薄"、"宽"和"窄"等，可以前加"没是"/"老"/"老么"和"没"等构成"没是 A(B)"式、"老（么）A(B)"式和"没 AB 儿"式（A 表示积极意义的形容词，B 表示消极意义的形容词），以表示程度的加深。在具体方言中，往往存在两种相对立的表义格式。

1. "老（么）A(B)"式与"没 AB 儿"式的对立

"老（么）A(B)"意思是很 A，是往大、高、长、深、宽等积极意义方面强调；"没 AB 儿"意思是很 B，是往小、矮、短、浅、窄等消极意义方面强调。它们通行于东莱区的荣成、牟平、蓬莱、威海等地。例如：

	老（么）A(B)	没 AB 儿
牟平	老长短	没长短儿
	老高矮	没高矮儿
	老深浅	没深浅儿
	老宽窄	没宽窄儿
	老粗细	没粗细儿
荣成	老么深（浅）	没深浅儿
	老么高（矮）	没高矮儿
	老么粗（细）	没粗细儿
	老么宽（窄）	没宽窄儿
	老么长（短）	没长短儿

2. "没是 A(B)"式与"没 AB 儿"式的对立

"没是 A(B)"意思是很 A，强调的是积极意义；"没 AB 儿"意思是很 B，强调的是消极意义，还可以说成"没 B 下儿"。它们主要通行于东潍区的青岛、平度等地。例如：

	没是 A(B)	没 AB 儿	没 B 下儿
平度	没是长（短）	没长短儿	没短下儿
	没是深（浅）	没深浅儿	没浅下儿
	没是高（矮）	没高矮儿	没浅下儿

(三)"刚的 A"式和"楞么 A"式

山东东潍区的诸城一带，形容词 A 前多加"刚的"构成"刚的 A"式以加深程度；而在西齐区的利津等地，形容词前则是加"楞么"构成"楞么 A"式来加深程度。例如：

	A	刚的 A		A	楞么 A
诸城	宽	刚的宽	利津	好	楞么好
	窄	刚的窄		坏	楞么坏
	深	刚的深		凉	楞么凉
	浅	刚的浅		热	楞么热
	肥	刚的肥		圆油	楞么圆油
	瘦	刚的瘦		硬棒	楞么硬棒

(四)"ABB"式

它是一种加深原形容词程度的表示方式。它与普通话的后缀式"ABB"式（"香喷喷""热乎乎"等）不同，它是一种半重叠形式，是通过重叠双音节形容词 AB 中 B 成分的方式来构成的，有加深 AB 程度的作用。在某些方言中，B 需儿化后再重叠。例如：

	AB	ABB		AB	AB 儿 B 儿的
金乡	干净	干净净	新泰	安稳	安稳儿稳儿的
	老实	老实实		富裕	富裕儿裕儿的
	结实	结实实		松快	松快儿快儿的
	自在	自在在		平顺	平顺儿顺儿的

(五)"BAA"式

它是由单音节形容词 A 重叠并前加表程度的成分 B 构成的，

属于加叠混合的形式，是一种加深程度的表示方法。普通话中的单音节形容词重叠为"AA"式表程度加深，前面则不能再加表程度的成分；而山东方言的"BAA"式中的"AA"并不表程度加深，所以前面通常可以再加表程度的成分。这种"BAA"式又分为两种情况：

1. 进入"BAA"式的形容词是单音节形容词，且 B 的形式无明显的分布规律。这种用法主要集中在东潍区和西区的部分地区。例如：

沂水	血穷穷	贴陡陡	挺生生	浆浑浑	风快快	绷硬硬
	绷紧紧	冰凉凉	乔臭臭	喷香香	糊烂烂	西甜甜
	齁咸咸	焦黄黄	焦酸酸	享远远	乎黑黑	
	臻清儿清儿	溜薄儿薄儿	溜滑儿滑儿			

聊城	楞小小	楞长长	楞细细	楞薄薄	溜浅浅	溜窄窄
	绷短短					

利津	楞黑黑	挺高高	齁咸咸	溜湿湿	乔苦苦	楞秕秕

枣庄	黢黑黑	焦黄黄	挣甜甜	滚热热	冰凉凉

2. 进入"BAA"式的形容词是有正反义对立的单音节形容词，而 B 的形式也随 A 的表正反义的不同整齐地分为两组。主要分布于淄川、济南、新泰、潍坊、沂水等地区。例如：

沂水	大高高——精矮矮	大宽宽——精窄窄
	大深深——精浅浅	大稀稀——精密密
	大沉沉——精轻轻	大胖胖——精瘦瘦
	大长长——精短短	大粗粗——精细细
	大松松——精紧紧	

潍县	大宽宽——溜窄窄	大厚厚——溜薄薄
	大高高——溜矮矮	大长长——溜短短
	大胖胖——溜瘦瘦	大粗粗——溜细细

济南	老深深的——精浅浅的	老粗粗的——精细细的
	老长长的——精短短的	老宽宽的——精窄窄的

在有些地方，表示消极意义的形容词通常要儿化，构成"BA 儿 A 儿"式。例如：

潍坊　大高高——精矮儿矮儿　　大厚厚——精薄儿薄儿

　　　　大粗粗——精细儿细儿　　大宽宽——精窄儿窄儿

五、中补结构

山东方言的中补结构，与普通话相比，在组成成分、结构形式等方面都有明显不同。尤其在带可能补语、处所补语的中补结构中，这些不同表现得更为突出。

（一）可能补语结构

普通话带可能补语的中补结构主要有两种格式：一是"动词＋得＋补语"，可记作"V 得 C"，其否定形式和疑问形式分别为"V 不 C""V 得 CV 不 C"，如"吃得饱、吃不饱、吃得饱吃不饱"；二是"动词＋得"，可记作"V 得"，其否定形式和疑问形式分别为"V 不得""V 得 V 不得"，如"吃得、吃不得、吃得吃不得"。山东方言的可能补语结构与普通话差别较大，这主要可以从以下两个方面来看：

1．常用"能 V/不能 V"对应普通话的"V 得/V 不得"

普通话的"V 得"式及否定式"V 不得"、疑问式"V 得 V 不得"用法，在山东方言中除极少数地区（如聊城、龙口、莱州等）外，大部分地区都不用这种形式，而是用在动词前加助动词"能"的形式，即说成"能 V"、"不能 V"和"能不能 V"。列表对照举例如下：

表 7-1　山东方言与普通话"V 得/V 不得"式对照表

普通话	肯定式		否定式		疑问式
	V 得		V 不得		V 得 V 不得
山东方言	V 得	能 V	V 不得	不能 V	能 V 不（能 V）/能不能 V
临沂	——	能去	——	不能去	——
	——	能说	——	不能说	——
济南	——	能吃	——	不能吃	能不能吃
	——	能看	——	不能看	能不能看
	——	能说	——	不能说	能不能说

续　表

普通话	肯定式		否定式		疑问式
	V 得		V 不得		V 得 V 不得
山东方言	V 得	能 V	V 不得	不能 V	能 V 不(能 V)/能不能 V
博山	──	能骑	──	不能骑	能骑ə不
		能吃		不能吃	能吃ə不
即墨	──	能骑	──	不能骑	能不能骑
		能说		不能说	能不能说
莱州	──	能吃	吃不得	不能吃	能吃不能吃/能不能吃
	──	能说	说不得	不能说	能说不能说/能不能说
	──	能去	去不得	不能去	能去不能去/能不能去
烟台		能说		不能说	能不能说
		能吃		不能吃	能不能吃
		──		不能小看了	──

2. 常用多种形式对应普通话的"V 得 C"/"V 得 CV 不 C"

普通话的"V 得 C"式及否定式"V 不 C"、疑问式"V 得 CV 不C"(或"V 得 C 吗"),在山东方言中除否定式与它的说法相同外,肯定式、疑问式都有多种说法与它相对应。

(1)肯定式

山东方言中与普通话"V 得 C"式意思相对应的说法主要有四种:"能 VC""V 得 C""VC 了"和"V 了"。

①"能 VC"式

在山东方言中,"能 VC"式的使用区域最广,诸如东区的荣成、牟平、烟台、蓬莱、莱州、平度、即墨、青岛、潍坊、寿光等地,西区的宁津、德州、济南、博山、泰安、新泰、临沂、枣庄、曲阜、济宁、菏泽、东明、东平等地都有这种说法。例如:

　　　　山东方言　普通话　　　　山东方言　普通话
莱州　能吃饱　吃得饱　即墨　能看见　看得见
　　　能听清　听得清　　　　能上去　上得去

	能进去	进得去		能说清	说得清
沂水	能买起	买得起	博山	能吃了	吃得了
	能搬动	搬得动		能上去	上得去
	能忙活完	忙活得完		能说清楚	说得清楚

②"V 得 C"式

"V 得 C"式在山东方言中主要通行于山东东部的荣成、牟平、烟台、莱州、青岛等地,中北部的潍坊、寿光、济南、利津、无棣等地和鲁西南的曲阜、济宁等少数地区。它的用法和意义与普通话的"V 得 C"式相同。

③"VC 了"式

"VC 了"式的使用范围非常广,山东东、西两区中都有,但相比之下,西区运用更为普遍。这里的"了"在山东各地都与助词性质的"了$_1$"读音一致,比如聊城话说"VC 喽(了$_1$)"不是"VC 啦(了$_2$)",德州话说"VC 溜(了$_1$)"不是"VC 啊(了$_2$)",利津话说"VC 哩(了$_1$)"不是"VC 啦(了$_2$)",潍坊、新泰、济南、郓城等地说"VC 唠(了$_1$)"不是"VC 了/咧/啊/啦(了$_2$)",等等。例如:

	山东方言	普通话
聊城	他考上喽。	他考得上。
	彩电他买起喽。	彩电他买得起。
德州	他干完溜。	他干得完。
	这根木头我扛起来溜。	这根木头我扛得起来。
郓城	这些东西拿动了。	这些东西拿得动。
	他看见了。	他看得见。
新泰	他上去唠。	他上得去。
	我说清唠。	我说得清。
利津	他上去哩。	他上得去。
	这些书我拿动哩。	这些书我拿得动。

如果"VC 了"式中的"了"读成语气词的"了$_2$","VC 了"式中的补语就不是可能补语而是结果补语了。比较如下:

	VC 了$_1$	VC 了$_2$
聊城	他考上喽_{考得上}。	他考上啦_{考上了}。
德州	这些活儿他干完溜_{干得完}。	这些活儿他干完啊_{干完了}。
潍坊	那个山恁都上不去，他上去了_{上得去}。	那个山我没上去，他上去了_{上去了}。

应注意，山东方言的"VC 了"式带宾语，宾语总是插入结构之中，置于"C"和"了"之间。普通话的"V 得 C"式带宾语时，宾语需置于整个结构之后。例如：

	山东方言	普通话
聊城	他买起彩电喽。	他买得起彩电。
	他挑动水喽。	他挑得动水。
郓城	我看见字了。	我看得见字。
	我拿了这些东西了。	我拿得了这些东西。
利津	我拿动这些书哩。	我拿得动这些书。
	我看清这个字哩。	我看得清这个字。

④"V 了"式

"V 了"式是山东方言"VC 了"式中的"V 了了"（如"吃了溜"）意义的一种省略说法，是省去补语"了"而得来的。意思相当于普通话的"V 得了"。例如：

	V 了了	V 了
郓城	这活我一个人干了了。	这活我一个人干了。
	这碗米饭他吃了了。	这碗米饭他吃了。
曲阜	三个馍馍吃了了。	三个馍馍吃了。
济南	这一大篮子菜我拿了唠。	这一大篮子菜我拿唠。
临清	你拿了唠吧？	你拿唠吧？

以上四种格式的分布地区常有交叉，且大多数情况都是同一地区同时存在几种说法。

（2）疑问式

山东方言中与普通话"V 得 C"式的疑问式"V 得 CV 不 C"意思

相当的提问方式也有多种形式，而且在方言内部不同地区形式上也有较大差异。列表比较如下：

表 7-2　山东方言与普通话"V 得 CV 不 C"式对照表

山东方言			普通话
疑问格式	方言点举例	例　句	V 得 CV 不 C/V 得 C 吗？
不能 VC 了	荣成	不能走动了？	走得动走不动/走得动吗？
是 V 不 C	牟平	是走不动？	走得动走不动/走得动吗？
V 不 V 得 C	烟台	走不走得动？	走得动走不动？
	莱州	走不走得动？	走得动走不动？
V 得 CV 不 C	沂水	买得起买不起？	买得起买不起/买得起吗？
	利津	走得动走不动？	走得动走不动？
VCV 不 C(＋语气词)	潍坊	搬动搬不动？	搬得动搬不动/搬得动吗？
	临沂	走动走不动？	走得动走不动？
	德州	吃了吃不了啊？	吃得了吃不了/吃得了吗？
VC 了不	泰安	上去唠不？	上得去上不去/上得去吗？
	聊城	写完喽不？	写得完写不完/写得完吗？
VC 溜(啊)吧	临朐	拿动啊吧？	拿得动拿不动/拿得动吗？
	德州	搬动溜吧？	搬得动搬不动/搬得动吗？
	临清	走动唠吧？	走得动走不动/走得动吗？

（二）处所补语结构

普通话处所补语的表示方法，是在谓语动词之后加上由介词"在""到"等组成的介词短语，山东方言表示处所补语有一些特殊的方式，它们与普通话常用的处所补语结构有较大不同。

1. "V＋处所词语"式

不用介词，而是直接把处所词语加在动词后面作补语，这时动词往往说得比较重、比较长。这种表示方法常见于济南、泰安、平度、莱州、青岛等地的方言。例如：

	山东方言	普通话
青岛	搁桌子上吧！	搁在桌子上吧！
	跳黄河也洗不清。	跳到黄河也洗不清。
莱州	把书放桌子上。	把书放在桌子上。
	他一直把我送村头上。	他一直把我送到村头。
平度	把饭端哪来？	把饭端到哪里？
	把鸡蛋打碗来。	把鸡蛋打在碗里。

　　如果要在处所补语结构中放进动作的受事成分，普通话通常是在动词前用介词"把"将其引入，而在山东方言"V＋处所词语"的中补结构中，除可以在动词前用"把"介引外，还可以直接把受事成分放在动词和处所词语之间。例如：

平　度		普通话
把他推地上。	推他地下。	把他推到地上。
把他锁屋来。	锁他屋来。	把他锁在屋里。
把他关门外来。	关他门外来。	把他关在门外。

　　2. "V＋了＋处所词语"式

　　用介词"了"引进处所词语构成介词短语作补语。"了"的读音与方言中"了₁"相同，意义与普通话的介词"在""到"相当。这种方式多见于龙口、即墨、潍坊、寿光、沂水、新泰、临清、聊城、郓城等地的方言。例如：

	山东方言	普通话
龙口	写了黑板上。	写在黑板上。
	走了死胡同里。	走到死胡同里。
潍坊	掉了地上了。	掉在地上了。
	跑了家里来了。	跑到家里来了。
临清	扔唠房顶上。	扔到房顶上。
	躺唠床底下。	躺在床底下。
聊城	拿喽屋里。	拿到屋里。
	住喽庄儿东头。	住在村庄东头。

郓城	酒瓶子放了桌子底下	酒瓶子放在桌子底下
	不保险。	不保险。
	我送二爷爷送了家前。	我送二爷爷送到村前。

在山东方言的"V＋了＋处所词语"结构中，其受事宾语成分通常可以放在两个位置：一是把受事宾语成分放在介词"了"和处所词语之间，这种位置的宾语成分一般由单音节的人称代词充当，常读轻声，整个结构强调的一般是补语成分。例如：

	山东方言	普通话
郓城	二爷爷我送了他家前。	二爷爷，我把他送到村前。
	酒瓶子，我搁了它桌	酒瓶子，我把它搁在桌子
	子底下啦。	底下了。
临清	扔唠它屋顶儿上。	把它扔到屋顶上。
	挡唠我门外头。	把我挡在门外。

二是把受事宾语成分放在处所词语后面，这种位置的宾语一般由名词性成分充当，整个结构强调的一般是宾语成分。例如：

	山东方言	普通话
临清	弄唠嘴里沙啦。	沙子弄到嘴里了。
	洒唠地下水啦。	水洒在地上了。
	沾唠身上灰啦。	灰沾在身上了。
	派唠临清俩人来。	派俩人到临清来。

3. "V儿＋处所词语"式

不用介词，而是直接把处所词语加在儿化的动词后面作补语。动词儿化后含有"到、在"的意义。这种用法多见于东莱片的威海、荣成、文登、牟平、海阳、烟台等地。例如：

	山东方言	普通话
荣成	笔掉儿地下去了。	笔掉到地上了。
	他装儿布兜里了。	他装在布兜里了。
烟台	稳儿桌子上！	放到桌子上吧！
	鸡跑儿家去了。	鸡跑到家里了。

牟平	稳儿炕上吧！	放在炕上吧！
	送儿墙头上。	送到墙头上。
	挂儿哪场儿？	挂在哪个地方？

六、比较句

山东方言的比较句除具有普通话比较句的一般用法外，还有几种组成成分、结构方式都不同于普通话的特殊形式。

(一)肯定式比较句

1. "N₁＋VP＋起/的/似＋N₂"式

这种格式所表意义与普通话的"N₁＋比＋N₂＋VP"式相当。

(1)"N₁＋VP＋起＋N₂"式

山东近三分之二地区的方言中都存在这种句式，但以山东东部、中部广大地区为主，尤其是在东部地区，如荣成、文登、威海、乳山、牟平、烟台、海阳、栖霞、蓬莱、长岛、龙口、莱州、招远、即墨、青岛、平度等地，其使用频率也比较高。所以，它是山东东部方言的一种代表句式。例如：

牟平　省囤尖强起省囤底。

荣成　求自自_{自己人}强起求人家。

莱阳　是亲三分向，是火热起炕。

龙口　这里干净起乜里。

即墨　它高起你。

高密　吃饭喝口汤，强起开药方。

诸城　饥里帮一口，强起饱里帮一斗。

寿光　吃饭先喝汤，强起开药方。

招远　早种麦子强起晚施粪。

莱州　这个屋子暖和起那个屋子。

沂水　去要饭也强起跟着他受罪。

沂南　腊月的花子_{乞丐}快起驴。

"N₁＋VP＋起＋N₂"式除通行于山东东区方言外，在鲁中、鲁西和鲁西北方言中也经常可以听到，但使用范围和频率明显小于东区。例如：

费县　无时给一口，强起有时给一斗。

淄川　这件子衣裳肥起那件子。

郯城　早种强起晚上粪。

惠民　是灰热起土，是亲三分向。

历城　爷爷疼孙子，强起攒金子。

阳信　抹脸强起做贼，人情不在多少。

泰安　惊蛰听见雷，小米贵起金。

无棣　春雨贵起油。

莱芜　酒令大起君令。

齐河　秋天锅锅腰，强起春天转三遭。

博山　睡前洗洗脚，强起服补药。

德州　垒院墙，有这些旧砖强起没有。

(2)"N₁＋VP＋的＋N₂"式

这种格式的使用区域主要集中在鲁北一带，如垦利、利津、河口、广饶、惠民、滨州、无棣、庆云、博兴、高青、邹平、淄博、周村、桓台、寿光、临朐等地。例如：

无棣　穷了给一口，强的有了给一斗。

桓台　打针强的吃药。

庆云　种一升，打一棒，强的在家歇着种。

寿光　今们儿这天好的夜来。

滨州　秋天弯弯腰，强的冬天围村转三遭。

临朐　懒汉回了头，力气大的牛。

(3)"N₁＋VP＋似＋N₂"式

这种格式主要见于鲁西南的部分地区。例如：

金乡　他大似你。

　　　瘦死的骆驼大似马。

2. "N$_1$＋伴/皮/被＋N$_2$＋VP"式

这种格式除使用的介词与普通话的"N$_1$＋比＋N$_2$＋VP"式不同外，句式的语序和所表示的意义都跟普通话的"N$_1$＋比＋N$_2$＋VP"式相同。从分布区域看，由于山东境内普遍都可以使用"比"字句，所以这种句式的分布区域并不是非常广，主要集中于济南、历城、长清、章丘、淄川、邹平、泰安、莱芜、新泰、沂水、泗水、平邑等山东中部地区。所以，可以把它看作山东中部方言的一种代表句式。例如：

邹平　他伴你高。　　　　　　新泰　他伴你个子高。

　　　这里伴捏里可干净咧。　　　　你伴他强。

德州　他皮我能干。　　　　　沂水　这被早已里霎强多了。

　　　我来的皮你晚。　　　　　　　现在比过去强得多。

　　　　　　　　　　　　　　　　你被他大。

3. "N$_1$＋比＋N$_2$＋A 得 A"式

这种格式是一种带有强调意味的比较格式，它具有加深比较双方差异程度的作用。其意义相当于普通话的"N$_1$＋比＋N$_2$＋A 得多"（如"我比他高得多"）。例如：

寿光　我比他大得大。　　　　龙口　俺比他强得强。

　　　这块比那块强得强。　　　　　二姐比三姐俊得俊。

　　　这个屋比那个屋干净得干净。　这么说比那么说好得好。

（二）否定式比较句

1. "N$_1$＋不＋VP＋起/的/似＋N$_2$"式和"N$_1$＋不＋伴/皮/被＋N$_2$＋VP"式

两种格式表义都与普通话的"N$_1$＋不比＋N$_2$＋VP"式相当，其含义是"N$_1$ 和 N$_2$ 差不多 VP"。

（1）"N$_1$＋不＋VP＋起/的/似＋N$_2$"式

这种格式在山东使用非常广，尤其是以"起"字为介词的形式。这种格式以东部使用频率为最高（分布区域与"N$_1$＋VP＋起/的/似＋N$_2$"式一致）。例如：

牟平　他不高起我。　　　　利津　这电灯也不亮的那汽灯。
　　　今儿的剧不热　　　　　　　捏种颜色也不好看的那
　　　闹起夜儿的。　　　　　　　种颜色。
荣城　他不矮起我。　　　　寿光　他不高的我。
　　　今年夏来的雨水　　　　　　今们儿这天不好的夜来。
　　　不多起去年的。
平度　麦子不贵起苞米。　　金乡　他的力量头儿并不大似我。
　　　这题儿不难起那题儿。　　　论文化水儿我也不差似他。

(2)"N₁＋不＋伴/皮/被＋N₂＋VP"式

在山东方言中，这种格式的分布区域比"N₁＋不＋VP＋起/的/似＋N₂"式要小得多，它主要集中在山东中部地区。例如：

济南　　他不伴我高。　　　沂水　　你不被他心眼子多。
　　　　我不伴他会下棋。　　　　　那霎不被这日子好过。
德州　　他不皮我矮。

2."N₁＋跟/赶/撵/顶＋不上＋N₂＋(VP)"式和"N₁＋不跟/不胜/不递/不掩/不赶＋N₂＋(VP)"式

两种格式都与普通话的"N₁＋不如＋N₂＋VP"式意义相当。

(1)"N₁＋跟/赶/撵/顶＋不上＋N₂＋(VP)"式

这种格式主要分布在山东东部地区。例如：

荣成　今儿赶不上夜儿凉快。　　莱州　他跟不上我胖。
平度　他跟不上我胖。　　　　　　　　棉布赶不上呢子抗穿。
　　　他赶不上我胖。　　　　　　龙口　他跟不上你高。
即墨　他跟不上你高。　　　　　　　　他顶不上你高。
　　　他赶不上你高。　　　　　　　　他撵不上你高。

(2)"N₁＋不跟/不胜/不递/不掩/不赶＋N₂＋(VP)"式

这种用法常见于除东部地区以外的广大中、西部地区。

①"N₁＋不胜＋N₂＋(VP)"式

这种格式分布于鲁西、鲁西南一带。例如：

聊城　他不胜你高。

梁山　妮子再强，不胜亲娘。

郓城　今年的麦子不胜年时_{去年}。

　　　这张画儿不胜那张好看。

济宁　紧跑不胜慢不停。

曲阜　家有万贯，不胜种地吃饭。

②"N$_1$＋不递＋N$_2$＋（VP）"式

这种格式也主要分布于鲁西、鲁西南一带，但比"不胜"的使用范围要小一点。"递"多读去声，但在有的地方也读阳平，写作"敌"。例如：

聊城　他不递你高。　　　　　　临清　他不敌你大方。

阳谷　这种苹果不递那种好吃。　　　　我不敌他会说话。

③"N$_1$＋不掩＋N$_2$＋（VP）"式

"不掩"，有的地方写作"不延"。这种格式多见于利津、垦利、广饶、桓台、寿光、临朐、青州、沂水、莒县等鲁北、鲁中一带地区。例如：

利津　他的学习不掩你。

临朐　他去不掩你去。

沂水　使胰子洗头不延使洗衣粉洗头洗得干净。

青州　他不掩你跑得快。

④"N$_1$＋不赶＋N$_2$＋（VP）"式

这种格式常见于鲁北的利津、沾化、无棣，鲁西南、鲁南的嘉祥、金乡、枣庄等地。例如：

利津　好死不赶赖活着。

　　　一个人去不赶两个人去。

沾化　骑车子不赶坐汽车快。

　　　他不赶我高。

无棣　蹊蹊跷，蹊蹊跷，站着不赶坐着高。

金乡　我的工资还不赶你的一半多哩。

⑤"N₁＋不跟＋N₂＋(VP)"式

与以上形式相比，"N₁＋不跟＋N₂＋(VP)"式的使用范围是最广的，几乎遍及从中部到西部、南部、北部的广大地区。例如：

潍坊　你去不跟我去。

临朐　他不跟我能吃。

无棣　有搂钱的耙子，不跟有攒钱的匣子。

平邑　今门儿不跟夜儿里热闹。

德州　好儿不跟好媳妇，好闺女不跟好姑爷。

金乡　这孩子不跟他哥。

临清　他不跟你大方。

郯城　长虫过路蚂蚁爬，不跟清晨烧早霞。

从分布地区来看，两大否定形式并不存在互补分布，虽说东部地区较少使用"N₁＋不跟/不胜/不递/不掩/不赶＋N₂＋(VP)"式，但"N₁＋跟/赶/撵/顶＋不上＋N₂＋(VP)"式在西部却是经常可以听到的。尤其在山东中部，东、西区方言相邻的地带，两种形式的分布更无明显的分界线。例如：

新泰　他个子撵不上你高。

青州　这种花不跟那种香。

沂水　讲挣钱多，咱庄儿里谁也跟不上他。

　　　使胰子洗头不跟使洗衣粉洗头洗得干净。

3."N₁＋没(有)＋A＋起＋N₂"式

这是一种最高级表示方法，它一般用于总体(N₁)与个体(N₂)之间的比较。从语气上看，这种格式的使用关键不是为了说明"N₂最A"，而是为了强调"N₂最A"。所以，它所表示的意义大致与普通话的"没有比N₂再A的了"意义相当。例如：

荣城　这些课里头没难起学数学的。没有比学数学再难的了。

　　　他些孩子里头没孝顺起老三的。没有比老三再孝顺的了。

牟平　学手艺再没有难学起木匠。没有比学木匠再难的了。

　　　这些人没能闹起你的。没有比你再能闹的了。

龙口　这些孩子里头没聪明起老二的。没有比老二再聪明的。

七、反复问句

反复问句，又叫正反问句，从意义上说也是一种特殊的选择问句，因为一般的选择问句是要求在 X 和 Y 里选择一项作为回答，而反复问句则要求在 X 和非 X 中选择一项作为回答。普通话反复问句常用肯定和否定并列的形式，即"VP＋不/没（有）VP"式。与之相比，山东方言反复问句的形式则更为多样。

（一）"VP＋不/没（有）"式

这种格式的否定项部分与普通话不同，即省略了否定副词后的中心语 VP，构成肯定项 VP 与否定项中否定副词"不""没"或"没有"的并列。否定副词在不同地区往往有不同的读音，比如"不"在淄川读[pu₂₁₄]，写作"不"；在寿光读[pə·]，写作"啵"；在德州读[pa·]，写作"吧"；在平邑读[pau·]，写作"不"；在利津读[pɔ·]，也写作"不"；在曲阜读[puə·]或[pɔ·]，也都写作"不"，等等。又如"没"在淄川读[mu·]，在寿光读[mə₅₃]，在曲阜读[muə·]等。

根据"VP"和"不/没（有）"之间是否嵌入语气词，"VP＋不/没（有）"式可分为两种形式：

1. 不带语气词的"VP＋不/没（有）"式

这种格式主要通行于鲁西、鲁南地区。其中，表示已然的"VP＋没（有）"式通行的地域比表未然的"VP＋不"式要大一些，除鲁西、鲁南外，东部的招远、莱州、平度等地也可以这样说。另外，在形式上，表已然格式的 VP 后面，也常比表未然的格式多一个表示完成体的助词"了"，或表示曾经体的助词"来"（山东东部有些地方用动词儿化的形式表示完成体或曾经体）。例如：

	未然	已然
	VP＋不	VP 了/来＋没（有）
聊城	你愿意去不？	你吃饭啦没有？
	你想开喽不？	他去啦没有？
东平	吃饭啵？	吃饭来没？
	脸红啵？	天黑了没？

枣庄	学习不？	找到他了没？
	吃饭不？	天亮了没？
招远		去儿没有？
		逮饭了没有？_{吃饭没吃饭？}
		开儿门儿没有？

2. 带语气词的"VP＋语气词＋不/没（有）"式

这种格式主要通行于鲁中、鲁北、鲁西北的临朐、寿光、利津、无棣、德州、临清、济南、章丘、博山、泰安等地。语气词的读音在各地听起来都较为含糊，但仍能听出地区间的差异。比如：淄川等地听起来是[ɑ˙]（写作"啊"），寿光、博山、利津等地听起来是[ə˙]（多写作"呃"），而在临清、德州等地听起来却是一个 VP 末音节韵母拖长的音（多采用"零形式"）。在"VP＋语气词＋没（有）"式中，用来加强已然语气的"了""来"等助词都要加在语气词前。例如：

	未然	已然
	VP＋语气词＋不	VP 了/来＋语气词＋没（有）
寿光	这个人老实呃啵？	道上碰上二叔来呃摩？
	你买这本书呃啵？	你买了那本书了呃摩？
淄川	看电影啊不？	听见了啊没？
	去啊不？	去来没？
无棣	记得啊吧？	都来了啊吧？
	去啊吧？	写完了啊吧？
德州	来——吧？	看见了没？
	想——吧？	毕业了没？

（二）"V＋不/没 VP"式

如果是由单音节 V（动词或形容词）构成的肯定否定并列形式，它与普通话的说法是完全相同的，都说成"V＋不/没 V"。但如果是由非单音节谓词或短语构成的肯定否定并列形式，它与普通话就不同了，普通话是用整个非单音节谓词或短语来构成肯定否定并列形式，说成"VP＋不/没 VP"，而在山东烟台、蓬莱、海阳、莱州、平度、青岛、胶南、诸城、沂水、利津、枣庄等地的新派方言中则不是这样。具体有两种情况：

1. 拆出非单音节谓词或谓词性短语中动词或形容词的第一个音节作为肯定形式，与整个词或短语的否定形式构成并列，即使是连绵词或形容词生动形式也要这样拆开，即说成"V＋不/没 VP"。例如：

<table>
<tr><td></td><td>未然</td><td>已然</td></tr>
<tr><td></td><td>V＋不 VP</td><td>V＋没 VP</td></tr>
<tr><td>烟台</td><td>打不打算去？</td><td>害没害怕？</td></tr>
<tr><td></td><td>动不动弹？</td><td>生没生气？</td></tr>
<tr><td></td><td>衣裳合不合身？</td><td>将没将媳妇？_{娶没娶媳妇？}</td></tr>
<tr><td>莱州</td><td>你们面不面熟？</td><td>学没学习？</td></tr>
<tr><td></td><td>你尝尝，这个柿子涩不涩吧唧的？</td><td>你眼没眼馋？</td></tr>
<tr><td></td><td>你闻闻，这东西臭不臭烘烘的？</td><td>你犹没犹豫？</td></tr>
<tr><td>青岛</td><td>海边儿凉不凉快？</td><td>他答没答应？</td></tr>
</table>

2. 如果谓词性短语中动词的前面有助动词，则只拆除助动词的第一个音节作为肯定形式与整个助动词的否定形式构成并列，只能表示未然的语法意义。即说成"助动词＋不＋助动词＋VP"。例如：

烟台　愿不愿去　　　该不该去　　　须不须去

愿不愿意学习　该不该学习　须不须学习

（三）"F＋VP"

"F"代表一个专门用来进行反复问的前置发问词。在山东方言中，发问词 F 常由"是不""是没"和"实[₍ŋ]"等词语充当，所以，"F＋VP"式又可写成"是不/是没＋VP"和"实[₍ŋ]＋VP"两种形式。这两种说法主要集中在山东胶东半岛地区。

1."是不/是没＋VP"式

"是不＋VP"式，用于对未然动作行为的询问，意思与普通话的"VP＋不 VP"相当；"是没＋VP"式，用于对已然事实的询问，意思与普通话的"VP＋没 VP"相当。它们在用法上都有以下特点：

(1)前置词"是不"和"是没"中的"不""没"都读轻声；(2)"是不"和"是没"的内部结合紧密，并且只用于表示疑问语气；(3)内部层次应为"是不/是没＋VP"，而不是"是＋不/没 VP"，也就是说，构成肯定与否定并列的是"是"和"不/没"。从分布地域来看，"是不＋VP"式和"是没＋VP"式都主要通行于胶东半岛的荣成、文登、威海、乳山、牟平、海阳、烟台(芝罘老派)、福山、平度等地。例如：

	未然 是不＋VP	已然 是没＋VP
荣城	外边是不下雨？	他是没考上大学？
	家儿是不宽敞？	饭儿是没凉？
	他是不同意？	孩子是没哭？
牟平	你是不害怕？	天是没亮？
	你是不看见？你看得见看不见？	是没看得完这本书？看没看完这本书？
	衣裳是不合身儿？	是没有人儿？有没有人儿？
平度	这苹果是不酸？	饭是还没吃？
	天是不黑？	他是还没走？

2."实[ȵĩ]＋VP"

发问词中不出现否定成分，而是只用一个单音节词"实[ȵĩ]"。"实[ȵĩ]＋VP"式既可以用于表未然的动作行为，意思相当于普通话的"V 不 V＋(O)"(O 代表宾语)；也可以用于表已然的事实，意思相当于普通话的"V 没 V＋(O)"。但在形式上，表已然的比表未然的"实[ȵĩ]＋VP"结构后要多增加一个表完成时态的助词"了"或表曾经体的助词"来"，以此来加强已然意义。这种格式常见于胶东北部的蓬莱、龙口、长岛等地。例如：

	未然 实[ȵĩ]＋VP	已然 实[ȵĩ]＋VP 了/来
长岛	你实上北京？	
	你实有媳妇？	
	花儿实香？	

龙口　你实会？　　　　　　　　　你实去来？

　　　　你实抽烟？　　　　　　　　你实吃饭喽？

　　　　实干净？　　　　　　　　　你实有孩子了？

蓬莱　　　　　　　　　　　　　　你实毕业了？

　　　　　　　　　　　　　　　　老大实结婚了？

　　　　　　　　　　　　　　　　你实碰上他了？

（四）"V＋VP"式

这类格式的特点是：如果提问部分是单音节词，则直接重叠该音节；如果是多音节词或短语，则只重叠第一个音节，整个反复问结构不用否定副词。它的流行地区较窄，主要集中在胶东半岛的招远、长岛等地。"V＋VP"式一般只能用于表未然，不能用于表已然，意思相当于普通话的"VP＋不 VP"。例如：

招远　你去去？<small>你去不去？</small>　　　　长岛　你会会唱歌儿？<small>你会不会唱歌儿？</small>

　　　逮逮饭？<small>吃饭不吃饭？</small>　　　　　　花儿香香？<small>花儿香不香？</small>

　　　这是是你的东西？<small>这是不是你的东西？</small>　长得苗苗条？<small>长得苗条不苗条？</small>

　　　你肯肯给他？<small>你肯不肯给他？</small>　　电影好好看？<small>电影好看不好看？</small>

　　　你能能矣？<small>你能不能啊？</small>　　　聪聪明？<small>聪明不聪明？</small>

　　　愿愿意吃干饭？<small>你愿意不愿意吃米饭？</small>　你想想去？<small>你想去不想去？</small>

在这些地区，"V＋VP"有时也可以说成"V＋不 VP"，但是"不"的读音往往都比较弱，在使用上，也远不及"V＋VP"常用。

八、复句和关联词语

从复句内各个分句之间的意义关系来看，山东方言和普通话所体现出的意义类型是基本相同的，比如都包含并列、顺承、递进、选择、转折、条件、假设、因果等关系的意义类型。复句中的这些意义关系，往往都要借助一定的关联词语来表示，山东方言复句和普通话复句之间的差别主要就体现在关联词语的使用上。

（一）与普通话在关联词语使用上的分歧

尽管就总体而言，山东方言复句中的多数关联词语与普通话都相同，但也有一些是有分歧的，归结起来，分歧主要有三个方面：

（1）关联词语的形式尤其是关联词语中连词的形式不同，但表示的意义相同。如普通话表取舍意义的"宁肯……也不"，聊城话则说"马非儿……也不"（如"马非儿我去，也不能叫你去"）；普通话表条件关系意义的"除非……才"，牟平话说成"离非儿……才"（如"离非儿天下雨，我才不去"）。

（2）关联词语的形式不同，但所表达的意义部分相同，部分不同。如潍坊话中表示并列关系的"赶着……赶着"与普通话的"又……又"意思基本相同，但除此，潍坊话的"赶着……赶着"还表现一种急切的情状，含有在时间仓促的情况下同时应付几方面工作的意义。例如："大伙赶着为他烧水做饭，赶着帮他拾掇行李。"。

（3）方言中特有的表示特殊意义的关联词语。如潍坊话中表示选择关系的取舍意义，常用的关联词语有三组："要……还不如"，"能……也不能"和"既凡……不如"。其中前两组分别相当于普通话的"与其……不如"和"宁可……也不"，而第三组是普通话中所没有的，它不是在两项中取一项舍一项，而是由前项推论出取后项，前后项是一种推论取舍的关系，有"既然……不如"的意思，例如："你既凡知道这样不好，不如另想办法。"

（二）与普通话不同的关联词语举例

1. 并列关系

"随……随"，"一门……一门"，"赶着……赶着"，"一马……一马"，"一抹儿……一抹儿"，"一么……一么"，"一行［xaŋ·］……一行"等，用法与普通话的关联词语"一边……一边"相当。例如：

聊城　他们随吃饭，随说话。

曲阜　咱一门吃饭，一门说话。

淄川　一行走道，一行说话。

　　　赶着看电视，赶着做作业。

无棣　他们一行吃饭，一行说话。

新泰　咱一马吃饭，一马拉_聊。

临朐　咱一抹儿吃饭，一抹儿说话。

潍坊　大伙赶着为他烧水做饭，赶着帮他拾掇行李。

张老汉一么走路，一么哼着地方小调。

2. 选择关系

（1）表选择

"要不……要不"和"不就……不就"，与普通话的"或者……或者"（多项中选一项）和"要么……要么"（两项中选一项）用法并不完全相同，它们一般都没有"多选一"或"二选一"的分工。例如：

聊城　要不你去，要不我去，要不咱俩都去。

潍坊　不就你去，不就他去。

临朐　不就你去，不就我去，不就咱俩一堆儿去。

临沂　你要不赞成，要不反对，要不弃权。

牟平　不就你去，不就我去，反正咱俩不能一堆儿去。

（2）表取舍

"马非儿……也不"，"就是……也不"，"情愿……也不"，"能……不/别"，"豁着……也"等，有取前项舍后项之意；"要是……不第"，"要……还不如"，"即凡……不跟"，"（让）……还不如"等，有舍前项取后项之意。例如：

聊城　马非儿我去，也不能叫你去。

要是他去，不第我去。

临沂　情愿我去，也不能叫你去。

让他去，还不如让我去。

临朐　即凡你去，不跟我去。

潍坊　能我去，也不能叫你去。

要你去，还不如我去。

牟平　豁着头拱地，也得供孩子念书。

荣成　能给人家往一堆儿和，别给人家拆开。

3. 递进关系

"……不说，还……"，"除到……还"，"要不的……还"，"不光……还得"等，与普通话的关联词语"不但/不仅……还"用法相当。例如：

聊城　要不的么儿么儿不行（不但什么都不行），还不服气。

新泰　他们来了连吃加喝不说，临走还拿这拿那。

淄川　除到花钱不少，还没买着应心的东西。

沂水　除到没打着貔狐，还惹了一腔臊。

潍坊　不光叫他参加，还得叫他唱主角。

另外，莱州方言的"既之……又"，是一种衬托递进，普通话中没有相对应的关联词语。例如：

莱州　这两年他既之生活困难，谁想到他孩子又生病住院了。

他既之没有钱，又得给老人治病。

他既之生气，你又去惹他。

他既之心来难受，你又去提过去的事情！

4. 转折关系

山东大部分地区表示转折关系的说法都与普通话的用法相同，但也有个别地区差别较大。

（1）普通话的"虽然……但是"，聊城说"别看……还是"，寿光说"……罢来的，……"。例如：

聊城　别看收得不算好，粮食还是吃不清的吃（足够吃）。

寿光　他年纪大罢来的，很壮实。

我没去罢来的，事我都听说了。

（2）普通话的"……，反而/却……"，沂水话常说"……，打总子里……"。例如："帮了他那忙儿，打总子里还罪罪了他。"

（3）莱州话表示转折关系常用"处 A，还 B"的格式，这是一种普通话中所没有的用法，意思是"事实是 A，但是 B"。整个格式具有贬义，义在强调不应当 B。例如：

莱州　他处没有钱，还爱穷摆谱。

他处什么不是，还觉着个人了不起。

5. 条件关系

（1）表充足关系

"子个……就"，"但自……就"，"但仔……也"，"仔……就"，

"只是……就""自是……就""子要……就""是其……就"，
"自凡……就""记凡/凡议……（就）"等，用法与普通话的"只
要……就"相当。例如：

荣成　子个他知道了，没有个不说的叫儿。

潍坊　但自身体好点，这些活我就自己干。

寿光　自是打谱去，就得准备钱。

　　　他自凡说了，就一定能办到。

淄川　但仔是还有一点盼头，他也不会灰心丧气。

　　　仔好了病，咱就没有愁事儿了。

德州　只是他说俩，事儿就好办俩。

新泰　是其是个人，就不会袖手旁观。

沂水　子要大家伙儿里对你有意见，说明你当官儿当得了了。

　　　记凡知道的，我都和你说了。

　　　凡议是忙起秋来了，连觉也睡不全还。

（2）表必要条件

"离非（儿）……才""非儿……才""错故/错过……才""除
娄……才"（以上相当于普通话的"除非……才"），以及"蹭儿……"，
"马了……""错过……""错儿……"（以上相当于普通话的"除
非……否则"）等。例如：

牟平　离非儿天下雨，我才不去。

　　　错儿他能办成这件事儿，别人门儿也没有。

荣成　蹭他爹管，别人谁说他也不听。

　　　非儿你去叫，他才来。

长岛　错过这条船能去救，别的船都不行。

沂水　马了弄点儿好吃的哄着他，他就淘登。

曲阜　错过年间，他才回来。

聊城　错故下雨喽，我才不去。

枣庄　除娄天下雨，我才不去。

（3）表无条件

"无碍……"，"脆……也"，"任拘……"，"随……都"，"管……都/也"，"本管……都"等。例如：

临清　无碍刮风下雨从不迟到。

聊城　脆下多大，我也得去。

淄川　任拘咋劝，就是不听。

金乡　随谁当队长我都没意见。

曲阜　本管谁，都得遵守纪律。

沂水　管谁去，都白搭。

文登　管怎么说，他也不听。

6. 假设关系

（1）表假设与结果一致

"当发……也"，"几赶……就"，"搁着……"，"……着/可，……"等。例如：

荣成　他当发有点儿志气，也不至于像现今一样。

沂水　搁着那着，早叫社员砸煞了。

临沂　几赶等你走到，天恐怕就黑了。

淄川　天不下雨着，我早来了。

济南　天不下雨可，我早来了。

（2）表假设与结果相背

"马非儿……也"，"但是[s₁˙]……也不"，"就……也"等。例如：

聊城　马非儿砸锅卖铁，也得跟他干。

　　　但是有一点儿法儿，也不来求你。

淄川　你就去了，也不顶用。

　　　你就累煞，他也不心疼。

（3）山东东部广大地区以及中部的淄川、临沂等地方言中，有一种表示假设关系的独特说法，如"不着……就"，"不教……就"等，是从反面对原因立设，从而强调了原因对所产生的结果的重要影响，意思是"如果不是因为……就"。这种用法在普通话中没有相对应的关联词语。例如：

> 牟平　不着他接着，碗就掉儿地下了。
>
> 长岛　不着他扶着我，我就磕儿那去了。
>
> 龙口　不教碰上你，我就糟了。
>
> 临沂　不着天不好，我就去了。
>
> 淄川　不着这场雨，庄稼非减产不行。

7. 因果关系

（1）表说明因果关系

"用故……才"，"得为……"，"拥翁……"等。例如：

> 聊城　用故下雨，他才没来。
>
> 新泰　得为提了个意见，他常常穿小鞋儿。
>
> 金乡　两口子拥翁一点小事儿，就开火儿。

（2）表推论因果关系

"自凡……就"，"已然……就"，"即便……就"等。例如：

> 德州　你自凡说啊，就得照说的去做。
>
> 临清　自凡说啦就得去办。
>
> 寿光　你已然来了，就别走了。
>
> 牟平　即便你已经知道了，我就不重复了。

九、紧缩复句

山东方言中的紧缩复句，也有一些特殊格式，这些格式结构短小，很少使用关联词语，但表义丰富。特点较为突出的格式主要有三种：

（一）"Ｖ Ｖ＋不 Ｖ Ａ"式

这种格式在山东地区的分布比较广，诸如荣成、龙口、潍坊、济南、莱芜、临沂、济宁、金乡等地的方言中都有这种说法。例如：

> 金乡　你去去不去算完。你去就去，不去就算了。
>
> 　　　干干不干叫他回去。他干就干，要不干就叫他回去。
>
> 　　　吃吃不吃拉倒。要吃就吃，不吃就拉倒。
>
> 　　　想来来不想来不来想来就来，不想来就不来，那能中？
>
> 　　　睡睡不睡出去！要睡就睡，不睡就出去！

提提不提随他吧。提拔就提拔,不提拔就拉倒,随他去吧。

学学不学回家种地去!要学就好好学,不好好学就回家种地去!

(二)"能愿(或表心理)动词＋V＋不 V"式

山东各地普遍都有这种说法,其中尤以"爱 V 不 V","愿 V 不 V","戴/待 V 不 V"的说法为多。例如:

金乡　我戴说不说。我喜欢说就说,不喜欢说就不说。

　　　你愿吃不吃。你喜欢吃就吃,不喜欢吃就算了。

　　　他爱来不来。他愿意来就来,不愿意来就算了。

(三)"能愿(或表心理)动词 V V 吧"式

这种格式用并列的两个动词分别表示假设关系的条件和结果,意思是"如果＋能愿(或表心理)动词 V,就 V 吧"。这种格式也是山东方言中一种常见的说法。例如:

莱州　他待走走吧。他要走就走吧。

　　　他待去去吧。他要去就去吧。

　　　他要拿拿去吧。他要是想拿就让他拿去吧。

　　　他唱唱吧。他愿意唱就让他唱吧。

　　　他爱看看吧。他如果愿意看就让他看吧。

思考与练习

1. 你了解自己方言的词汇和语法特点吗? 请列举其中几种主要的说法,并说明它们与普通话说法的不同。

2. 找出下列每组词中的普通话说法。

(1)日里　　日时　　白天　　日头

(2)去年　　头年　　上年

(3)过午　　过晌　　下午　　后晌

(4)爹　　爸爸　　爷　　大大

(5)玉米　　棒槌　　棒子　　老玉米

(6)电棒子　手灯　　手电筒

3. 找出下列每组词语中的普通话说法。

(1)雪白　　雪白白　　雪雪白

(2)大方　　　　大大方　　　　大大方方
(3)认真　　　　认认真　　　　认认真真
(4)普通　　　　普普通　　　　普普通通
(5)清白　　　　清清白白　　　　清白清白
(6)喷喷香　　　喷香香　　　　香喷喷

4.写出下列名词与量词的正确组合。

量词：把　部　场　副　根　座

名词：雨　雪　塔　山　锁　电影　竹竿　电线　工厂
　　　　住宅　菜刀　剪刀　钥匙　著作　手套　眼镜　绳子

5.找出下列每组句子中的普通话说法。

(1)他比我高。

　　他高起我。

　　他高过我。

(2)他不跟我跑得快。

　　他不如我跑得快。

　　他赶不上我跑得快。

(3)你吃饭没吃饭？

　　你吃饭了啊没？

　　你是没吃饭？

(4)这花香啊不？

　　这花香不香？

　　这花是不香？

(5)他聪明不聪明？

　　他聪聪明？

　　他聪不聪明？

(6)他做事认不认真？

　　他做事认认真？

　　他做事认真不认真？

第八章　普通话水平测试指导

第一节　普通话测试内容及试卷

一、普通话水平测试简介

(一)测试的名称、性质、方式

本测试定名为"普通话水平测试"(PUTONGHUA SHUIPING CESHI，缩写为 PSC)。

普通话水平测试测查应试人的普通话规范程度、熟练程度，认定其普通话水平等级，属于标准参照性考试。普通话水平测试以口试方式进行。

(二)测试的内容和范围

普通话水平测试的内容包括普通话语音、词汇和语法。

普通话水平测试的范围是国家测试机构编制的《普通话水平测试用普通话词语表》《普通话水平测试用普通话与方言词语对照表》《普通话水平测试用普通话与方言常见语法差异对照表》《普通话水平测试用朗读作品》《普通话水平测试用话题》。

(三)试卷构成和评分

试卷包括四个组成部分，满分为 100 分。

1. 第一部分，读单音节字词(100 个音节，不含轻声、儿化音节)，限时 3.5 分钟，共 10 分。

(1)目的：测查应试人声母、韵母、声调读音的标准程度。

（2）要求：

①100 个音节中，70％选自《普通话水平测试用普通话词语表》"表一"，30％选自"表二"。

②100 个音节中，每个声母出现次数一般不少于 3 次，每个韵母出现次数一般不少于 2 次，4 个声调出现次数大致均衡。

③音节的排列要避免同一测试要素连续出现。

（3）评分：

①语音错误，每个音节扣 0.1 分。

②语音缺陷，每个音节扣 0.05 分。

③超时 1 分钟以内，扣 0.5 分；超时 1 分钟以上（含 1 分钟），扣 1 分。

2. 第二部分，读多音节词语（100 个音节），限时 2.5 分钟，共 20 分。

（1）目的：测查应试人声母、韵母、声调和变调、轻声、儿化读音的标准程度。

（2）要求：

①词语的 70％选自《普通话水平测试用普通话词语表》"表一"，30％选自"表二"。

②声母、韵母、声调出现的次数与读单音节字词的要求相同。

③上声与上声相连的词语不少于 3 个，上声与非上声相连的词语不少于 4 个，轻声不少于 3 个，儿化不少于 4 个（应为不同的儿化韵母）。

④词语的排列要避免同一测试要素连续出现。

（3）评分：

①语音错误，每个音节扣 0.2 分。

②语音缺陷，每个音节扣 0.1 分。

③超时 1 分钟以内，扣 0.5 分；超时 1 分钟以上（含 1 分钟），扣 1 分。

3. 第三部分，朗读短文（1篇，400个音节），限时4分钟，共30分。

（1）目的：测查应试人使用普通话朗读书面作品的水平。在测查声母、韵母、声调读音标准程度的同时，重点测查连读音变、停连、语调以及流畅程度。

（2）要求：

①短文从《普通话水平测试用朗读作品》中选取。

②评分以朗读作品的前400个音节（不含标点符号和括注的音节）为限。

（3）评分：

①每错1个音节，扣0.1分；漏读或增读1个音节，扣0.1分。

②声母或韵母的系统性语音缺陷，视程度扣0.5分、1分。

③语调偏误，视程度扣0.5分、1分、2分。

④停连不当，视程度扣0.5分、1分、2分。

⑤朗读不流畅（包括回读），视程度扣0.5分、1分、2分。

⑥超时扣1分。

4. 第四部分，命题说话，限时3分钟，共40分。

（1）目的：测查应试人在无文字凭借的情况下说普通话的水平，重点测查语音标准程度、词汇语法规范程度和自然流畅程度。

（2）要求：

①说话话题从《普通话水平测试用话题》中选取，由应试人从给定的两个话题中选定1个话题，连续说一段话。

②应试人单向说话。如发现应试人有明显背稿、离题、说话难以继续等表现时，主试人应及时提示或引导。

（3）评分：

①语音标准程度，共25分，分六档：

一档：语音标准，或极少有失误，扣0分、1分、2分。

二档：语音错误在 10 次以下，有方音但不明显，扣 3 分、4 分。

三档：语音错误在 10 次以下，但方音比较明显；或语音错误在 10～15 次之间，有方音但不明显，扣 5 分、6 分。

四档：语音错误在 10～15 次之间，方音比较明显，扣 7 分、8 分。

五档：语音错误超过 15 次，方音明显，扣 9 分、10 分、11 分。

六档：语音错误多，方音重，扣 12 分、13 分、14 分。

②词汇语法规范程度，共 10 分，分三档：

一档：词汇、语法规范，扣 0 分。

二档：词汇、语法偶有不规范的情况，扣 1 分、2 分。

三档：词汇、语法屡有不规范的情况，扣 3 分、4 分。

③自然流畅程度，共 5 分，分三档：

一档：语言自然流畅，扣 0 分。

二档：语言基本流畅，口语化较差，有背稿子的表现，扣 0.5 分、1 分。

三档：语言不连贯，语调生硬，扣 2 分、3 分。

说话不足 3 分钟，酌情扣分：缺时 1 分钟以内（含 1 分钟），扣 1 分、2 分、3 分；缺时 1 分钟以上，扣 4 分、5 分、6 分；说话不满 30 秒（含 30 秒），本测试项成绩计为 0 分。

二、普通话水平测试等级标准

一级

甲等　朗读和自由交谈时，语音标准，语汇、语法正确无误，语调自然，表达流畅。测试总失分率在 3% 以内。

乙等　朗读和自由交谈时，语音标准，语汇、语法正确无误，语调自然，表达流畅。偶有字音、字调失误。测试总失分率在 8% 以内。

二级

甲等　朗读和自由交谈时，声韵调发音基本标准，语调自然，表达流畅。少数难点音（平翘舌音、前后鼻尾音、边鼻音等）有时出现失误。语汇、语法极少有误。测试总失分率在13％以内。

乙等　朗读和自由交谈时，个别调值不准，声韵母发音有不到位现象。难点音较多（平翘舌音、前后鼻尾音、边鼻音、fu-hu、z-zh-j、送气不送气、i-ü不分、保留浊塞音、浊塞擦音、丢介音、复韵母单音化等），失误较多。方言语调不明显，有使用方言词、方言语法的情况。测试总失分率在20％以内。

三级

甲等　朗读和自由交谈时，声韵母发音失误较多，难点音超出常见范围，声调调值多不准。方言语调明显。语汇、语法有失误。测试总失分率在30％以内。

乙等　朗读和自由交谈时，声韵调发音失误多，方音特征突出。方言语调明显。语汇、语法失误较多。外地人听其谈话有听不懂的情况。测试总失分率在40％以内。

三、普通话水平测试样卷

（一）读单音节字词100个

白	草	帘	踹	杳	矮	铡	抹	定	惹	从	初	枚	羹
两	滴	日	刮	台	苤	便	挑	俯	捐	卡	鳃	溺	驴
滚	邹	嫩	剽	却	需	晕	扎	翁	痣	此	节	化	粉
播	逛	悔	君	泗	戎	窘	浊	死	肠	生	快	而	卡
聘	赏	晕	穷	考	累	佳	荫	选	句	托	枕	涩	轴
迷	宋	盘	风	氮	鸣	朱	肉	墙	管	丢	学	躲	割
菩	吨	晃	亏	您	探	曾	鹤	吵	凑	迄	涮	跌	鹿
逮	浓												

（二）读双音节词语50个

窘迫	枕头	纳闷儿	风俗	处暑	稀薄	飞行

赔偿	逆耳	女人	勉强	宣传	作品	发表
熊猫	拈阄儿	汪洋	国家	全部	所得	财主
天下	饱嗝儿	审美	率领	吃亏	使唤	皇帝
描写	四方	顺嘴	谋求	摆摊儿	掸子	快乐
跨栏	恢复	虽然	军队	阶层	惨剧	党旗
抓紧	决心	社论	缺口	关照	莲蓬	繁荣
群众						

（三）朗读

我读着海，从浅海读到深海，从海面读到海底——我神往的世界。但我困惑了，在我的视线未能穿透的海底，伟大书籍最深的层次，有我读不懂的大深奥。

我知道许多智勇双全的科学家、工程师和探险家也在读着深海，他们的眼光像一团炬火，越过黑色的深渊去照明海底的黄昏。全人类都在读海，世界皱着眉头在钻研着海的学问。海底的水晶宫在哪里？海底的大森林在哪里？海底火山与石油的故乡在哪里？古生代里怎样开始生物繁衍的故事？寒武纪发生过怎样惊天动地的浮沉与沧桑？奥陶纪和志留纪发生过怎样扣人心扉的生存与死灭？海里有机界的演化有过怎样波澜壮阔的革命的飞跃？

我读着我不懂的深奥，于是，在花间的岩石上，我对着浪花，发出一串串的海问。我知道人类一旦解开了海迷，读懂这不朽的书卷，开拓这伟大的存在，人类将有更伟大的生活，世界将三倍地富有。

我有我读不懂的大深奥，然而，我知道今天的海，是曾经化为桑田的海，是曾被圆锥形动物统治过的海，是曾经被凶猛的海蛇和海龙霸占过的海。而今天，这寒荒的波涛世界变成了另一个繁忙的人世间，我读着海，读着眼前驰骋的七彩风帆，读着威武的舰队，读着层楼似的庞大轮船，读着海滩上那些红白相间的帐篷，读着沙地上沐浴着阳光的男人与女人，我相信，二十年后的海，又会是另一种壮观，另一种七彩，另一种海与人的和谐世界。

伟大的书籍，你时时在更新，在丰富，在进化。我曾经千百次地思索，大海，你为什么能够终古长新，为什么能够有这样永远不会消失的气魄。而今天，我懂了：因为你自身是强大的，健康的，是倔强地流动着的。

（节选自刘再复《读沧海》）

（四）说话（任选一个题目说 3～4 分钟）

1. 我的家乡
2. 谈环境保护

第二节　普通话测试过程有关规定

一、普通话水平测试规程

［报名］

1. 申请接受普通话水平测试（以下简称测试）的人员，持有效身份证件在指定测试机构报名（亦可由所在单位集体报名）。

2. 接受报名的测试机构负责安排测试的时间和地点。

［考场］

3. 测试机构负责安排考场。每个考场应有专人负责。考场应具备测试室、备测室、候测室以及必要的工作条件，整洁肃静，标志明显，在醒目处应张贴应试须知事项。

4. 每间测试室只能安排 1 个测试组进行测试，每个测试组配备测试员 2～3 人，每组日测试量以不超过 30 人次为宜。

［试卷］

5. 试卷由国家语言文字工作部门指定的测试题库提供。

6. 试卷由专人负责，各环节经手人均应签字。

7. 试卷为一次性使用，按照考场预定人数封装。严格保管多余试卷。

8. 当日测试结束后，测试员应回收和清点试卷，统一封存或销毁。

［测试］

9. 测试员和考场工作人员佩戴印有姓名、编号和本人照片的胸卡，认真履行职责。

10. 应试人持准考证和有效身份证件按时到达指定考场，经查验无误后，按顺序抽取考题备测。应试人备测时间应不少于 10 分钟。

11. 执行测试时，测试室内只允许 1 名应试人在场。

12. 测试员对应试人身份核对无误后，引导应试人进入测试程序。

13. 测试全程录音。完整的测试录音包括：姓名、考号、单位以及全部测试内容。录音应声音清晰，音量适中，以利复查。

14. 测试录音标签应写明考场、测试组别、应试人姓名、测试日期、录音人签名等项内容；录音内容应与标签相符。

15. 测试员评分记录使用钢笔或签字笔，符号清晰、明了，填写应试人成绩及登记应准确（测试最后成绩均保留一位小数）。

16. 测试结束时，测试员应及时收回应试人使用的试卷。

17. 同组测试员对一应试人的评定成绩出现等差时由该测试组复议，出现级差时由考场负责人主持再议。

18. 测试评分记录表和应试人成绩单均签署测试员全名和测试日期。

19. 测试结束，考场负责人填写测试情况记录。

［质量检查］

20. 省级测试机构应对下级测试机构测试过程进行巡视。

21. 检查测试质量主要采取抽查复听测试录音的方式。抽查比例由省级测试机构确定。

22. 测试的一级甲等成绩由国家测试机构复审，一级乙等成绩由省级测试机构复审。

23. 复审应填写复审意见。复审意见应表述清楚、具体、规范，有复审者签名。

24. 复审应在收到送审材料后的 30 个工作日内完成，并将书面复审意见反馈送审机构。

［等级证书］

25. 省级语言文字工作部门向测试成绩达到测试等级要求的应试人发放测试等级证书，加盖省级语言文字工作部门印章。

26. 经复审合格的一级甲等、一级乙等成绩应在登记证书上加盖复审机构印章。

［应试人档案］

27. 应试人档案包括：测试申请表、试题、测试录音、测试员评分记录、复审记录、成绩单等。

28. 应试人档案保存期不少于两年。

二、计算机辅助普通话水平测试操作规程(试行)

根据《普通话水平测试管理规定》(教育部令第 16 号)，结合计算机辅助普通话水平测试的特点和要求，制定本操作规程。

(一)考点

1. 考点设置的总体要求是：考场相对封闭、布局合理、设施完善、整洁肃静、标志清晰，应在适当位置张贴《计算机辅助普通话水平测试考场规则》《计算机辅助普通话水平测试应试指南》。

2. 考点应设置考务办公室、候测室、备测室、测试室，具备宽带上网条件。测试用服务器、测试用电脑应预装国家普通话水平测试信息管理系统(以下简称"管理系统")软件。

3. 考务办公室负责相应的考务工作，须设在考点醒目位置。

4. 候测室供参加测试的人员（以下称"应试人"）等候测试用。候测室能容纳半天测试的 1/3 应试人数。

5. 备测室供应试人取得试卷、准备测试用。备测室须临近测试室，室内座位数应不少于测试用机位数，并为每位应试人备《普通话水平测试实施纲要》1 本。

6. 测试室供应试人测试用。专用测试室应有独立测试机位若干，测试机位应为 2 平方米以上独立空间，隔音效果良好，内置测试设备 1 套。利用常规教室或语音室作为测试室的，其室内各机位的间隔不得少于 3 米。

7. 考点应配备考点负责人、系统管理员和其他考务人员。考务人员须佩戴工作证进入考点执行测试，无证人员不得进入。

（二）报名

8. 普通话水平测试报名地点和时间应提前向社会公告。

9. 办理报名时须查验报名者有效身份证件，进行电子采像（或提交报名者近期照片），登记相关信息并配发《普通话水平测试准考证》。

对代他人办理报名手续者，除查验报名者有效身份证件外，还需查验代办者的有效身份证件并记录相关信息。

（三）组织流程

10. 测试站负责人应至少提前 10 个工作日向省级测试机构提交测试申请。申请内容应包括测试时间、地点、人数、机位数及应试人信息，按照省级测试机构批复的计划组织考试。

11. 测试结束后，系统管理员应按要求填写测试情况记录，并向省级测试机构报送测试信息和数据。

（四）测试流程

12. 在应试人报到时应核对应试人身份，引导应试人进入候测室，并提示应试人了解应试过程操作和遵守《考场规则》。

13. 按照编组顺序引导应试人进入备测室，随机分配（或由应试人抽取）试卷后开始测试准备，备测时间为 15 分钟。

14. 安排应试人在相应的机位顺序测试，每个测试机位只允许 1 人应试。

15. 测试结束，检查应试现场，确认无问题后允许应试人离开测试室。

（五）试卷

16. 测试试卷由《国家普通话水平测试题库》提供。

17. 试卷由专人负责，做好保密工作。测试使用的纸质试卷，使用后应及时销毁，不得泄露、外传。计算机内试卷应按照国家《计算机信息系统国际互联网保密管理规定》的要求进行管理。

(六)成绩评定

18. 评定测试成绩，应严格按照《普通话水平测试大纲》和省级测试实施机构制定，并经国家测试机构审订的《普通话水平测试评分细则》执行。

19. 试卷的"读单音节字词""读多音节词语"和"朗读短文"测试项，由计算机辅助普通话水平测试评分系统(以下简称"辅评系统")评定。

20. 试卷的"选择判断"和"说话"测试项，由省级测试机构通过管理系统分配至 2 名测试员审听评分。

21. 测试各项得分通过辅评系统合成，合成后的分数为应试人测试初始成绩。在一级乙等以下(含一级乙等)范围的初始成绩，经省级测试机构审核通过后，确认为最终成绩。在一级甲等范围内的初始成绩，须经省级测试机构上报，由国家测试机构组织复审确认。

(七)证书

22.《普通话水平测试等级证书》(以下简称"《证书》")由国家语言文字工作部门统一印制。

23. 省级语言文字工作机构为应试人(包括未入级者)颁发《证书》。一级甲等成绩的《证书》，由国家测试机构加盖复审印章后，交省级语言文字工作机构颁发。

24. 省级测试机构应按规定为因《证书》遗失、损毁而提出申请者补办证书。

(八)档案管理

25. 测试档案由省级测试机构负责管理。

测试档案包括文书档案和电子档案。文书档案包括报名表、第三项"选择判断"和第五项"说话"评分记录表、复审记录表、应试人成绩单、证书签收单等。电子档案包括完整的应试人个人信息、测试录音和试卷。文书档案保存期不少于两年；电子档案在线保存不少于 6 个月，并通过备份永久保留。

（九）附则

26. 本规程自颁发之日执行。

三、计算机辅助普通话水平测试应试指南

（一）佩戴耳机

1. 应试人就座后请戴上耳机（麦克风戴在左耳一侧），并将话筒置于口腔前方。

2. 戴好耳机后点击"下一步"按钮。

（二）应试人登录

1. 正确输入准考证编号。输入后，单击"进入"按钮继续。

2. 如果输入有误，单击"修改"按钮重新输入。

（三）核对信息

1. 应试人请仔细核对个人信息。

2. 如信息正确，请单击"确认"按钮继续。

3. 如信息有误，请单击"返回"按钮重新登录。

（四）确认试卷

（五）应试人试音

1. 应试人请根据系统提示要求进行试音。

2. 应试人请用适当的音量将页面呈现的句子朗读一遍。

3. 如试音顺利，系统会出现"试音结束"的对话框。请点击"确认"按钮，进入下一程序。

（六）开始测试

特别提示：

1. 普通话水平测试共有 4 个测试项，每个测试项开始时都有一段语言提示，语言提示结束会发出"嘟"的结束提示音，这时，应试人才可以开始测试。

2. 测试过程中，应试人应做到吐字清晰，语速适中，音量与

试音时保持一致。

3. 测试过程中，应试人应根据屏幕下方时间提示条的提示，注意掌握时间。

4. 如某项测试结束，应试人可单击屏幕右下方"下一题"按钮，进入下一项测试。如某项测试规定的时间用完，系统会自动进入下一项试题。

5. 测试过程中，应试人不能说该测试项之外的其他内容，以免影响评分。

（七）结束测试

1. 提交试卷后，请应试人点击屏幕中央的"确定"按钮，结束测试。

2. 应试人摘下耳机放在桌上，经工作人员确认后请及时离开测试室。

测试过程中，如有问题，应试人应举手示意，请工作人员予以解决。

第三节　测试指导

一、读单音节字词 100 个

（一）总体要求

这一部分要读 100 个音节的字或词，不含轻声、儿化音节。限时 3.5 分钟，共 10 分。

测试目的是考查应试者声母、韵母、声调的发音及标准程度。

（二）评分情况

此项成绩占总分的 10%，即 10 分。读错一个字的声母、韵母或声调扣 0.1 分。读音有缺陷每个字扣 0.05 分。一个字允许读两遍，即应试者发觉第一次读音有口误时可以改读，按第二次读音评判。

限时为 3 分钟。超时要扣分。如果超时为 3～4 分钟，扣 0.5 分，超时为 4 分钟以上扣 0.8 分。

(三) 测试指导

单音节字词虽然所占分值不高，只占 10 分，但它将直接影响应试者水平等级的确定，如果扣分达到一分，就不能进入一级。而且读音有缺陷只在这一部分和第二部分"读双音节词语"两项记评，两项里都有同样问题的，两项分别都扣分。因此，不可掉以轻心。

1. 注意字词朗读顺序

由于普通话测试全部实行机测，待录音完毕后，前三题的分数电脑自动打分，只有第四题需要人工评分。所以在这一部分以及后面的电脑打分部分，均要按照要求横向朗读，不能随意更改顺序，也不能漏读。否则，电脑无法识别，就会按语音错误处理。遇到多音字可以任意读一发音。如"槛"，可以读[kǎn]，也可以读[jiàn]，但是不能两个音都读。遇到生僻字，不妨"不懂装懂，大胆去蒙"，在录音时不要出现"这个不会读"之类的无效语料。

2. 准确读出每个字的声母、韵母和声调

3. 把握好节奏

如果读得太快，字与字之间没有间隙，就会影响整个音节读音的准确、到位，从而造成语音缺陷。特别是使用机测时，打分软件的识别能力有限，更需要把每个字咬准。如果读得太慢，一旦超时就要扣分。特别在机测时，到了规定时间，系统就会自动停止此题的录音。

二、读双音节词语 50 个

(一) 总体要求

这一部分要读 50 个双音节词语(共 100 个音节)，限时 2.5 分钟，共 20 分。

测试目的除考查应试者声母、韵母和声调的发音外，还要考查变调、儿化韵和轻声的读音及标准程度。

(二) 评分情况

此项成绩占总分的 20%，即 20 分。读错一个音节的声母、韵母或声调扣 0.2 分。读音有明显缺陷每次扣 0.1 分。读音有缺陷所指的除跟第 1 项内所述相同的以外，儿化韵读音明显不合要求的也视为读音有缺陷。

限时为 3 分钟。超时要扣分。如果超时为 3～4 分钟，扣 1 分，超时为 4 分钟以上扣 1.6 分。

(三)常见错误

读双音节字词的问题除了前面所说的读音缺陷与读音错误之外，主要集中于变调、轻声和儿化等方面。某些应试者缺乏变调的自觉意识，因此，经常导致在变调方面失分。另外，淄博、莱芜以及临沂部分地区的有些应试者则不太会读轻声和儿化。有些应试者不了解"儿"只是一个卷舌动作，往往会把"儿"读出来。

同时，多音字的读音也存在一定的问题。很多应试者对不同语境中多音字的读音掌握得不准确，经常出现读音错误的现象，如"模(mó)型"中的"模"错读为"mú"，"强(qiǎng)迫"中的"强"错读为"qiáng"，"蒙(méng)蔽"中的"蒙"错读为"mēng"，"给(jǐ)予"中的"给"错读为"gěi"，"塞(sè)责"中的"塞"错读为"sāi"，"矿藏(zàng)"中的"藏"错读为"cáng"，"稀薄(bó)"中的"薄"错读为"báo"，"旦角(jué)儿"中的"角"错读为"jiǎo"等等。有些词语的读音错误也带有一定的共性，例如"勉强"中的"强"应为上声错读为阳平，"怪癖"中的"癖"应为上声错读为去声，"挫折"中的"挫"应为去声错读为阴平，"脑髓"中的"髓"应为上声错读为去声，"自焚"中的"焚"应为阳平错读为上声，"权宜"中的"权"应为阳平错读为上声，"掠夺"中的"掠"应为去声错读为上声，"质量"中的"质"应为去声错读为上声，"细菌"中的"菌"应为阴平错读为上声，"档次"中的"档"应为去声，错读为上声，"享用"中的"享"应为上声错读为阳平，"琼脂"中的"脂"应为阴平错读为上声，"比拟"中的"拟"应为上声错读为去声，"憎恨"中的"憎"应为阴平错读为去声，"热敷"中的"敷"应为阴平错读为阳平，"绰号"中的"绰"应为去声错读为阴平，等等。还有一类是词语读音错误，如"谄媚"中的"谄"错读为"xiàn"，

"黄芪"中的"芪"错读为"shì"或"zhǐ","酗酒"中的"酗"错读为"xiōng",等等。

(四)测试指导

这一部分允许读两遍,第一遍错误时可以再读一遍。应试者要注意,一、二两项测试,其中有一项或两项分别失分在10%的,即第一题失分1分,或第二题失分2分即判定应试者的普通话水平不能进入一级。应试者有较为明显的语音缺陷的,即使总分达到一级甲等也要降等,评定为一级乙等。这一部分要求读"双音节词语50个",虽然音节数量较第一题没有增加,但分值增加到20分,翻了一倍。同时双音节词语的考查项目比第一题有所增加,在朗读时要格外加以注意。

1. 注意变调、儿化的正确发音

2. 注意分辨轻声词与非轻声词

3. 了解双音节词语的轻重音格式

有些词语发音时要前重后轻,如"下巴""朋友"等;有些词语发音时要前重后中,如"艺术""素质""盼望"等;有些词语发音时要前中后重,如"新闻""阳光"等。如果不注意词语的轻重音格式,语音状态会显得僵硬,缺乏良好的语感。普通话水平等级越高,轻重音格式的影响越大。

4. 注意连读并了解多音字读音

双音节词语的两个音节若不连读,就没有轻重音之分。两个音节间的停顿时间若与读下一词的间隔时间相同,就好像变成了读单音节字词。所以要注意连读技巧。同时要了解多音字在不同语境中发音是不一样的,例如"说",在"说服"中读"shuō",在"游说""说客"中读"shuì",不了解这些读音就会出现错误。这需要在平时多留心、多记忆,以便提高普通话水平。

三、朗读测试指导

(一)朗读概说

朗读,是把文字作品转化为有声语言的创作活动,也就是朗读者在理解作品的基础上用自己的语音塑造形象，反映生活，说明道理，再现作者思想感情的再创造过程。在普通话水平等级测试中，朗读是对应试者普通话运用能力的一种综合检测形式。

朗读在许多领域都发挥着它独特的作用。朗读是帮助我们理解和欣赏作品的有效方式，是宣传教育的有力工具。朗读有利于深入体味文字作品，有利于提高语言表达能力，有利于提高文学鉴赏力，有利于发挥语言的感染力，朗读是一种崇高的精神享受。同时，作品中优美规范的词语和格式以及语法、修辞、逻辑等规律也会在潜移默化中影响到朗读者，丰富朗读者的语言实践。经过长期锻炼，朗读者的口头表达能力也会逐步提高，能够准确、流畅、生动地表达思想感情。

（二）朗读的基本要求

1. 用普通话语音朗读

普通话朗读是一门学问。它除了要求应试者忠于作品原貌，不添字、漏字、改字外，还要求朗读时在声母、韵母、声调、轻声、儿化、音变以及语句的表达方式等方面都符合普通话语音的规范。

（1）注意普通话和自己方言在语音上的差异。

（2）注意多音多义字的读音。

（3）避免由字形相近或由偏旁类推引起的误读。

（4）注意异读词的读音。1985年，国家公布了《普通话异读词审音表》，普通话异读词的读音、标音，均以这个新的审音表为准。

2. 把握作品的基调

因为作品的基调是一个整体概念，是层次、段落、语句中具体思想感情的综合表露。要把握好基调，必须深入分析、理解作品的思想内容，力求从作品的体裁、主题、结构、语言以及综合各种要素而形成的风格等方面入手，进行认真、充分和有效的解析，在此基础上，朗读者才能从作品的思想内容出发，把握住基调。

3. 准确、流畅、传情

"朗读短文"目的是测查应试人使用普通话朗读书面作品的水

平。不但要测查应试人的声母、韵母、声调发音标准度，还要测查应试人的音变、停连、语调掌握程度及语流顺畅程度。朗读作品需做到"准确、流畅、传情"。

（1）准确

"准确"是贯穿作品朗读全过程的要求，它至少包含三方面的内容：既指每个字发音的准确，又指语流音变发音准确，还指多音节词的轻重格式发音准确。一个音节的声母、韵母、声调发标准了，该音节才有可能发标准。

朗读作品，若缺乏词的轻重音格式意识，朗读语流会显得生硬而不自然。普通话以双音词为主，掌握双音词的轻重音格式，并付诸发音实践，词的轻重音格式发音准确问题就能得到解决。

（2）流畅

"流畅"是朗读作品的表意需要，主要是针对语流而言，涉及语速、停顿、节奏等内容。

语速太快或太慢，包括出现与文旨无关的忽快忽慢，都是朗读不流畅的表现。实践证明，朗读语速控制在每分钟 200～260 字之间比较适宜。

朗读中停顿处理得好，可有效控制语速。影响流畅的停顿主要指语法停顿，语法停顿有句读停顿和结构停顿的区别。

节奏是指语言的音乐性，节奏和谐的朗读一定是流畅的朗读。朗读作品出现添字、漏字、回读等问题，也属于不流畅。

（3）传情

"准确"是朗读作品的基本要求，"流畅"是"传情"的重要前提，"传情"则是作品朗读的最高境界。朗读作品的原则是忠于作品。要忠于作品，朗读前必须熟悉和理解作品，要从作品的体裁、内容、主题、结构、语言等方面入手，充分解剖作品，对作品形成强烈而完整的认同感，使作品的思想转化为朗读者自己的思想，使作品的情感转化为朗读者自己的情感。对作品有了如此认知，就可以为作品定下亲切而真挚的朗读基调，然后在朗读基调统领下，采用舒缓真切的语气、朴实平和的语调，将作品内容娓娓道出，去感染听众，以达到"传情"的目的。

熟悉和理解作品是"传情"的必要前提，落实"传情"还需要具体手段。"传情"手段主要指朗读技巧。朗读技巧是一个系统，非常庞杂，它包括基调、语气、语势、语速、句调、停顿、重音、节奏等内容。

（三）朗读的基本技巧

1. 停顿

朗读时，有些句子较短，按书面标点停顿就可以。有些句子较长，结构也较复杂，句中虽没有标点符号，但为了表达清楚意思，中途也要作些短暂的停顿。但如果停顿不当就会破坏句子的结构，这就叫读破句。朗读测试中忌读破句，停连不当要适度扣分，应试者要格外注意。

停顿有几种类型：

（1）标点符号停顿。标点符号停顿的规律一般是：句号、问号、感叹号、省略号停顿略长于分号、破折号、连接号；分号、破折号、连接号的停顿时间又长于逗号、冒号；逗号、冒号的停顿时间又长于顿号、间隔号。另外，作品的段落之间，停顿的时间要比一般的句号时间长些。以上停顿，也不是绝对的。

（2）语法停顿。语法停顿是句子中间的自然停顿。它往往是为了强调、突出句子中的某个成分而做的短暂停顿。学习语法有助于我们在朗读中正确地停顿断句，不读破句，正确地表达作品的思想内容。

（3）感情停顿。感情停顿不受书面标点和句子语法关系的制约，完全是根据感情或心理的需要而作的停顿处理，它受感情支配，根据感情的需要决定停与不停。它的特点是声断而情不断，也就是声断情连。

2. 重音

重音是指那些在表情达意上起重要作用的字、词或短语在朗读时要加以强调的技巧。重音是通过声音的强调来突出意义的，能给色彩鲜明、形象生动的词增加分量。重音有以下几种情况：

（1）语法重音。语法重音是按语言习惯自然重读的音节。这些重读的音节大都是按照平时的语言规律确定的。一般来说，语法重音不带特别强调的色彩。例如：

盼望着，盼望着，东风来了，春天的脚步近了。（谓语重读）

可爱的小鸟和善良的水手成了朋友。（宾语重读）

我上小学的时候日子过得很苦。（补语重读）

（2）强调重音。强调重音不受语法制约，它是根据语句所要表达的重点决定的，它受应试者的意愿制约，在句子中的位置是不固定的。强调重音的作用在于揭示语言的内在涵义。由于表达目的不同，强调重音就会落在不同的词语上，所揭示的涵义也就不相同，表达的效果也不一样。例如：

没有一片绿叶，没有一缕炊烟，没有一粒泥土，没有一丝花香，只有水的世界，云的海洋。

夜色在笑语中渐渐沉落，朋友起身告辞，没有挽留，没有送别，甚至也没有问归期。

（3）感情重音。感情重音可以使朗读的作品色彩丰富，充满生气，有较强的感染力。感情重音大部分出现在表现内心节奏强烈、情绪激动的情况。例如：

在这幽美的夜色中，我踏着软绵绵的沙滩，沿着海边，慢慢地向前走去。海水，轻轻地抚摸着细软的沙滩，发出温柔的刷刷声。

那哀痛的日子，断断续续地持续了很久，爸爸妈妈也不知道如何安慰我。他们知道与其骗我说外祖母睡着了，还不如对我说实话：外祖母永远不会回来了。

3. 语速

应试者在朗读时，适当掌握朗读的快慢，可以体现作品的情绪和气氛，增强语言的表达效果。朗读的速度决定于作品的内容和体裁，其中内容是主要的。

（1）语速要求

根据内容掌握语速。朗读时的语速须与作品的情境相适应，根据作品的思想内容、故事情节、人物个性、环境背景、感情语气、语言特色来处理。当然，语速在一篇作品中并不是一成不变的，它要根据具体的内容有所变化。

根据体裁掌握语速。国家《普通话水平测试大纲》在选编朗读测试材料时，为了保证作品难易程度和评分标准的一致性，所选的 60 篇作品，记叙文所占比重较大。记叙文有记事和记言两种。一般来说，记事的作品要读得快些，记言的作品要读得慢些。

（2）语速与节奏

普通话测试作品朗读要求语速快慢合体，节奏鲜明。节奏包含的内容很多，如轻重缓急、抑扬顿挫、语流中的回环往复等。

制约语速的因素包括：第一，语速的快慢与文章的节奏类型密切相关。一般将文章的节奏类型区分为二调六型，即阳刚调和阴柔调，阳刚调含轻快、高亢、紧张三型，阴柔调含凝重、低沉、舒缓三型。阳刚调三型语速较快，阴柔调三型语速较慢。阳刚调三型的例文如《白杨礼赞》《国家荣誉感》等，阴柔调三型的例文如《小河》《济南的冬天》等。第二，语速的快慢与人物说话时的心境有关，一般是快乐、激怒、慌乱等心情激动时说得较快，而心情平静或沉重时则说得较慢。第三，语速与人物性格也有关，性格活泼开朗的人说话较快，性格内向沉稳的人说话较慢。细究起来，语速还与年龄、性别等有关。

一篇文章里往往包含几种不同的节奏类型，语速有快有慢，只是主次有别。这就涉及节奏变化带来的语速转换问题，转换得恰到好处才叫合体。我们举几个实例来分析一下这种转换（"//"处为语速转换点）。

①现在我要回家了，胸前佩戴着醒目的绿黑两色的解放十字绶带，上面挂着五六枚我终生难忘的勋章，肩上还佩戴着军官肩章。//到达旅馆时，没有一个人跟我打招呼。原来，我母亲在 3 年半以前就已经离开人间了。（作品《我的母亲独一无二》）

②我上小学的时候，日子过得很苦。学校是一座小土庙，破破

烂烂的，冬天里四面进风，学生们就常常冻了手脚。寒冷的早晨我们读着书，窗外亮亮的阳光一照，我们就急切地盼着下课了。//铃声一响，学生们蜂拥而出，跑进干冷的阳光里，一齐往中间挤，咬牙，弓腿，喊号子，挤掉了帽子是顾不及捡的，绷断了线做的腰带，也只能硬撑着，一来二去，身体就暖和起来，甚至冒出汗来。//这种游戏，我们叫挤油，天天要做的。（作品《挤油》）

例①属于欲抑先扬的写法，语速处理为先快后慢。前段为兴奋或欢娱的内容，属阳刚调型，形式上多用并列句式，且语气衔接很紧；而后段则表现突然发现或出现不如意的令人难过的情况，语速自然要慢下来，而且越来越慢，音色也越来越暗。

例②的情况则不同，属欲扬先抑，语速应处理成先慢后快。前段叙述的是不如意的环境或状况，语速应慢些；中段写一系列连贯、急切、欢娱的动作和状态，短句甚多，节奏颇紧，当然语速就快；后段一句作总结说明，语速又慢了些。

4. 语调

语调指语句里声音高低升降的变化，其中以结尾的升降变化最为重要，一般是与句子的语气紧密结合的。应试者在朗读时，如能注意语调的升降变化，语音就有了动听的腔调，听起来便具有音乐美，也就能够更细致地表达不同的思想感情。语调变化多端，主要有以下几种：

（1）高升调。高升调多在疑问句、反诘句、短促的命令句或者表示愤怒、紧张、警告、号召的句子里使用。朗读时，注意前低后高，语气上扬。

（2）降抑调。降抑调一般用在感叹句、祈使句或表示坚决、自信、赞扬、祝愿等感情的句子里。表达沉痛、悲愤的感情，一般也用这种语调。朗读时，注意调子逐渐由高降低，末字低而短。

（3）平直调。平直调一般多用在叙述、说明或表示迟疑、思索、冷淡、追忆、悼念等的句子里。朗读时始终平直舒缓，没有显著的高低变化。

（4）曲折调。曲折调用于表示特殊的感情，如讽刺、讥笑、夸张、强调、双关、特别惊异等句子里。朗读时由高而低后又高，把句子中某些特殊的音节特别加重、加高或拖长，形成一种升降曲折的变化。

5. 轻重格式

克服轻重格式的失误可从词、语、句三方面来把握。

（1）双音词的轻重格式把握

双音词的轻重格式与词的构造方式有很密切的关系。据统计，读中重格的双音词各结构方式所占比例从大到小依次为：动宾式＞主谓式＞前缀＋词根＞偏正式＞并列式＞补充式＞单纯词＞词根＋后缀。读重轻格或重中格的排序则完全相反。

在朗读短文时我们常能听到应试人把短文中的下列双音词读成重中格甚至重轻格，如"吃饭、赛跑、认真"等。可读为重轻格的动宾式双音词极少，常见的只有"恶心、点心、埋怨、抱怨"等少数几个。主谓式双音词的情况与动宾式基本相同，可读为重轻格的极少，轻声词表里只有"事情、月亮"两个。

"前缀＋词根"构造的双音词如"可爱、以前、相反、老师、阿姨"等，大多数都读中重格，只有"老实、老婆"等少数几个读重轻格。

偏正结构的双音词 70％以上读中重格，只有 20％多的词读重中格或重轻格。可读为重中格的组合形式有（每条均可类推）"一月、明年、春季、白色、不是、工业、动物、东方、优点、内科、利用、幻想"等。

并列结构的双音词读中重格或重中格的居多，占 80％以上。补充结构的双音词，读中重格的后一语素一般是表结果的动词或形容词性语素，如"组成、感动、学会、发现"等；读重中格的后一语素表动作的趋向等，如"张开、等到、提出"等。

"词根＋后缀"构成的双音词，多数读重轻格，少部分读中重格或重中格，读中重格的，常见后缀有"员、观、家、师、化、而"等。

（2）多音词语的轻重格式把握

三音词语的轻重格式有中中重、中轻重、中重中、中重轻、重中中、重轻轻等格式。其中，中中重格最为普遍，所占比重最大，朗读中常遇到的中外人物姓名就属于这种格式，如"华盛顿、毛泽东、周恩来"等。中轻重格的词语在结构上很有特点，很好判断，如"差不多、了不起、吃不下、用得着、走得快、怎么样、豆腐乳、阎王殿、九十九"等。中重中格的词语很少，但都很常用，如"不得不、第一次、第二名"等。中重轻格三字词语的构成也很有特点，一般是后两字本身是个轻声词，如"碰钉子、咬耳朵、打埋伏、胡萝卜、小家伙、手指头、老太太、不记得、为什么、打招呼、闹笑话、不在乎"等。重中中格的三字词语是形容词的生动形式 ABB 式，重音在词根上，后面产生变调的叠音后缀读音稍轻些，如"沉甸甸、绿油油、软绵绵"等。重轻轻格常见词语有"舍不得、巴不得、看起来、豁出去、什么的、怎么着"等。

四字词语绝大多数可读为中中中重格，对称性结构尤其如此；只有少量的读为中轻中重格和重轻中中格，主要是形容词的生动形式"AABB"式、"A 里 BC"式和"A 里 AB"式，如"大大方方、规规矩矩"，"叽里咕噜、稀里哗啦"，"糊里糊涂、慌里慌张"等。

（3）句子结构重音的把握

①主谓结构的重音

这里说的是简单的主谓结构形式，谓语部分由单个动词、形容词、名词等充当，后面没有宾语、补语，前面没有定语、状语，顶多后面有个动态助词。表示一般陈述时，重读的是谓语部分。例如：（在字词的左上角划"'"表重音）

我'来了。　　他'走了。　　她俩'好了。

只有当主语成为主要回答内容或需要特别强调和分辨时，才重读主语。例如：

'谁走了？'他走了。（问话内容）

'胆子大了，'修养却差了。（分辨）

ˈ红是红得很，却没有光亮。（强调、分辨）

②动宾结构的重音

动宾结构一般是重读宾语，而不是重读动词。例如：

看日ˈ出。　　起个ˈ大早。　　打开ˈ窗子。

打两个ˈ滚儿，踢几脚ˈ球，赛几趟ˈ跑。

但是，当宾语由人称代词充当时，应该重读动词，例如：

我不ˈ管它。

伸出小脑袋ˈ瞅瞅我。

他来ˈ帮助你。

群众ˈ需要我们。

③偏正结构的重音

偏正结构又分定中结构和状中结构两种。定中结构一般重读定语部分的中心词。例如：

ˈ新学期　　ˈ旧书包　　ˈ男同学　　ˈ十个人

小ˈ王的书　　ˈ吃的东西

状中结构也是重读状语的时候多。例如：

悄ˈ悄来　　默ˈ默地流泪　　ˈ轻放　　ˈ抢着发言

ˈ哭着说　　ˈ明天见　　ˈ屋里坐　　ˈ电话联系

但否定副词"不""没"作状语时应重读后面的中心语。例如：

不ˈ走　　不ˈ吃　　不ˈ行　　不ˈ好　　没ˈ说　　没ˈ好

④补充结构的重音

结果补语一般重读。例如：

学ˈ会　　拿ˈ走　　吃ˈ饱　　长ˈ大　　吃不ˈ下

听不ˈ懂

程度补语一般也重读。例如：

好ˈ极了　　暖和ˈ多了　　好得ˈ很

但也有中心语重读的例外，如：

难ˈ看死了　　ˈ热死了　　ˈ脏死了　　ˈ闷得慌

趋向补语一般不重读，前面的动词或形容词重读。例如：

'爬上去　　'跳起来　　'拿出来　　'滚出去　　'扔进来

'送回去　　'走过去

⑤疑问代词的重读问题

疑问代词表特指时不论作什么句子成分一般都重读。例如：

'哪儿也不如故乡好！你到'哪里去？'什么时候回家？'谁给他们医疗费？

但疑问代词表任指或虚指时不重读。例如：

像负了什么重'担似的

你总得'吃点儿什么吧。

句子重音的情况比较复杂，除了以上所说的这些语法重音外，还有所谓强调重音、语义重音等，需要朗读者认真琢磨要朗读的作品，才能准确把握。

（四）朗读作品综合分析

1. 朗读作品语言类型处理

作品语言的类型是多种多样的，这里根据普通话水平测试的实际需要，简要谈谈叙述语言、描写语言、议论语言、感叹语言、人物对话的朗读处理以及不同类型语言转换处理的基本技巧。

（1）各类语言的特点及朗读处理

①叙述语言一般是作品里的主体语言，所占比重最大。叙述语言的句子一般是陈述句，多由动词充当谓语中心。完成句一般用降调来处理，未完成句一般用升调来处理；完成句用"停"，未完成句用"延"。作品的节奏类型不同，叙述语言的语、速语势等也有明显的差异。试体会以下各句的细微差别：

读小学的时候，我的外祖母过世了。

在我依稀记事的时候，家中很穷，一个月难得吃上一次鱼肉。

小学的时候，有一次我们去海边远足，妈妈没有做便饭，给了我十块钱买午餐。

②描写语言的句子多为形容词谓语句或动词谓语句，有时还有成串的名词性非主谓句。朗读时一般应该用重音、停延等手段来突

出形容词谓语或形容词修饰语。试读以下各句：

小草偷偷地从土里钻出来，嫩嫩的，绿绿的。

瞧，它多美丽，娇巧的小嘴，啄理着绿色的羽毛，鸭子样的扁脚，呈现出春草的鹅黄。

她笑眯眯地看着我，短头发，脸圆圆的。

③议论语言多为复句或长句形式，且多用关联词语，讲求逻辑性。朗读时除了准确把握议论的口气，还要读出层次感。体会以下各句的读法：

你只看到两个人之间的异，却没有看到两个人之间的同：他们同样有反省和进取的精神。

当时，我心中只充满感激，而今天，当我自己也成了祖父的时候，突然领悟到他用心之良苦。

伟大的人之所以伟大，就在于他决不做逼人尊重的人所做出的那种倒人胃口的蠢事。

④感叹语言一般用感叹句，感叹句多带感叹语气词，句调为降调，句子一般不长。例如：

哪儿也不如故乡好！

呵！好大的雪啊！

这美丽的南国的树！

⑤人物对话实际上是多类型的，关键是要抓住人物的年龄、性别、性格、心情等特征，以准确的口气"说"出来。如《落花生》《迷途笛音》等朗读作品的对话就很值得琢磨。

(2)同类型语言之间的转换处理

语言类型的转换，大致包含两种：一是口气转换，指由叙述、描写转为感叹或议论，这种转换文章里常有，一般要用较长的停顿来实现这种转换。二是话体转换，指的是由叙述等语言类型转为人物对话，这是由"读"到"说"的转换。请体会以下各例：

他长着两条细弱的小腿，此刻这两条小腿却怎么都不听使唤，老是哆哆嗦嗦地……但两条腿的主人——小男孩想从马路登上人行道的愿望却十分强烈，而且信心十足。

打那以后，我悟出了一个道理：女人做了母亲，便喜欢吃鱼头了。

"哦，这倒是真的！"华盛顿说着，解开大衣纽扣……

2. 作品朗读综合分析示例

我们以《海上日出》为例做朗读综合分析，希望能起到举一反三的作用。分析符号及所处位置如下：'A—语法重音;"A—强调重音；A—轻声音节；∧—句中停顿；A~—延长，↗—升调；↘—降调；→—平调。语言类型、语速、情感等处理分析在相应句子后的括号里加以说明。

在船上~，↗为了看日'出~，↗我'特'地∧起个大'早。↘那时~天∧还没有'亮，↗周围是很寂'静的，→"只有机器房的声音。↘【此段说明事由，交待周围环境，属叙述类语言，语速整体较慢，心态平和。】

天空~变成了浅蓝'色~，↗'很浅~'很浅的；↘转眼间∧天边出现了一道红'霞，↗慢慢儿~扩大了它的范'围~，↗加强了它的光'亮。↘∧我知道~太阳要从那天际∧'升起来了，↗便~目不转睛地'望着那里。【本段第一句属于描写语言，重音停延都很明显，分号前较慢，分号后则较快些。第二句为叙述类语言，表示急切心情，停短气促，语速较快。注意几处音变："很浅、转眼"属上声变调，前字变为阳平调；"一道"的"一"念阳平调；趋向动"起来"用在动词后应念轻声。】

果然，'过了一会儿~，↗在那里~就出现了太阳的一小'半，↗红~是红得'很，↗却∧没有光亮。↘这太阳~像负着什么重'担似的，↗慢慢儿，↗一步一步地，努力向上面升起来，↗到了最后~，↗'终于冲破了云'霞，↗完全跳出了海'面。↘那颜色~，真红得可'爱。↘一刹那间~，↗这深'红的东西~，↗忽然发出'夺目的光亮，↗射得人~~眼睛发'痛，↘同时~附近的云也添了光'彩。↘【本段主体为描写语言，且语义转折颇多，快慢交错，缓急互现，朗读时要注意气息的合理运用。第一句前三个分句读得较快，后两个分句则较慢；第二句前三个分句较慢，分句间停延较长，后三个分句速较快，连接颇紧；第三句相当于感叹句，语速稍慢；第四句整体语速较快，较急促。文中"一"的变调依次为：阳平、去声、阳平、阳平、阳平。】

有时~太阳走入'云里~，↗它的光'线∧却∧仍从云里透'射下来，↗'直射到水'面上。↘这时候~，人∧要分辨出~何处是水，何处是天~，↗很不容'易，↘因为~，'只能够看见光'亮的一片。↘【第一句是描写语言，语速稍慢。第二句有些说明议论分析的意味，前四个分句较快，最后一个分句较慢些。】

有时~天边有黑'云~，↗而且~云片很'厚。↘太阳出来了，↗人~却不能够'看见它。↘然而~太阳在黑云里放射出光'芒，↗透过黑云的周围，↗替黑云镶了一道光'亮的金边，↗把一片片黑云~变成了紫云∧或∧红霞。↘"这时候~，↗光亮的~不'仅是太'阳∧'云∧和海'水，↗连我自己~也成了光'亮的了。↘【第一句与上段第一句并列，语速较慢。第二句语速也稍慢。第三句分句多，语速较快，节奏紧。第四句表示心情激动，节奏变化较大，前两个分句稍慢，最后一个分句语速快，声音高。】

这~不是'很伟大的奇'观么？↗【此句形为问句，实为感叹，音节着力，轻重分明，句调上扬。】

四、命题说话测试指导

(一)测试目的

这一部分目的是考查应试者在没有文字凭借的情况下，普通话的能力和所能达到的规范程度。测查应试者在无文字凭借的情况下说普通话的水平，重点测查语音标准程度、词汇语法规范程度和自然流畅程度。以单向说话为主，必要时辅以测评员和应试者的双向对话。单向对话为应试者根据抽签确定的话题，说话4分钟(不得少于3分钟，说满4分钟测评员应请应试者停止)。

（二）常见问题

命题说话是最能够展现应试者语言面貌的一个题目，如果平时基本不用普通话交流，那么在进行说话测试时其原初的语音面貌就会暴露无遗，尤其是方音语调，因此在这个题目上失分也就会十分严重。

1.“松”“紧”不当

说话时学生有两个倾向：（1）发音“紧张”，书面化形象严重。应试者考前准备某些现成的文字材料，测试时看到相似或相关题目，就开始背诵准备好的材料或刚刚阅读过的朗读材料，口语化较差。（2）过于“放松”，吐字不清楚，普通话韵味不足，语音面貌不美。

2.“话不对题”

有些应试者虽然对两个题目作出了明确选择，但表述的内容却是“话不对题”，东拉西扯，胡乱联系，心存侥幸，希望蒙混过关。

3. 时间不够

说话时间规定一般不少于 3 分钟，有的应试者实在无话可说，即使测评员进行适时引导，但还是不能继续下去。他们只好采取“拖字诀”，希望能够“拖”满 3 分钟，影响应试者的整个说话面貌。

4. 逻辑混乱

写文章需要遵循逻辑，即使是说话，也有一定的逻辑规律。但在具体的测试中，很多应试者在口语表述方面逻辑性较差，简直语无伦次，只有通过增加无效语料来思考，如“这个这个”“那个那个，嗯……”等。这反映了应试者逻辑思维的混乱，同时无效语料也会酌情扣分，影响测试成绩。

5.“网络调”与“港台腔”

由于绝大部分应试者是在校大学生，他们平时生活和交流中，受到网络流行词汇的影响比较大，因此，在面对说话这个题目时，也会不自觉地使用尚未进行规范和认定的网络词汇，形成“网络调”。有些应试者受到港台演艺人员表演的影视作品的影响，不辨雅正，一味模仿港台演艺人员说话的发音方式和腔调，而且将此视为时髦与前卫。

（三）测试指导

命题说话是测试的最后一项，在整个测试中分值最多，对测试等级的影响也最大。因此要格外重视。

1. 避免跑题，注意审题

审题分为两个步骤。第一步是弄清楚题目的类型。命题说话的类型大致分记叙和议论两大类。应试者首先要审阅确定自己的题目属于哪种类型。有些题目适合于记叙，如《难忘的朋友》《我的业余生活》《我和体育》等；有些题目适合于议论，如《我的愿望》《学习普通话的体会》《谈谈个人修养》等。如果题目属于记叙类型，就要依据题目要求确定主题，并围绕主题选择材料；如果是议论型题目，就要先确定中心观点，然后依据中心观点的要求选择论证角度和论证材料。当然，有些题目所属类型不太明显，这时应试者就要迅速做出选择，确定自己是倾向于以论说为主，还是倾向于以记叙为主。一般来说，如果不是特别擅长论说或论辩，选择以记叙为主较好控制。

审题的第二步是了解题意。可以划出题目的已知信息和问题，点出关键性词语，然后再进行构思并打腹稿。例如《谈谈个人修养》，关键词语是"个人修养"，可以从"当今社会强调弘扬个性，但也不能忽略个人修养"入手，围绕"个人修养有哪些内容"，"加强个人修养对社会对个人发展的益处"等来谈。审题过程中确定一个说话范围，形成一个主题。整个说话过程都要围绕这个主题来组织材料，把题目说深说透。

2. 列出提纲，合理选材

命题说话有一定的准备时间，应试者可以将要说的内容大体列出一个提纲，以便引导自己的思路。不过切忌背诵预先准备的短文，背稿子是要扣分的。列提纲的过程就是构思的过程，一般来讲，说话或写文章构思的原则不外乎三种：时间、空间、逻辑。"时间原则"就是按照事情发生和发展的基本顺序来安排内容，更适用于记叙类话题的材料组织；"空间原则"就是从视觉效果出发，按照事物、事情存在、发生和发展的空间顺序来安排内容，一般适合于说明类话题，在记叙类话题中可以穿插使用；"逻辑原则"按照事物、事情存在、发生和发展的逻辑关系——一般与个别、抽象与具体、因与果、问题与解决（方法）、同与异等——来安排文章的内容，更适合于议论类话题的材料组织。例如《我喜欢的……》，如果应试者选择喜欢的是"假日"，那么就要按照我喜欢的是什么假日——这个假日的优点是什么——我在这个假日里有什么值得记忆的事情等线索来说话；如果选择喜欢的是"职业"，那么就要按照我喜欢的是什么职业——这个职业有什么特点——我为什么喜欢这一职业等线索来说话；如果选择喜欢的是"旅行"，那么就要按照为什么喜欢旅行——旅行时的美景、美食、经历等如何难以忘却——旅行让人受益的地方等线索来说话；如果选择喜欢的是"季节"，那么就要按照我喜欢的是什么季节——这一季节的特性是什么——在这一季节里发生过什么令人记忆的事情等线索来说话；如果选择喜欢的是"地方"，就要按照我喜欢的地方是哪里——那里的人物、景点、美食等有什么特点——那里有什么让人记忆、喜欢的事情等线索来说话。如此等等，都可以在合理的表述框架内与所选主题完美地结合在一起。

命题说话有时间限制，列提纲、选材料都要适量。有的应试者可能适合的材料太多，必须作一番取舍；有的可能是面对的题目比较陌生，由于紧张，一时找不到合适的材料，大脑处于空白状态。如果遇到这些情况，应试者都要镇定冷静，有效利用发散思维的方法迅速激活说话的思路，来完成命题说话任务。

3. 提前准备，内容充实

命题说话的3分钟时间要求是精确到秒的，不能自行停止。一些应试者提前准备不足，没有就测试题目进行认真模拟，对自己3分钟说多少话心中没数，结果准备说的内容不够3分钟，只好东拉西扯凑时间。有的应试者想到哪儿说到哪儿，离题很远。平时要对测评内容进行了解，对相应题目结合自己的特点，大致做一个分类来进行模拟，提前做好准备。测试时要冷静沉着，在说话过程中还要不断思索与调整，以便取得好成绩。

4. 语音标准，发音到位

命题说话归根结底还是测试应试者的普通话水平，因此，必须把好语音关，仍然要注意字、词、句的正确发音，注意声韵调发音到位，注意语流音变，注意吐字归音，注意克服方言语调。例如，语气词"啊"的音变，处理得当会获得自然、流畅的语感；命题说话中儿化韵的处理也比第二测试项更灵活。

5. 词汇语法，规范得当

语音、词汇、语法是语言三要素，词汇、语法不规范，就很难达到较高的普通话水平。因此测试时要注意词汇规范和语法规范，不使用方言词汇、方言语法，不使用含义不确定或不规范的网络词语，不使用带有方言色彩的语气词或语调。句子组合搭配要得当，语序正确，符合逻辑，避免语病等。

6. 语速适中，自然流畅

在命题说话时，要注意语速适中，自然流畅，不能背稿子，也不能太松散。同时还要注意说话时的抑扬顿挫，这就需要有一些节律。节律是由音素之外的其他要素，如声音的高低、轻重、长短、快慢、间歇等构成。熟练、恰当地运用各种节律手段，准确地传情达意，也会为命题说话增色添彩。如果平时多留心纠正方言，平时就使用普通话，提前有一些针对性的模拟准备，命题说话取得好成绩还是不难的。俗话说"熟能生巧"，命题说话亦是如此。

附　录

附录一　国际音标总表

			辅　音												
发音方法	发音部位		唇　音		舌　尖　音				舌叶音	舌　面　音			小舌音	喉壁音	喉音
			双唇	唇齿	齿间	舌尖前	舌尖中	舌尖后		舌面前	舌面中	舌面后			
塞音	清	不送	p				t	ʈ		ȶ	c	k	q		ʔ
		送气	pʻ				tʻ	ʈʻ		ȶʻ	cʻ	kʻ	qʻ		ʔʻ
	浊	不送	b				d	ɖ		ȡ	ɟ	g	ɢ		
		送气	bʻ				dʻ	ɖʻ		ȡʻ	ɟʻ	gʻ	ɢʻ		
塞擦音	清	不送		pf	tθ	ts		tʂ	tʃ	tɕ					
		送气		pfʻ	tθʻ	tsʻ		tʂʻ	tʃʻ	tɕʻ					
	浊	不送		bv	dð	dz		dʐ	dʒ	dʑ					
		送气		bvʻ	dðʻ	dzʻ		dʐʻ	dʒʻ	dʑʻ					
鼻	浊		m	ɱ			n	ɳ		ȵ	ɲ	ŋ	N		
颤	浊						r						ʀ		
闪	浊						ɾ	ɽ					ʀ		
边	浊						l	ɭ			ʎ				
边擦音	清						ɬ								
	浊						ɮ								
擦音	清		ɸ	f	θ	s		ʂ	ʃ	ɕ	ç	x	χ	ħ	h
	浊		β	v	ð	z		ʐ	ʒ	ʑ	j	ɣ	ʁ	ʕ	ɦ
半浊			ɥw	ʋ			ɹ	ɻ		jɥ		w	ʁ		

| | | 元　音 | | |
舌尖前	舌尖后	舌面前	舌面中	舌面后
ʮ	ʯ	i y	ɨ ʉ	ɯ u
		ɪ ʏ		ʊ
		e ø	ɘ ɵ	ɤ o
ɚ		ᴇ	ə	
		ɛ œ	ɜ ɞ	ʌ ɔ
		æ	ɐ	
		a ɶ		ɑ ɒ

附录二 《汉语拼音方案》

一、字母表

字母	Aa	Bb	Cc	Dd	Ee	Ff	Gg
名称	ㄚ	ㄅㄝ	ㄘㄝ	ㄉㄝ	ㄜ	ㄝㄈ	ㄍㄝ
	Hh	Ii	Jj	Kk	Ll	Mm	Nn
	ㄏㄚ	ㄧ	ㄐㄧㄝ	ㄎㄝ	ㄝㄌ	ㄝㄇ	ㄋㄝ
	Oo	Pp	Qq	Rr	Ss	Tt	
	ㄛ	ㄆㄝ	ㄑㄧㄡ	ㄚㄦ	ㄝㄙ	ㄊㄝ	
	Uu	Vv	Ww	Xx	Yy	Zz	
	ㄨ	ㄞㄝ	ㄨㄚ	ㄒㄧ	ㄧㄚ	ㄗㄝ	

1. V 只用来拼写外来语、少数民族语言和方言。
2. 字母的手写体依照拉丁字母的一般书写习惯。

二、声母表

b	p	m	f		d	t	n	l
ㄅ玻	ㄆ坡	ㄇ摸	ㄈ佛		ㄉ得	ㄊ特	ㄋ讷	ㄌ勒
g	k	h			j	q	x	
ㄍ哥	ㄎ科	ㄏ喝			ㄐ基	ㄑ欺	ㄒ希	
zh	ch	sh	r		z	c	s	
ㄓ知	ㄔ蚩	ㄕ诗	ㄖ日		ㄗ资	ㄘ雌	ㄙ思	

在给汉字注音的时候，为了使拼式简短，zh、ch、sh 可以省作 ẑ、ĉ、ŝ。

三、韵母表

	i ㄧ 衣	u ㄨ 乌	ü ㄩ 迂
a ㄚ 啊	ia ㄧㄚ 呀	ua ㄨㄚ 蛙	
o ㄛ 喔		uo ㄨㄛ 窝	
e ㄜ 鹅	ie ㄧㄝ 耶		üe ㄩㄝ 约
ai ㄞ 哀		uai ㄨㄞ 歪	
ei ㄟ 欸		uei ㄨㄟ 威	
ao ㄠ 熬	iao ㄧㄠ 腰		
ou ㄡ 欧	iou ㄧㄡ 忧		
an ㄢ 安	ian ㄧㄢ 烟	uan ㄨㄢ 弯	üan ㄩㄢ 冤
en ㄣ 恩	in ㄧㄣ 因	uen ㄨㄣ 温	ün ㄩㄣ 晕
ang ㄤ 昂	iang ㄧㄤ 央	uang ㄨㄤ 汪	
eng ㄥ 亨的韵母	ing ㄧㄥ 英	ueng ㄨㄥ 翁	
ong (ㄨㄥ)轰的韵母	iong ㄩㄥ 雍		

1．"知、蚩、诗、日、资、雌、思"等字的韵母用 i，即"知、蚩、诗、日、资、雌、思"等字拼作 zhi、chi、shi、ri、zi、ci、si。

2．韵母儿写成 er，用做韵尾的时候写成 r。例如："儿童"拼作 ertong，"花儿"拼作 huar。

3．韵母ㄝ单用的时候写成 ê。

4．i 行的韵母，前面没有声母的时候，写成 yi(衣)、ya(呀)、ye(耶)、yao(腰)、you(忧)、yan(烟)、yin(因)、yang(央)、ying(英)、yong(雍)。

u 行的韵母，前面没有声母的时候，写成 wu(乌)、wa(蛙)、

wo（窝）、wai（歪）、wei（威）、wan（弯）、wen（温）、wang（汪）、weng（翁）。

ü行的韵母，前面没有声母的时候，写成 yu（迂）、yue（约）、yuan（冤）、yun（晕），ü上两点省略。

ü行的韵母跟声母 j、q、x 拼的时候，写成 ju（居）、qu（区）、xu（虚），ü上两点也省略；但是跟声母 n、l 拼的时候，仍然写成 nü（女）、lü（吕）。

5. iou、uei、uen 前面加声母的时候，写成 iu、ui、un。例如 niu（牛）、gui（归）、lun（论）。

6. 在给汉字注音的时候，为了使拼式简短，ng 可以省作 ŋ。

四、声调符号

阴平	阳平	上声	去声
—	/	V	\

声调符号标在音节的主要母音上。轻声不标。例如：

妈 mā	麻 má	马 mǎ	骂 mà	吗 ma
阴平	阳平	上声	去声	轻声

五、隔音符号

a、o、e 开头的音节连接在其他音节后面的时候，如果音节的界限发生混淆，用隔音符号（'）隔开，例如 pi'ao（皮袄）。

附录三　汉语拼音正词法基本规则

　　国家教育委员会和国家语言文字工作委员会于 1988 年 7 月 1 日联合公布《汉语拼音正词法基本规则》，1996 年 1 月 22 日由国家技术监督局批准为中华人民共和国国家标准(GB/T 16159—1996)。

1. 主题内容与适用范围

　　本标准规定了用《汉语拼音方案》拼写现代汉语的规则。内容包括分词连写法、成语拼写法、外来词拼写法、人名地名拼写法、标调法、移行规则等。为了适应特殊的需要，同时提出一些可供技术处理的变通方式。

　　本标准适用于文教、出版、信息处理及其他部门，作为《汉语拼音方案》拼写现代汉语的统一规范。

2. 术语

　　汉语拼音正词法

　　汉语拼音正词法的拼写规范及其书写格式的准则。《汉语拼音方案》确定了音节的拼写规则。《汉语拼音正词法基本规则》是在《汉语拼音方案》的基础上进一步规定词的拼写的基本要点。

3. 制定原则

　　3.1 以词为拼写单位，并适当考虑语音、语义等因素，同时考虑词形长短适度。

　　3.2 基本采取按语法词类分节叙述。

　　3.3 规则条目尽可能详简适中，便于掌握应用。

4. 汉语拼音正词法基本规则

　　4.1 总原则

　　4.1.1 拼写普通话基本上以词为书写单位。

rén(人)　　pǎo(跑)　　hǎo(好)　　hé(和)　　hěn(很)

fúróng(芙蓉)　　　　qiǎokèlì(巧克力)

péngyǒu(朋友)　　　yuèdú(阅读)

dìzhèn(地震)　　　　niánqīng(年轻)

zhòngshì(重视)　　　wǎnhuì(晚会)

qiānmíng(签名)　　　shìwēi(示威)

niǔzhuǎn(扭转)　　　chuánzhī(船只)

dànshì(但是)　　　　fēicháng(非常)

diànshìjī(电视机)　　túshūguǎn(图书馆)

4.1.2 表示一个整体概念的双音节和三音节结构，连写。

gāngtiě(钢铁)　　　　wèndá(问答)

hǎifēng(海风)　　　　hóngqí(红旗)

dàhuì(大会)　　　　　quánguó(全国)

zhòngtián(种田)　　　kāihuì(开会)

dǎpò(打破)　　　　　zǒulái(走来)

húshuō(胡说)　　　　dǎnxiǎo(胆小)

qiūhǎitáng(秋海棠)　àiniǎozhōu(爱鸟周)

duìbuqǐ(对不起)　　　chīdexiāo(吃得消)

4.1.3 四音节以上表示一个整体概念的名称，按词(或语节)分开写，不能按词(或语节)划分的，全部连写。

wúfèng gāngguǎn(无缝钢管)

huánjìng bǎohù guīhuà(环境保护规划)

jīngtǐguǎn gōnglǜ fàngdàqì(晶体管功率放大器)

Zhōnghuá Rénmín Gònghéguó(中华人民共和国)

Zhōngguó Shèhuì Kēxuéyuàn(中国社会科学院)

yánjiūshēngyuàn(研究生院)

hóngshízìhuì(红十字会)

yúxīngcǎosù(鱼腥草素)

gǔshēngwùxuéjiā(古生物学家)

4.1.4 单音节词重叠，连写；双音节词重叠，分写。

rénrén(人人)　　　　　niánnián(年年)

kànkan(看看)　　　　　shuōshuo(说说)

dàdà(大大)　　　　　hónghóngde(红红的)

gègè(个个)　　　　　tiáotiáo(条条)

yánjiū yánjiū(研究研究)　chángshì chángshì(尝试尝试)

xuěbái xuěbái(雪白雪白)　tōnghóng tōnghóng(通红通红)

重叠并列即 AABB 式结构，当中加短横。

láilai-wǎngwǎng(来来往往)

shuōshuo-xiàoxiào(说说笑笑)

qīngqīng-chǔchǔ(清清楚楚)

wānwān-qūqū(弯弯曲曲)

jiājiā-hùhù(家家户户)

qiānqiān-wànwàn(千千万万)

4.1.5 为了便于阅读和理解，在某些场合可以用短横。

huán-bǎo(环保——环境保护)

gōng-guān(公关——公共关系)

bā-jiǔtiān(八九天)

shíqī-bā suì(十七八岁)

rén-jī duìhuà(人机对话)

zhōng-xiǎoxué(中小学)

lù-hǎi-kōngjūn(陆海空军)

biànzhèng-wéiwùzhǔyì(辩证唯物主义)

4.2 名词

4.2.1 名词与单音节前加成分(副、总、非、反、超、老、阿、可、无等)和单音节后加成分(子、儿、头、性、者、员、家、手、化、们等），连写。

fùbùzhǎng（副部长）　　　　zǒnggōngchéngshī（总工程师）

fēijīnshǔ（非金属）　　　　fǎndàndàodǎodàn（反弹道导弹）

chāoshēngbō（超声波）　　　fēiyèwùrényuán（非业务人员）

zhuōzi（桌子）　　　　　　　mùtou（木头）

chéngwùyuán（乘务员）　　　yìshùjiā（艺术家）

kēxuéxìng（科学性）　　　　xiàndàihuà（现代化）

háizimen（孩子们）　　　　　tuōlājīshǒu（拖拉机手）

4.2.2 名词和后面的方位词，分写。

shān shàng（山上）　　　　　shù xià（树下）

mén wài（门外）　　　　　　mén wàimian（门外面）

hé li（河里）　　　　　　　　hé lǐmian（河里面）

huǒchē shàngmian（火车上面）

xuéxiào pángbiān（学校旁边）

Yǒngdìng Hé shàng（永定河上）

Huáng Hé yǐnán（黄河以南）

但已经成词的，连写，例如"海外"不等于"海的外面"。

tiānshang（天上）　　　　　dìxia（地下）

kōngzhōng（空中）　　　　　hǎiwài（海外）

4.2.3 汉语人名按姓和名分写，姓和名的开头字母大写。笔名、别名等，按姓名写法处理。

Lǐ Huá（李华）　　　　　　　Wáng Jiànguó（王建国）

Dōngfāng Shuò（东方朔）　　Zhūgě Kǒngmíng（诸葛孔明）

Lǔ Xùn（鲁迅）　　　　　　　Méi Lánfāng（梅兰芳）

Zhāng Sān（张三）　　　　　Wáng Mázi（王麻子）

姓名和职务、称呼等分开写；职务、称呼等开头小写。

Wáng bùzhǎng（王部长）　　Tián zhǔrèn（田主任）

Lǐ xiānsheng（李先生）　　　Zhào tóngzhì（赵同志）

"老""小""阿"等称呼开头大写。

Xiǎo Liú(小刘)　　　　Lǎo Qián(老钱)

Dà Lǐ(大李)　　　　　Ā Sān(阿三)

Wú Lǎo(吴老)

已经专名化的称呼，连写，开头大写。

Kǒngzǐ(孔子)　　　　Bāogōng(包公)

Xīshī(西施)　　　　Mèngchángjūn(孟尝君)

4.2.4 汉语地名按照中国地名委员会文件(84)中地字第 17 号《中国地名汉语拼音字母拼写规则(汉语地名部分)》的规定拼写。

汉语地名中的专名和通名分写，每一分写部分的第一个字母大写。

Běijīng Shì(北京市)　　Héběi Shěng(河北省)

Yālù Jiāng(鸭绿江)　　Tài Shān(泰山)

Dòngtíng Hú(洞庭湖)　　Táiwān Hǎixiá(台湾海峡)

专名和通名的附加成分，单音节的与其相关部分连写。

Xīliáo Hé(西辽河)　　Jǐngshān Hòujiē(景山后街)

Cháoyángménnèi Nánxiǎojiē(朝阳门内南小街)

自然村镇名称和其他不需区分专名和通名的地名，各音节连写。

Wángcūn(王村)　　　Jiǔxiānqiáo(酒仙桥)

Zhōukǒudiàn(周口店)　　Sāntányìnyuè(三潭印月)

4.2.5 非汉语人名、地名本着"名从主人"的原则，按照罗马字母(拉丁字母)原文书写；非罗马字母文字的人名、地名，按照该文字的罗马字母转写法拼写。为了便于阅读，可以在原文后面注上汉字或汉字的拼音，在一定的场合也可以先用或仅用汉字的拼音。

Ulanhu(乌兰夫)

Akutagawa Ryunosuke(介川龙之介)

Ngapoi Ngawang Jigme(阿沛·阿旺晋美)

Seypidin(赛福鼎)

Marx(马克思)   Darwin(达尔文)

Neton(牛顿)   Einstein(爱因斯坦)

Hohhot(呼和浩特)   Lhasa(拉萨)

London(伦敦)   paris(巴黎)

Washington(华盛顿)   Tokyo(东京)

汉语化的音译名词，按汉字译音拼写。

Fēizhōu(非洲)   Nánměi(南美)

Déguó(德国)   Dōngnányà(东南亚)

4.3 动词

4.3.1 动词和"着""了""过"连写。

kànzhe(看着)   jìnxíngzhe(进行着)

kànle(看了)   jìnxíngle(进行了)

kànguo(看过)   jìnxíngguo(进行过)

句末的"了"，分写。

Huǒchē dào le. （火车到了。）

4.3.2 动词和宾词，分写。

kàn xìn(看信)   chī yú(吃鱼)

kāi wánxiào(开玩笑)   jiāoliú jīngyàn(交流经验)

动宾式合成词中间插入其他成分的，分写。

jūle yī gè gōng(鞠了一个躬)

lǐguò sān cì fà(理过三次发)

4.3.3 动词（或形容词）和补语，两者都是单音节的，连写；其余的情况，分写。

gǎohuài(搞坏)   dǎsǐ(打死)

shútòu(熟透)   jiànchéng(建成[楼房])

huàwéi(化为[蒸气])   dàngzuò(当做[笑话])

zǒu jìnlái(走进来)   zhěnglǐ hǎo(整理好)

jiànshè chéng（建设成［公园］）

gǎixiě wéi（改写为［剧本］）

4.4 形容词

4.4.1 单音节形容词和重叠的前加成分或后加成分，连写。

mēngmēngliàng（蒙蒙亮）　liàngtángtáng（亮堂堂）

4.4.2 形容词和后面的"些""一些""点儿""一点儿"，分写。

dà xiē（大些）　　　　　dà yīxiē（大一些）

kuài diǎnr（快点儿）　　kuài yīdiǎnr（快一点儿）

4.5 代词

4.5.1 表示复数的"们"和前面的代词，连写。

wǒmen（我们）　　　　　tāmen（他们）

4.5.2 指示代词"这""那"、疑问代词"哪"和名词或量词，分写。

zhè rén（这人）　　　　　nà cì huìyì（那次会议）

zhè zhī chuán（这只船）　nǎ zhāng bàozhǐ（哪张报纸）

"这""那""哪"和"些""么""样""般""里""边""会儿""个"，连写。

zhèxiē（这些）　　　　zhème（这么）

nàyàng（那样）　　　　zhèbān（这般）

nàli（那里）　　　　　nǎli（哪里）

zhèbiān（这边）　　　　zhèhuìr（这会儿）

zhège（这个）　　　　　zhèmeyàng（这么样）

4.5.3 "各""每""某""本""该""我""你"等和后面的名词或量词，分写。

gè guó（各国）　　　　gè gè（各个）

gè rén（各人）　　　　gè xuékē（各学科）

měi nián（每年）　　　měi cì（每次）

mǒu rén（某人）　　　　mǒu gōngchǎng（某工厂）

mǒu shì（某市）　　　　běn bùmén（本部门）

gāi kān（该刊）　　　　gāi gōngsī（该公司）

wǒ xiào（我校）　　　　nǐ dānwèi（你单位）

4.6 数词和量词

4.6.1 十一到九十九之间的整数，连写。

shíyī（十一）　　　　shíwǔ（十五）

sānshísān（三十三）　　jiǔshíjiǔ（九十九）

4.6.2 "百""千""万""亿"与前面的个位数，连写；"万""亿"与前面的十位以上的数，分写。

jiǔyì líng qīwàn èrqiān sānbǎi wǔshí liù

（九亿零七万二千三百五十六）

liùshísān yì qīqiān èrbǎi liùshíbā wàn sìqiān líng jiǔshíwǔ

（六十三亿七千二百六十八万四千零九十五）

4.6.3 表示序数的"第"与后面的数词中间，加短横。

dì-yī（第一）　　　　dì-shísān（第十三）

dì-èrshíbā（第二十八）　dì-sānbǎi wǔshíliù（第三百五十六）

4.6.4 数词和量词，分写。

liǎng gè rén（两个人）

yī dà wǎn fàn（一大碗饭）

liǎng jiān bàn wūzi（两间半屋子）

wǔshísān réncì（五十三人次）

表示约数的"多""来""几"和数词、量词分写。

yībǎi duō gè（一百多个）　shí lái wàn rén（十来万人）

jǐ jiā rén（几家人）　　　jǐ tiān gōngfu（几天工夫）

"十几""几十"连写。

shíjǐ gè rén（十几个人）　jǐshí gēn gāngguǎn（几十根钢管）

4.7 虚词

虚词与其他词语分写。

4.7.1 副词

hěn hǎo(很好)　　　　dōu lái(都来)　　　　gèng měi(更美)

zuì dà(最大)　　　　　bù lái(不来)

yīng bù yīnggāi(应不应该)

gānggāng zǒu(刚刚走)

fēicháng kuài(非常快)

shífēn gǎndòng(十分感动)

4.7.2 介词

zài qiánmiàn(在前面)

xiàng dōngbiān qù(向东边去)

wèi rénmín fúwù(为人民服务)

cóng zuótiān qǐ(从昨天起)

shēng yú 1940 nián(生于 1940 年)

guānyú zhège wèntí(关于这个问题)

4.7.3 连词

gōngrén hé nóngmín(工人和农民)

bùdàn kuài érqiě hǎo(不但快而且好)

guāngróng ér jiānjù(光荣而艰巨)

Nǐ lái háishi bù lái?(你来还是不来?)

4.7.4 结构助词"的""地""得""之"

dà dì de nǚ'ér(大地的女儿)

Zhè shì wǒ de shū.(这是我的书。)

Wǒmen guòzhe xìngfú de shēnghuó.(我们过着幸福的生活。)

Shāngdiàn li bǎimǎnle chīde、chuānde、yòngde.(商店里摆满了吃的、穿的、用的。)

mài qīngcài luóbo de(卖青菜萝卜的)

Tā zài dàjiē shàng mànmàn de zǒu.(他在大街上慢慢地走。)

Tǎnbái de gàosu nǐ ba.(坦白地告诉你吧。)

Tā yī bù yī gè jiǎoyìnr de gōngzuòzhe. (他一步一个脚印儿地工作着。)

dǎsǎo de gānjìng(打扫得干净)

xiě de bù hǎo(写得不好)

hóng de hěn(红得很)

lěng de fādǒu(冷得发抖)

shàonián zhī jiā(少年之家)

zuì fādá de guójiā zhī yī(最发达的国家之一)

注：“的”“地”“得”在技术处理上，根据需要可以分别写作“d”“di”“de”。

4.7.5 语气助词

Nǐ zhīdao ma? (你知道吗？)

Zěnme hái bù lái a? (怎么还不来啊？)

Kuài qù ba! (快去吧！)

Tā shì bù huì lái de. (他是不会来的。)

4.7.6 叹词

A! Zhēn měi! (啊！真美！)

Ng，nǐ shuō shénme? (嗯，你说什么？)

Hm，zǒuzhe qiáo ba! (哼，走着瞧吧！)

4.7.7 拟声词

Pa! (啪！)   huahua(哗哗)

jiji-zhazha(叽叽喳喳)   “honglong” yī shēng(“轰隆”一声)

Dà gōngjī wo-wo-tí. (大公鸡喔喔啼。)

“Du——” qìdí xiǎng le. (“嘟——”汽笛响了。)

4.8 成语

4.8.1 四言成语可以分为两个双音节来念的，中间加短横。

céngchū-bùqióng(层出不穷)

fēngpíng-làngjìng(风平浪静)

àizēng-fēnmíng（爱憎分明）

shuǐdào-qúchéng（水到渠成）

yángyáng-dàguān（洋洋大观）

píngfēn-qiūsè（平分秋色）

guāngmíng-lěiluò（光明磊落）

diānsān-dǎosì（颠三倒四）

4.8.2 不能按两段来念的四言成语、熟语等，全部连写。

bùyìlèhū（不亦乐乎）　　　zǒng'éryánzhī（总而言之）

àimònéngzhù（爱莫能助）　yīyīdàishuǐ（一衣带水）

húlihútu（糊里糊涂）　　　hēibùliūqiū（黑不溜秋）

diào'erlángdāng（吊儿郎当）

4.9 大写

4.9.1 句子开头的字母和诗歌每行开头的字母大写。（举例略）

4.9.2 专有名词的第一个字母大写。

Běijīng（北京）　　　Chángchéng（长城）　　　Qīngmíng（清明）

由几个词组成的专有名词，每个词的第一个字母大写。

Guójì Shūdiàn（国际书店）

Hépíng Bīnguǎn（和平宾馆）

Guāngmíng Rìbào（光明日报）

4.9.3 专有名词和普通名词连写在一起的，第一个字母要大写。

Zhōngguórén（中国人）

Míngshǐ（明史）

Guǎngdōnghuà（广东话）

已经转化为普通名词的，第一个字母小写。

guǎnggān（广柑）　　　zhōngshānfú（中山服）

chuānxiōng（川芎）　　　zàngqīngguǒ（藏青果）

4.10 移行

移行要按音节分开，在没有写完的地方加上短横。

guāng-

míng（光明）

不能移作"gu-āngmíng"。

4.11 标调

声调一律标原调，不标变调。

yī jià（一架）	yī tiān（一天）	yī tóu（一头）
yī wǎn（一碗）	qī wàn（七万）	qī běn（七本）
bā gè（八个）	qīshàngbāxià（七上八下）	
bù qù（不去）	bù duì（不对）	bùzhìyú（不至于）

但在语音教学时可以根据需要按变调标写。

注：除了《汉语拼音方案》规定的符号法以外，在技术处理上，也可根据需要采用数字或字母作为临时变通标调法。

附录四　普通话与山东各区市调值对照表

地区	普通话调值类别			
北京	55	35	214	51
济南	213	42	55	31
青岛	213	42	55	31
德州	213	42	55	21
泰安	213	42	55	31
惠民	213	53	44	31
东营	213	53	44	31
潍坊	213	42	44	21
淄博	213	42	44	21
济宁	213	42	55	312
临沂	324	53	55	312
菏泽	13	42	55	321
聊城	13	42	55	412
烟台	31（平声）		214	44
威海	42（平声）		312	44
枣庄	213	55	24	42
日照	324	53	55	312
莱芜	213	42	55	31
即墨	213		55	42
章丘	213	42	55	21
利津	213	53	55	212

附录五　山东各方言区调类表

古调类 / 例字　地区	平		上		去				入			声调数
	知	人　才	古	老	近	盖	怒	助	笔	麦	宅	
北京	阴平	阳平	上声		去声				入声分归阴、阳、上、去			4
利津、邹平、章丘	阴平	阳平	上声		去声				入声			5
昌邑、安丘、临朐、青州、沂水、五莲、胶南一线及其以东	阴平（有例外字）	阳平	上声（有例外字）		去声							4
乐陵、宁津、陵县、德州、武城、夏津、禹城、济南、泰安、新泰一线及其以南的西齐区和东维区的沂源、蒙阴、沂南等	阴平（有例外字）	阳平	上声		去声							4
西鲁地区的临沂、苍山、枣庄、泗水、曲阜、济宁、东平、巨野、菏泽、嘉祥、金乡等	阴平（有例外字）	阳平	上声		去声							4
沾化、庆云、阳信、滨州、惠民、商河、济阳、潍坊、莒南、日照等	阴平（有例外字）	阳平	上声（有例外字）		去声							4
淄博、桓台	阴平		上声		去声				入声			4
烟台、威海、福山、栖霞、海阳、即墨、崂山等	阴平（有例外字）		上声（有例外字）		去声							3
莱州、平度	阴平（有例外字）	阳平	上声									3
无棣、高青、博兴、莱芜	阴平（有例外字）		上声（有例外字）		去声							3

附录六　部分古代入声字在普通话里的读音

　　说明：本表收常用的古代清声母和次浊声母入声字，按普通话的"调—韵—声"序排列。古代全浊声母入声字在山东话里读阳平（无阳平的方言随古代浊声母平声字归上声或去声），跟普通话一致，故不收。

阴平 55	只(一～)织汁吃虱湿失逼劈(～开)滴剔激缉通缉击积唧七柒漆沏缉(～鞋口)吸夕熄惜息蟋晰析膝锡一壹扑督秃突凸窟哭忽出叔屈曲(弯～)蓿八捌发(出～)搭答(～应)塌拉垃哈(～腰)扎(包～)插杀扎(～辫子)砸擦撒(～手)夹(～子)掐瞎押鸭压刮刷挖拨剥(～削)泼摸托脱捋郭豁桌捉拙戳说作(～坊)撮勒(～索)搁胳疙割鸽磕喝(蛰～)人鳖憋撇(～开)跌贴捏结(～果)子接疖切(～开)歇蝎楔噎缺薛削(剥～)约拍摘拆塞(瓶～儿)勒(～紧)黑剥(～皮儿)着(～急)削(切～)粥
阳平 35	执职识的(～确)级吉急疾即棘梁媳拂福幅(～员)蝠辐头竹烛足卒菊鞠桔答(～复)瘊轧(～钢)扎(挣～)札察砸杂(夹～)荚博驳伯膜掇国酌灼琢啄得(～到)德格阁蛤(～蜊)咳壳(果～)貉折(～断)哲辙蜇(海～)则责洁劫睫节结拮诘胁决诀厥爵脚(～色)镢攫觉(感～)角(～逐)没(～有)
上声 214	尺笔匹劈(～柴)给(供～)脊(山～)乙朴骨(～肉)谷嘱辱曲(歌～)法塔哈姓眨撒(～种)甲抹索葛姓渴恶(～心)撇(一～)铁帖血(出～)雪百柏窄色(～儿)北得(～去)给(～你)郝脚(手～)角(三～)

续　表

去声 51	质窒蛭斥赤叱式室释适饰必壁璧毕碧僻(复～)僻辟(开～)秘泌惕鲫绩寂迹泣讫戚隙益邑忆亿臆不腹复覆酷祝筑触畜(家～)束促簇肃速宿粟畜(～牧)蓄恤发(理～)踏栅诧煞萨卅恰洽吓(～唬)轧(～棉花)迫魄阔括扩廓霍绰硕作(工～)错握沃各克客刻赫吓(威～)这渐撤彻设摄侧厕册策恻塞(闭～)涩色(～彩)瑟啬扼鄂恶(～劣)怯切(一～)窃泄谒却确雀(麻～)鹊血(～压)率(～领)蜇觉(睡～)壳(地～)
	(以下适用于西鲁区和莱州、平度)日密蜜匿溺逆力立粒笠栗沥历厉亦役疫逸翼译轶幕目木牧睦苜鹿辘碌陆戮褥入物勿率(效～)律绿氯育域浴欲吁玉狱纳捺呐辣瘌蜡腊划(计～)袜末沫茉莫漠默没(沉～)寞诺洛骆落或惑获弱若乐(快～)热灭蔑镊列烈裂猎劣叶页业虐疟略掠悦阅越粤跃月乐(音～)岳麦脉肋烙酪药钥肉六

附录七　普通话水平测试用轻声词语表

1. 本表根据《普通话水平测试用普通话词语表》编制。

2. 本表供普通话水平测试第二项——读多音节词语（100 个音节）测试使用。

3. 本表共收词 545 条（其中"子"尾词 206 条），按汉语拼音字母顺序排列。

4. 条目中的非轻声音节只标本调，不标变调；条目中的轻声音节，注音不标调号，如："明白 míngbai"。

1 爱人 àiren	18 豹子 bàozi	35 不在乎 bùzàihu
2 案子 ànzi	19 杯子 bēizi	36 步子 bùzi
3 巴掌 bāzhang	20 被子 bèizi	37 部分 bùfen
4 把子 bǎzi	21 本事 běnshi	38 裁缝 cáifeng
5 把子 bàzi	22 本子 běnzi	39 财主 cáizhu
6 爸爸 bàba	23 鼻子 bízi	40 苍蝇 cāngying
7 白净 báijing	24 比方 bǐfang	41 差事 chāishi
8 班子 bānzi	25 鞭子 biānzi	42 柴火 cháihuo
9 板子 bǎnzi	26 扁担 biǎndan	43 肠子 chángzi
10 帮手 bāngshou	27 辫子 biànzi	44 厂子 chǎngzi
11 梆子 bāngzi	28 别扭 bièniu	45 场子 chǎngzi
12 膀子 bǎngzi	29 饼子 bǐngzi	46 车子 chēzi
13 棒槌 bàngchui	30 拨弄 bōnong	47 称呼 chēnghu
14 棒子 bàngzi	31 脖子 bózi	48 池子 chízi
15 包袱 bāofu	32 簸箕 bòji	49 尺子 chǐzi
16 包涵 bāohan	33 补丁 bǔding	50 虫子 chóngzi
17 包子 bāozi	34 不由得 bùyóude	51 绸子 chóuzi

52 除了 chúle

53 锄头 chútou

54 畜生 chùsheng

55 窗户 chuānghu

56 窗子 chuāngzi

57 锤子 chuízi

58 刺猬 cìwei

59 凑合 còuhe

60 村子 cūnzi

61 耷拉 dāla

62 答应 dāying

63 打扮 dǎban

64 打点 dǎdian

65 打发 dǎfa

66 打量 dǎliang

67 打算 dǎsuan

68 打听 dǎting

69 大方 dàfang

70 大爷 dàye

71 大夫 dàifu

72 带子 dàizi

73 袋子 dàizi

74 耽搁 dānge

75 耽误 dānwu

76 单子 dānzi

77 胆子 dǎnzi

78 担子 dànzi

79 刀子 dāozi

80 道士 dàoshi

81 稻子 dàozi

82 灯笼 dēnglong

83 提防 dīfang

84 笛子 dízi

85 底子 dǐzi

86 地道 dìdao

87 地方 dìfang

88 弟弟 dìdi

89 弟兄 dìxiong

90 点心 diǎnxin

91 调子 diàozi

92 钉子 dīngzi

93 东家 dōngjia

94 东西 dōngxi

95 动静 dòngjing

96 动弹 dòngtan

97 豆腐 dòufu

98 豆子 dòuzi

99 嘟囔 dūnang

100 肚子 dǔzi

101 肚子 dùzi

102 缎子 duànzi

103 对付 duìfu

104 对头 duìtou

105 队伍 duìwu

106 多么 duōme

107 蛾子 ézi

108 儿子 érzi

109 耳朵 ěrduo

110 贩子 fànzi

111 房子 fángzi

112 份子 fènzi

113 风筝 fēngzheng

114 疯子 fēngzi

115 福气 fúqi

116 斧子 fǔzi

117 盖子 gàizi

118 甘蔗 gānzhe

119 杆子 gānzi

120 杆子 gǎnzi

121 干事 gànshi

122 杠子 gàngzi

123 高粱 gāoliang

124 膏药 gāoyao

125 稿子 gǎozi

126 告诉 gàosu

127 疙瘩 gēda

128 哥哥 gēge

129 胳膊 gēbo

130 鸽子 gēzi

131 格子 gézi

132 个子 gèzi

133 根子 gēnzi

134 跟头 gēntou

135 工夫 gōngfu

136 弓子 gōngzi

137 公公 gōnggong

138 功夫 gōngfu

139 钩子 gōuzi
140 姑姑 gūgu
141 姑娘 gūniang
142 谷子 gǔzi
143 骨头 gǔtou
144 故事 gùshi
145 寡妇 guǎfu
146 褂子 guàzi
147 怪物 guàiwu
148 关系 guānxi
149 官司 guānsi
150 罐头 guàntou
151 罐子 guànzi
152 规矩 guīju
153 闺女 guīnü
154 鬼子 guǐzi
155 柜子 guìzi
156 棍子 gùnzi
157 锅子 guōzi
158 果子 guǒzi
159 蛤蟆 háma
160 孩子 háizi
161 含糊 hánhu
162 汉子 hànzi
163 行当 hángdang
164 合同 hétong
165 和尚 héshang
166 核桃 hétao
167 盒子 hézi

168 红火 hónghuo
169 猴子 hóuzi
170 后头 hòutou
171 厚道 hòudao
172 狐狸 húli
173 胡琴 húqin
174 糊涂 hútu
175 皇上 huángshang
176 幌子 huǎngzi
177 胡萝卜 húluóbo
178 活泼 huópo
179 火候 huǒhou
180 伙计 huǒji
181 护士 hùshi
182 机灵 jīling
183 脊梁 jǐliang
184 记号 jìhao
185 记性 jìxing
186 夹子 jiāzi
187 家伙 jiāhuo
188 架势 jiàshi
189 架子 jiàzi
190 嫁妆 jiàzhuang
191 尖子 jiānzi
192 茧子 jiǎnzi
193 剪子 jiǎnzi
194 见识 jiànshi
195 毽子 jiànzi
196 将就 jiāngjiu

197 交情 jiāoqing
198 饺子 jiǎozi
199 叫唤 jiàohuan
200 轿子 jiàozi
201 结实 jiēshi
202 街坊 jiēfang
203 姐夫 jiěfu
204 姐姐 jiějie
205 戒指 jièzhi
206 金子 jīnzi
207 精神 jīngshen
208 镜子 jìngzi
209 舅舅 jiùjiu
210 橘子 júzi
211 句子 jùzi
212 卷子 juànzi
213 咳嗽 késou
214 客气 kèqi
215 空子 kòngzi
216 口袋 kǒudai
217 口子 kǒuzi
218 扣子 kòuzi
219 窟窿 kūlong
220 裤子 kùzi
221 快活 kuàihuo
222 筷子 kuàizi
223 框子 kuàngzi
224 困难 kùnnan
225 阔气 kuòqi

226 喇叭 lǎba
227 喇嘛 lǎma
228 篮子 lánzi
229 懒得 lǎnde
230 浪头 làngtou
231 老婆 lǎopo
232 老实 lǎoshi
233 老太太 lǎotàitai
234 老头子 lǎotóuzi
235 老爷 lǎoye
236 老子 lǎozi
237 姥姥 lǎolao
238 累赘 léizhui
239 篱笆 líba
240 里头 lǐtou
241 力气 lìqi
242 厉害 lìhai
243 利落 lìluo
244 利索 lìsuo
245 例子 lìzi
246 栗子 lìzi
247 痢疾 lìji
248 连累 liánlei
249 帘子 liánzi
250 凉快 liángkuai
251 粮食 liángshi
252 两口子 liǎngkǒuzi
253 料子 liàozi

254 林子 línzi
255 翎子 língzi
256 领子 lǐngzi
257 溜达 liūda
258 聋子 lóngzi
259 笼子 lóngzi
260 炉子 lúzi
261 路子 lùzi
262 轮子 lúnzi
263 萝卜 luóbo
264 骡子 luózi
265 骆驼 luòtuo
266 妈妈 māma
267 麻烦 máfan
268 麻利 máli
269 麻子 mázi
270 马虎 mǎhu
271 码头 mǎtou
272 买卖 mǎimai
273 麦子 màizi
274 馒头 mántou
275 忙活 mánghuo
276 冒失 màoshi
277 帽子 màozi
278 眉毛 méimao
279 媒人 méiren
280 妹妹 mèimei
281 门道 méndao
282 眯缝 mīfeng

283 迷糊 míhu
284 面子 miànzi
285 苗条 miáotiao
286 苗头 miáotou
287 名堂 míngtang
288 名字 míngzi
289 明白 míngbai
290 蘑菇 mógu
291 模糊 móhu
292 木匠 mùjiang
293 木头 mùtou
294 那么 nàme
295 奶奶 nǎinai
296 难为 nánwei
297 脑袋 nǎodai
298 脑子 nǎozi
299 能耐 néngnai
300 你们 nǐmen
301 念叨 niàndao
302 念头 niàntou
303 娘家 niángjia
304 镊子 nièzi
305 奴才 núcai
306 女婿 nǚxu
307 暖和 nuǎnhuo
308 疟疾 nüèji
309 拍子 pāizi
310 牌楼 páilou
311 牌子 páizi

312 盘算 pánsuan
313 盘子 pánzi
314 胖子 pàngzi
315 狍子 páozi
316 盆子 pénzi
317 朋友 péngyou
318 棚子 péngzi
319 脾气 píqi
320 皮子 pízi
321 痞子 pǐzi
322 屁股 pìgu
323 片子 piānzi
324 便宜 piányi
325 骗子 piànzi
326 票子 piàozi
327 漂亮 piàoliang
328 瓶子 píngzi
329 婆家 pójia
330 婆婆 pópo
331 铺盖 pūgai
332 欺负 qīfu
333 旗子 qízi
334 前头 qiántou
335 钳子 qiánzi
336 茄子 qiézi
337 亲戚 qīnqi
338 勤快 qínkuai
339 清楚 qīngchu
340 亲家 qìngjia

341 曲子 qǔzi
342 圈子 quānzi
343 拳头 quántou
344 裙子 qúnzi
345 热闹 rènao
346 人家 rénjia
347 人们 rénmen
348 认识 rènshi
349 日子 rìzi
350 褥子 rùzi
351 塞子 sāizi
352 嗓子 sǎngzi
353 嫂子 sǎozi
354 扫帚 sàozhou
355 沙子 shāzi
356 傻子 shǎzi
357 扇子 shànzi
358 商量 shāngliang
359 上司 shàngsi
360 上头 shàngtou
361 烧饼 shāobing
362 勺子 sháozi
363 少爷 shàoye
364 哨子 shàozi
365 舌头 shétou
366 身子 shēnzi
367 什么 shénme
368 婶子 shěnzi
369 生意 shēngyi

370 牲口 shēngkou
371 绳子 shéngzi
372 师父 shīfu
373 师傅 shīfu
374 虱子 shīzi
375 狮子 shīzi
376 石匠 shíjiang
377 石榴 shíliu
378 石头 shítou
379 时候 shíhou
380 实在 shízai
381 拾掇 shíduo
382 使唤 shǐhuan
383 世故 shìgu
384 似的 shìde
385 事情 shìqing
386 柿子 shìzi
387 收成 shōucheng
388 收拾 shōushi
389 首饰 shǒushi
390 叔叔 shūshu
391 梳子 shūzi
392 舒服 shūfu
393 舒坦 shūtan
394 疏忽 shūhu
395 爽快 shuǎngkuai
396 思量 sīliang
397 算计 suànji
398 岁数 suìshu

399 孙子 sūnzi	428 委屈 wěiqu	457 行李 xíngli
400 他们 tāmen	429 为了 wèile	458 性子 xìngzi
401 它们 tāmen	430 位置 wèizhi	459 兄弟 xiōngdi
402 她们 tāmen	431 位子 wèizi	460 休息 xiūxi
403 台子 táizi	432 蚊子 wénzi	461 秀才 xiùcai
404 太太 tàitai	433 稳当 wěndang	462 秀气 xiùqi
405 摊子 tānzi	434 我们 wǒmen	463 袖子 xiùzi
406 坛子 tánzi	435 屋子 wūzi	464 靴子 xuēzi
407 毯子 tǎnzi	436 稀罕 xīhan	465 学生 xuésheng
408 桃子 táozi	437 席子 xízi	466 学问 xuéwen
409 特务 tèwu	438 媳妇 xífu	467 丫头 yātou
410 梯子 tīzi	439 喜欢 xǐhuan	468 鸭子 yāzi
411 蹄子 tízi	440 瞎子 xiāzi	469 衙门 yámen
412 挑剔 tiāoti	441 匣子 xiázi	470 哑巴 yǎba
413 挑子 tiāozi	442 下巴 xiàba	471 胭脂 yānzhi
414 条子 tiáozi	443 吓唬 xiàhu	472 烟筒 yāntong
415 跳蚤 tiàozao	444 先生 xiānsheng	473 眼睛 yǎnjing
416 铁匠 tiějiang	445 乡下 xiāngxia	474 燕子 yànzi
417 亭子 tíngzi	446 箱子 xiāngzi	475 秧歌 yāngge
418 头发 tóufa	447 相声 xiàngsheng	476 养活 yǎnghuo
419 头子 tóuzi	448 消息 xiāoxi	477 样子 yàngzi
420 兔子 tùzi	449 小伙子 xiǎohuǒzi	478 吆喝 yāohe
421 妥当 tuǒdang	450 小气 xiǎoqi	479 妖精 yāojing
422 唾沫 tuòmo	451 小子 xiǎozi	480 钥匙 yàoshi
423 挖苦 wāku	452 笑话 xiàohua	481 椰子 yēzi
424 娃娃 wáwa	453 谢谢 xièxie	482 爷爷 yéye
425 袜子 wàzi	454 心思 xīnsi	483 叶子 yèzi
426 晚上 wǎnshang	455 星星 xīngxing	484 一辈子 yībèizi
427 尾巴 wěiba	456 猩猩 xīngxing	485 衣服 yīfu

486 衣裳 yīshang

487 椅子 yǐzi

488 意思 yìsi

489 银子 yínzi

490 影子 yǐngzi

491 应酬 yìngchou

492 柚子 yòuzi

493 冤枉 yuānwang

494 院子 yuànzi

495 月饼 yuèbing

496 月亮 yuèliang

497 云彩 yúncai

498 运气 yùnqi

499 在乎 zàihu

500 咱们 zánmen

501 早上 zǎoshang

502 怎么 zěnme

503 扎实 zhāshi

504 眨巴 zhǎba

505 栅栏 zhàlan

506 宅子 zháizi

507 寨子 zhàizi

508 张罗 zhāngluo

509 丈夫 zhàngfu

510 帐篷 zhàngpeng

511 丈人 zhàngren

512 帐子 zhàngzi

513 招呼 zhāohu

514 招牌 zhāopai

515 折腾 zhēteng

516 这个 zhège

517 这么 zhème

518 枕头 zhěntou

519 镇子 zhènzi

520 芝麻 zhīma

521 知识 zhīshi

522 侄子 zhízi

523 指甲 zhǐjia(zhījia)

524 指头 zhǐtou(zhítou)

525 种子 zhǒngzi

526 珠子 zhūzi

527 竹子 zhúzi

528 主意 zhǔyi(zhúyi)

529 主子 zhǔzi

530 柱子 zhùzi

531 爪子 zhuǎzi

532 转悠 zhuànyou

533 庄稼 zhuāngjia

534 庄子 zhuāngzi

535 壮实 zhuàngshi

536 状元 zhuàngyuan

537 锥子 zhuīzi

538 桌子 zhuōzi

539 字号 zìhao

540 自在 zìzai

541 粽子 zòngzi

542 祖宗 zǔzong

543 嘴巴 zuǐba

544 作坊 zuōfang

545 琢磨 zhuómo

附录八　普通话水平测试用儿化词语表

说　明

1. 本表参照《普通话水平测试用普通话词语表》及《现代汉语词典》编制，加 * 的是以上二者未收，根据测试需要而酌增的条目。

2. 本表仅供普通话水平测试第二项——读多音节词语（100 个音节）测试使用。本表儿化音节，在书面上一律加"儿"，但并不表明所列词语在任何语用场合都必须儿化。

3. 本表共收词 189 条，按儿化韵母的汉语拼音顺序排列。

4. 本表列出原形韵母和所对应的儿化韵，用"＞"表示条目中儿化音节的注音，只在基本形式后面加 r，如"一会儿 yīhuìr"，不标语音上的实际变化。

一

a＞ar	刀把儿 dāobàr	号码儿 hàomǎr
	戏法儿 xìfǎr	在哪儿 zàinǎr
	找茬儿 zhǎochár	打杂儿 dǎzár
	板擦儿 bǎncār	
ai＞ar	名牌儿 míngpáir	鞋带儿 xiédàir
	壶盖儿 húgàir	小孩儿 xiǎoháir
	加塞儿 jiāsāir	
an＞ar	快板儿 kuàibǎnr	老伴儿 lǎobànr
	蒜瓣儿 suànbànr	脸盘儿 liǎnpánr
	脸蛋儿 liǎndànr	收摊儿 shōutānr
	栅栏儿 zhàlánr	包干儿 bāogānr
	笔杆儿 bǐgǎnr	门槛儿 ménkǎnr

二

| ang＞ar（鼻化） | 药方儿 yàofāngr | 赶趟儿 gǎntàngr |
| | 香肠儿 xiāngchángr | 瓜瓤儿 guārángr |

三

ia＞iar	掉价儿 diàojiàr	一下儿 yīxiàr
	豆芽儿 dòuyár	
ian＞iar	小辫儿 xiǎobiànr	照片儿 zhàopiānr
	扇面儿 shànmiànr	差点儿 chàdiǎnr
	一点儿 yīdiǎnr	雨点儿 yǔdiǎnr
	聊天儿 liáotiānr	拉链儿 lālìanr
	冒尖儿 màojiānr	坎肩儿 kǎnjiānr
	牙签儿 yáqiānr	露馅儿 lòuxiànr
	心眼儿 xīnyǎnr	

四

| iang＞iar（鼻化） | 鼻梁儿 bíliángr | 透亮儿 tòuliàngr |
| | 花样儿 huāyàngr | |

五

ua＞uar	脑瓜儿 nǎoguār	大褂儿 dàguàr
	麻花儿 máhuār	笑话儿 xiàohuar
	牙刷儿 yáshuār	
uai＞uar	一块儿 yīkuàir	
uan＞uar	茶馆儿 cháguǎnr	饭馆儿 fànguǎnr
	火罐儿 huǒguànr	落款儿 luòkuǎnr
	打转儿 dǎzhuànr	拐弯儿 guǎiwānr
	好玩儿 hǎowánr	大腕儿 dàwànr

六

| uang＞uar（鼻化） | 蛋黄儿 dànhuángr | 打晃儿 dǎhuàngr |
| | 天窗儿 tiānchuāngr | |

七

üan＞üar

烟卷儿 yānjuǎnr　　　手绢儿 shǒujuànr

出圈儿 chūquānr　　　包圆儿 bāoyuánr

人缘儿 rényuánr　　　绕远儿 ràoyuǎnr

杂院儿 záyuànr

八

ei＞er

en＞er

刀背儿 dāobèir　　　摸黑儿 mōhēir

老本儿 lǎoběnr　　　花盆儿 huāpénr

嗓门儿 sǎngménr　　　把门儿 bǎménr

哥们儿 gēmenr　　　纳闷儿 nàmènr

后跟儿 hòugēnr　　　高跟儿鞋 gāogēnrxié

别针儿 biézhēnr　　　一阵儿 yīzhènr

走神儿 zǒushénr　　　大婶儿 dàshěnr

小人儿书 xiǎorénrshū　　杏仁儿 xìngrénr

刀刃儿 dāorènr

九

eng＞er（鼻化）

钢镚儿 gāngbèngr　　　夹缝儿 jiāfèngr

脖颈儿 bógěngr　　　提成儿 tíchéngr

十

ie＞ier

üe＞üer

半截儿 bànjiér　　　小鞋儿 xiǎoxiér

旦角儿 dànjuér　　　主角儿 zhǔjuér

十一

uei＞uer

跑腿儿 pǎotuǐr　　　一会儿 yīhuìr

耳垂儿 ěrchuír　　　墨水儿 mòshuǐr

围嘴儿 wéizuǐr　　　走味儿 zǒuwèir

uen＞uer

打盹儿 dǎdǔnr　　　胖墩儿 pàngdūnr

砂轮儿 shālúnr　　　冰棍儿 bīnggùnr

没准儿 méizhǔnr　　　开春儿 kāichūnr

ueng＞uer（鼻化）小瓮儿 xiǎowèngr

十二

-i（前）＞er   瓜子儿 guāzǐr   石子儿 shízǐr
              没词儿 méicír   挑刺儿 tiāocìr
-i（后）＞er   墨汁儿 mòzhīr   锯齿儿 jùchǐr
              记事儿 jìshìr

十三

i＞i：er   针鼻儿 zhēnbír   垫底儿 diàndǐr
              肚脐儿 dùqír   玩意儿 wányìr
in＞i：er   有劲儿 yǒujìnr   送信儿 sòngxìnr
              脚印儿 jiǎoyìnr

十四

ing＞i：er（鼻化）花瓶儿 huāpíngr   打鸣儿 dǎmíngr
              图钉儿 túdīngr   门铃儿 ménlíngr
              眼镜儿 yǎnjìngr   蛋清儿 dànqīngr
              火星儿 huǒxīngr   人影儿 rényǐngr

十五

ü＞ü：er   毛驴儿 máolǘr   小曲儿 xiǎoqǔr
              痰盂儿 tányúr
ün＞ü：er   合群儿 héqúnr

十六

e＞er   模特儿 mótèr   逗乐儿 dòulèr
              唱歌儿 chànggēr   挨个儿 āigèr
              打嗝儿 dǎgér   饭盒儿 fànhér
              在这儿 zàizhèr

十七

u＞ur   碎步儿 suìbùr   没谱儿 méipǔr
              儿媳妇儿 érxífùr   梨核儿 líhúr
              泪珠儿 lèizhūr   有数儿 yǒushùr

十八

ong＞or（鼻化）　果冻儿 guǒdòngr　　门洞儿 méndòngr
　　　　　　　　胡同儿 hútòngr　　抽空儿 chōukòngr
　　　　　　　　酒盅儿 jiǔzhōngr　　小葱儿 xiǎocōngr
iong＞ior（鼻化）小熊儿 xiǎoxióngr

十九

ao＞aor　　　　红包儿 hóngbāor　　灯泡儿 dēngpàor
　　　　　　　　半道儿 bàndàor　　手套儿 shǒutàor
　　　　　　　　跳高儿 tiàogāor　　叫好儿 jiàohǎor
　　　　　　　　口罩儿 kǒuzhàor　　绝招儿 juézhāor
　　　　　　　　口哨儿 kǒushàor　　蜜枣儿 mìzǎor

二十

iao＞iaor　　　鱼漂儿 yúpiāor　　火苗儿 huǒmiáor
　　　　　　　　跑调儿 pǎodiàor　　面条儿 miàntiáor
　　　　　　　　豆角儿 dòujiǎor　　开窍儿 kāiqiàor

二十一

ou＞our　　　　衣兜儿 yīdōur　　老头儿 lǎotóur
　　　　　　　　年头儿 niántóur　　小偷儿 xiǎotōur
　　　　　　　　门口儿 ménkǒur　　纽扣儿 niǔkòur
　　　　　　　　线轴儿 xiànzhóur　　小丑儿 xiǎochǒur
　　　　　　　　加油儿 jiāyóur

二十二

iou＞iour　　　顶牛儿 dǐngniúr　　抓阄儿 zhuājiūr
　　　　　　　　棉球儿 miánqiúr

二十三

uo＞uor	火锅儿 huǒguōr	做活儿 zuòhuór
	大伙儿 dàhuǒr	邮戳儿 yóuchuōr
	小说儿 xiǎoshuōr	
（o）＞or	耳膜儿 ěrmór	粉末儿 fěnmòr
	被窝儿 bèiwōr	

附录九 《山东省普通话水平测试评分细则》

根据国家《普通话水平测试大纲》(教育部、国家语委发教语用〔2003〕2号文件)规定的普通话水平测试评判准则和评分要求,制定本细则,旨在针对山东方言特点,统一评分标准和操作规则,增强测试信度,保证测试质量。

山东属北方方言区,普通话水平测试设置了4个测试项:读单音节字词(10分)、读多音节词语(20分)、朗读短文(30分)、命题说话(40分),满分100分。

除特别说明外,本细则所列举的"语音错误""语音缺陷"等项按《大纲》规定的"错误""缺陷"等项的扣分要求扣分,一、二题中应试人如读错,可读第二遍,以第二遍读音为准。

一、概念解释

语音错误:把本应该属于甲音类(音位,下同)的音素或音节读成了乙音类并且因而容易造成误解的读音,叫做语音错误,其中也包括发音严重偏离普通话语音规范、造成明显的听感差异的方言读音。

语音缺陷:读音虽然与普通话语音规范存在某种差异,但是并没有造成音类的混淆,因而也不至于造成表义方面的问题,这样的语音失误称为语音缺陷。语音缺陷虽然不至于产生歧义,但影响语言交际,不同程度地显示着方言色彩,影响说话人的普通话语音面貌。

二、评分

1. 读单音节字词(100个音节,不含轻声、儿化音节),限时3.5分钟,共10分。

目的:测查应试人声母、韵母、声调读音的标准程度。

评分：

(1)语音错误，每个音节扣 0.1 分。

(2)语音缺陷，每个音节扣 0.05 分。

(3)超时 1 分钟以内，扣 0.5 分；超时 1 分钟以上，扣 1 分。

2. 读多音节词语(100 个音节)，限时 2.5 分钟，共 20 分。

目的：测查应试人声母、韵母、声调和变调、轻声、儿化读音的标准程度。

评分：

(1)语音错误，每个音节扣 0.2 分。

(2)语音缺陷，每个音节扣 0.1 分。

(3)超时 1 分钟以内，扣 0.5 分；超时 1 分钟以上(含 1 分钟)，扣 1 分。

3. 朗读短文(400 个音节)，共 30 分，限时 4 分钟。

目的：测查应试人使用普通话朗读书面作品的水平。在测查声母、韵母、声调读音标准程度的同时，重点测查连读音变、停连、语调以及流畅程度。

评分要求解析：

(1)每错 1 个音节，扣 0.1 分；漏读或增读 1 个音节，扣 0.1 分。

(2)声母或韵母系统性语音缺陷，视程度扣 0.5 分、1 分。"声母或韵母的系统性语言缺陷"：存在个别无规律的缺陷，本项不扣分；存在较明显或用字频率较高的 1~2 类系统性缺陷，扣 0.5 分；存在 3 类以上系统性缺陷，扣 1 分。

(3)语调偏误，视程度扣 0.5 分、1 分、2 分。"语调偏误"包括：①声调调值高低与普通话有听感可辨的差异，每类扣 0.5 分。②轻重音格式处理有较明显差异。③逻辑重音偏误等。上述问题每出现 1 次扣 0.3 分。

(4)停连不当，视程度扣 0.5 分、1 分、2 分。"停连不当"包括停顿、断句不当。如停顿不当造成对双音节词或多音节词句的肢解，或造成对话语语意的歧义，每次扣 0.5 分。

（5）朗读不流畅（包括回读），视程度扣 0.5 分、1 分、2 分。"朗读不流畅"包括回读、语速快慢不均、停顿过长（超过 3 秒）等情况，每次扣 0.3 分。

4. 命题说话，说满 3 分钟，共 40 分。

目的：测查应试人在无文字凭借的情况下说普通话的水平，重点测查语音标准程度、词汇语法规范程度和自然流畅程度。

要求：

（1）应试人单向说话 3 分钟，可备有应试人可视的倒计时钟表，由其自行掌握时间。时间也可由测试员掌握，到时示意应试人停止。

（2）如发现应试人离题，测试员可提示："您跑题了。"如发现应试人明显背稿，测试员可问另一话题，但问话时间不可超过 4 秒钟。

评分要求解析：

（1）语音标准程度，共 25 分，分六档。

该测试项中语音错误的数量是归档的依据，故要听出记出语音错误的次数。

一档，语音标准，或极少有失误，扣 0.5 分、1 分、2 分。

二档，语音错误在 10 次以下，有方音但不明显，扣 3 分、4 分。"方音不明显"，指语音错误和语音缺陷数量少，不成系统。

三档，语音错误在 10 次以下，但方音较明显；或语音错误在 10～15 次之间，有方音但不明显，扣 5 分、6 分。"方音较明显"，指存在 1～2 类系统性语音缺陷或 1 类系统性错误。

四档，语音错误在 10～15 次之间，方音比较明显，扣 7 分、8 分。"方音比较明显"，指存在 2～3 类系统性语音缺陷或 2 类系统性错误。

五档，语音错误超过 15 次，方音明显，扣 9 分、10 分、11 分。"方音明显"，指存在 3～4 类以上系统性缺陷或 3 类系统性错误。

六档，语音错误多，方音重，扣 12 分、13 分、14 分。"语音错误多"，指超过 20 次；"方音重"，指存在 5 类以上系统性缺陷或 4 类系统性错误。

（2）词汇、语法规范程度，共 10 分。不规范指存在方言词汇（含语气词）、语法和错误词汇、语法两种情况。分三档：

一档，词汇、语法规范，不扣分。

二档，词汇、语法偶有不规范的情况，扣 1 分、2 分。

三档，词汇、语法屡有不规范的情况，扣 3 分、4 分。

也可量化计算，每出现一次扣 0.5 分。

（3）自然流畅程度，共 5 分。分三档：

一档，语言自然流畅，扣 0 分。

二档，语言基本流畅，口语化较差，有背稿子的现象，扣 0.5 分、1 分。

三档，语言不连贯，语调生硬，扣 2 分、3 分。

（4）说话缺时扣分：

缺时有两种情况：一是说话最终时间不够 3 分钟；二是说话过程中时断时续；以上均按缺时扣分。

缺时 1～4 秒不扣分。缺时 5～20 秒，扣 1 分；缺时 21～40 秒，扣 2 分；缺时 41～60 秒，扣 3 分；缺时 61～80 秒，扣 4 分；缺时 81～100 秒，扣 5 分；缺时 101～120 秒，扣 6 分；缺时 121～140 秒，扣 8 分；缺时 141～149 秒，扣 15 分；说话时间不足 30 秒（含 30 秒），计为零分。

附件：山东省普通话水平测试语音错误、语音缺陷举例

山东省普通话水平测试应试人既有本省人，也有外地人。这里以涵盖山东人学说普通话过程中常见的、有代表性的方音现象为原则，每种现象列举方言点一至二处。

一、语音错误

把本应该属于甲音类（音位，下同）的音素或音节读成了乙音类并且因而容易造成误解的读音，叫做语音错误，其中也包括发音严重偏离普通话语音规范、造成明显的听感差异的方言读音。

1. 声母语音错误

声母方面的语音错误大体包括以下一些方面：

1.1　舌尖后音声母 zh ch sh [tʂ][tʂ'][ʂ]

(1)读成舌尖前音声母 z c s [ts][ts'][s]，如济宁话(全部)；

(2)读成舌面前音声母 j q x [tɕ][tɕ'][ɕ]，如烟台话(一半)；

(3)读成唇齿音声母[pf][pf'][pf]，如枣庄话(合口呼韵母前)。

1.2　舌尖后浊擦音声母 r[ʐ]

(1)读成舌尖前浊擦音声母[z]，如济宁话(全部)；

(2)读成零声母，如烟台话(全部)；

(3)读成舌尖中浊边音声母[l]，如济南话"荣"(合口呼韵母前)；

(4)读成舌尖后浊边音声母[ɭ]，如临沂话(全部)；

(5)读成唇齿浊擦音声母[v]，如枣庄话(合口呼韵母前)。

1.3 舌面前音声母 j q x [tɕ][tɕ'][ɕ]

(1)读成舌尖前声母 z c s [ts][ts'][s]，如曹县话(尖音字)；

(2)读成舌面中音声母[c][c'][ç]，如烟台话(团音字)；

(3)读成舌叶音声母[tʃ][tʃ'][ʃ]，如诸城话(团音字)。

1.4 舌面前塞擦音声母 j q [tɕ][tɕ']

(1)读成舌尖中塞音声母 d t [t][t']，如五莲话"井、晴"。

(2)读成舌面前塞音声母[ȶ][ȶ']，如诸城话(尖音字)。

1.5 舌尖前塞擦音声母 z c [ts][ts']读成舌尖中塞音声母[t][t']，如济阳、昌邑部分地方的方言(几乎全部)。

1.6 把齐齿呼的舌尖中鼻音声母 n[n]字读成零声母，如临沂话里"牛"读如"由"，"凝"读如"盈"，"拟"读如"移"，"虐"读如"岳"，等等。

1.7 把开口呼零声母字读成舌根鼻音声母 ng[ŋ]，如济南话、聊城话、泰安话(全部)。

1.8 有的方言把普通话里的舌尖后音声母 zh ch sh[tʂ][tʂ'][ʂ]读成两套，如青岛话、烟台话、威海话。有的方言把普通话里的舌面前音声母 j q x[tɕ][tɕ'][ɕ]读成两套，如济宁话、烟台话、威海话；相对立的一套属语音错误。潍坊高密话把普通话里的 zh ch sh 读成[tʂ][tʂ'][ʂ]、[tʃ][tʃ'][ʃ]和接近[ts][ts'][s]三套，读成接近

[ts][ts'][s]的，如"蒸、吃、湿"，算作语音错误，对虽读成[tʃ][tʃ'][ʃ]但带有卷舌色彩的，可算语音缺陷；烟台话把普通话里的 zh ch sh 读成 j q x[tɕ][tɕ'][ɕ]和 z c s[ts][ts'][s]两套，都算语音错误。

2. 韵母语音错误

韵母方面的语音错误有两类，一类是把甲韵母字读成了乙韵母字（即音类错误，注意，不一定是该类字的全部），另一类是韵母结构与普通话有明显的差别。

2.1 把甲韵母字读成了乙韵母字，如：

（1）把 o[o]韵母读成[ɛ]，如德州话"伯"；读成[iɛ]，如济南话"伯"；读成[ə]，如烟台话"伯"。

（2）把 e[ɤ∧]韵母读成[ɛ]，如德州话"色"；读成[iɛ]，如济南话"色涩"；读成[uo]，如威海话"歌"。

（3）把 ai[ai]韵母读成[iɛ]，如济南话、泰安话、菏泽话"白麦"。

（4）把 ao[au]韵母读成[uo]，如济南话、泰安话、菏泽话"烙"；把 iao[iau]韵母读成[yə]，如济南话、泰安话、菏泽话"药、脚"。

（5）把合口呼韵母 uan uen uei[uan][uən][uei]读成开口呼，即丢掉介音[u]，如烟台话、威海话"端、团、暖、乱、钻、酸"，"顿、吞、论、尊、村、孙"，潍坊话"腿、对"。

（6）把 uo[uo]韵母读成[uə]，如济南话"说、多"。

（7）把合口呼韵母 ong[uŋ]读成开口呼韵母[əŋ]，把撮口呼韵母 iong[yŋ]读成齐齿呼韵母[iŋ]，如胶南话、诸城话"东、永"；或者与上述问题相反，把开口呼韵母 eng[əŋ]读成合口呼韵母[uŋ]，把齐齿呼韵母 ing[iŋ]读成撮口呼韵母[yŋ]，如青岛话"灯、影"。

（8）把 ie[iɛ]韵母读成[iə]与[iæ]两种韵母，如济南话、泰安话、菏泽话、济宁话"业、挨"，"鞋、街"。

（9）把 er[ər]韵母读成[ɯ]，如潍坊等地。

2.2 韵母结构与普通话有区别的，如：

（1）把复韵母 ai[ai]读成单韵母[æ]或[ɛ]，以及与此相关的把 uai[uai]读成[uæ]或[uɛ]，如山东大部分方言里的"代、盖"，"快、怀"。

（2）把复韵母 ao[ɑu]读成单韵母[ɔ]，以及与此相关的把 iao[iɑu]读成[iɔ]，如山东大部分方言里的"敖、高"，"要、好"。

（3）把复韵母 ou[ou]读成复韵母[ɤɯ]，以及把 iou[iou]读成[iɤɯ]，如潍坊话的"钩、久"。

（4）把鼻韵母 an[an]en[ən]以及把与此相关的[iɛn][uan][yɛn][uən]读成鼻化韵母[æ̃][ə̃][iæ̃][uæ̃][yæ̃][uə̃]（如济南话）；或者读成[ɛ̃][ə̃][iɛ̃][uɛ̃][yɛ̃][uɛ̃]（如淄博话）。

3. 声调常见错误

3.1 调类错误

读错调类的情况主要出现在古代的入声字当中。

（1）古代的清声母入声字，在普通话里无规律地分配到了阴阳上去四种声调当中，而在济南话、泰安话、济宁话、菏泽话里基本上全归于阴平，在烟台话、威海话里全归于上声，这是造成调类错误的主要原因之一。

（2）古代的次浊声母入声字，在普通话里全部归入去声，而在济宁话、菏泽话里则全部归入阴平声，这也是造成调类错误的原因之一。

3.2 读法错误

（1）调形错误

把平调读作升、降、曲折调。

把降调读作升、平、曲折调。

把升调读作平、降、曲折调。

把曲折调读作平、降、升调。

（2）调值错误

阴平调在重读音节中读作 33、22 或 11。

阳平调在重读音节中读作 12 或 13。

上声调在重读音节中读作 211。

去声调在重读音节中读作 31 或 21。

4. 音变、变调、轻重音常见错误

4.1 应读轻声而未读轻声的。

4.2 注明儿化未读儿化，包括两种情况：

（1）完全没有儿化痕迹，如"小孩儿"读作"小孩"；

（2）将二题读多音节词语中的"儿"读成独立的音节，如"小孩儿"读为三个音节。

4.3 一、二题未标儿化读成儿化。三题朗读未标儿化读成儿化，且又不合普通话口语语感的。

4.4 上声未按规律变调。

4.5 "一""不"应变调而读原调。

4.6 语气词"啊"音变错误。（主要限第三、四题）

二、语音缺陷

读音虽然与普通话语音规范存在某种差异，但是并没有造成音类的混淆，因而也不至于造成表义方面的问题，这样的语音失误称为语音缺陷。语音缺陷虽然不至于产生歧义，但影响语言交际，不同程度地显示着方言色彩，影响说话人的普通话语音面貌。

1. 声母常见缺陷

1.1 舌尖后音声母 zh ch sh 读成介于舌尖中音和舌叶音之间的一组音。如济南话"支、持、时、日"。

1.2 舌尖前音声母 z c s 读成齿间音[tθ][tθ'][θ]，但是又没有另外一套舌尖前音声母与之对照的，例如日照话、胶南话、沂水话里"赞、蚕、三"的声母。

1.3 舌面前音声母 j q x 部位偏前，但未读成舌尖前音 z c s；或部位偏后，但听感上仍是可辨的。

1.4 合口呼零声母中的 wu wo 音节读成唇齿浊擦音[v]声母。

1.5 舌尖中边音声母 l[l]读成边擦音[ɬ]，如淄博话、章丘话里"来、蓝"的声母。

1.6 开口呼零声母字读成以过于浓重的舌面后浊擦音[ɣ]开头，如济宁话、菏泽话里"爱、恩"的读音。

2. 韵母常见缺陷

2.1 单韵母 a[ʌ]及复韵母 ia [iʌ] ua[uʌ]的主要元音发音部位偏前读作[a]，如威海话"大家"的韵母分别读作[a]和[ia]。

单韵母 a[ʌ]及复韵母 ia[iʌ] ua [uʌ]的主要元音发音部位偏后，读作[ɑ]，如潍坊话"大家"读作[tɑ tɕiɑ]。注意，这后一个音节里的辅音[tɕ]和元音[i]的发音部位也都相应地略略偏后，这里没有特别表示出来。

2.2 an[an]的"前 a"读成央 a[ʌ]，如"安、山"。

2.3 复元音韵母 ai[ai]uai[uai]发音时动程不足，读音接近于[æe][uæe]，如威海部分方言。

2.4 复元音韵母 ao [au] iao [iau]发音时动程不足，读音接近于[ɔo][iɔo]，如烟台部分方言。

2.5 前鼻韵母 an en in ün uen uan ian üan 的鼻音-n 不太明显或欠佳。

2.6 鼻韵母 ang[aŋ]的元音发音部位偏高，读音接近于[ʌŋ]，或者略带圆唇读音接近于[ɔŋ]，如青岛、潍坊部分方言。

2.7 鼻韵母 ong[uŋ]的元音发音部位偏低，读音接近于[oŋ]。

2.8 合口呼的韵母圆唇度明显不够，撮口呼的韵母撮口不足，语感差。

2.9 卷舌韵母卷舌色彩不自然。

3. 声调常见缺陷（主要表现为调形基本正确而调值不够准确）

3.1 阴平读成 44。

3.2 阳平读成 34。

3.3 上声读成 324 或 325。

3.4 上声在词末读成 21（主要限于第二题）。

3.5 上声带降尾。

3.6 去声读成 41、42 或 53。

3.7 阴、阳、去声基调不一致，听感不到位（主要限于第一题）。

附录十 容易读错的字
(包括部分多音多义字)简表

A

挨(āi)近　　挨(ái)饿　　白皑皑(ái)　　狭隘(ài)　　谙(ān)熟
熬(āo)菜　　煎熬(áo)　　鏖(áo)战　　拗(ǎo)断　　拗(ào)口
哀(āi)求

B

扳(bān)平　　同胞(bāo)　　炮(bāo)羊肉　　剥(bāo)皮
薄(báo)纸　　蓓(bèi)蕾　　奔(bēn)波　　投奔(bèn)
迸(bèng)发　　卑鄙(bǐ)　　秘(bì)鲁　　包庇(bì)
麻痹(bì)　　复辟(bì)　　濒(bīn)临　　针砭(biān)
屏(bǐng)气　　摒(bǐng)弃　　剥(bō)削　　停泊(bó)
淡薄(bó)　　哺(bǔ)育

C

粗糙(cāo)　　嘈(cáo)杂　　参(cēn)差(cī)　　差(chā)错
偏差(chā)　　搽(chá)粉　　猹(chá)　　刹(chà)那
差(chāi)遣　　谄(chǎn)媚　　忏(chàn)悔　　羼(chàn)杂
场(cháng)院　　一场(cháng)雨　　赔偿(cháng)　　倘(cháng)佯
绰(chāo)起　　嗔(chēn)怒　　乘(chéng)客　　惩(chéng)罚
驰骋(chěng)　　鞭笞(chī)　　痴(chī)呆　　踟(chí)蹰(chú)
奢侈(chǐ)　　整饬(chì)　　炽(chì)热　　不啻(chì)
叱(chì)咤　　憧(chōng)憬　　崇(chóng)拜　　踌(chóu)躇(chú)
罢黜(chù)　　揣(chuǎi)摩　　椽(chuán)子　　创(chuāng)伤
凄怆(chuàng)　　啜(chuò)泣　　辍(chuò)学　　宽绰(chuò)
瑕疵(cī)　　伺(cì)候　　烟囱(cōng)　　从(cóng)容
淙(cóng)淙流水　　璀(cuǐ)璨　　皴(cūn)裂　　忖(cǔn)度
蹉(cuō)跎　　挫(cuò)折

D

呆（dāi）板　　　　答（dā）应　　　　逮（dǎi）老鼠　　　逮（dài）捕

档（dàng）案　　　　追悼（dào）　　　提（dī）防　　　　并蒂（dì）莲

缔（dì）造　　　　　掂（diān）量　　　玷（diàn）污　　　装订（dìng）

订（dìng）正　　　　恫（dòng）吓　　　胴（dòng）体　　　句读（dòu）

兑（duì）换　　　　　踱（duó）步

E

阿（ē）谀　　　　　　婀（ē）娜　　　　讹（é）诈　　　　扼（è）要

F

蜚（fēi）声　　　　　菲（fěi）薄　　　沸（fèi）点　　　氛（fēn）围

肤（fū）浅　　　　　仿佛（fú）　　　凫（fú）水　　　　篇幅（fú）

拂（fú）晓　　　　　佛（fú）然　　　果脯（fǔ）

G

准噶（gá）尔　　　　大动干戈（gē）　诸葛（gě）亮　　　脖颈（gěng）

提供（gōng）　　　　供（gōng）销　　供（gōng）给　　　供（gòng）认

口供（gòng）　　　　佝（gōu）偻　　勾（gòu）当　　　骨（gǔ）气

蛊（gǔ）惑　　　　　商贾（gǔ）　　　桎梏（gù）　　　粗犷（guǎng）

皈（guī）依　　　　　瑰（guī）丽　　剐（guì）子手　　鳜（guì）鱼

聒（guō）噪

H

哈（hǎ）达　　　　　尸骸（hái）　　罕（hǎn）见　　　巷（hàng）道

呵（hē）欠　　　　　干涸（hé）　　上颌（hé）　　　回纥（hé）

负荷（hè）　　　　　附和（hè）　　蛮横（hèng）　　横（hèng）财

哄（hōng）抢　　　　起哄（hòng）　糊（hú）口　　　华（huà）山

豢（huàn）养　　　　隐晦（huì）　　污秽（huì）　　　混（hùn）浊

和（huó）面　　　　　豁（huò）达

J

跻（jī）身　　　　　通缉（jī）　　茶几（jī）　　　畸（jī）形

羁（jī）绊　　　　　羁（jī）旅　　汲（jí）取　　　即（jí）使

即（jí）兴　　　　　嫉（jí）妒　　棘（jí）手　　　贫瘠（jí）

狼藉（jí）　　　　　脊（jǐ）梁　　给（jǐ）予　　　觊（jì）觎

成绩(jì)　　　　古迹(jì)　　　　夹(jiā)道　　　　夹(jiá)袄

信笺(jiān)　　　歼(jiān)灭　　　缄(jiān)默　　　渐(jiān)染

眼睑(jiǎn)　　　离间(jiàn)　　　僭(jiàn)越　　　发酵(jiào)

姣(jiāo)好　　　蛟龙(jiāo)　　　缴(jiǎo)纳　　　校(jiào)对

倔强(jiàng)　　　反诘(jié)　　　拮(jié)据(jū)　　　攻讦(jié)

桔(jié)梗　　　　押解(jiè)　　　尽(jǐn)管　　　　粳(jīng)米

颈(jǐng)项　　　强劲(jìng)　　　痉(jìng)挛　　　抓阄(jiū)

针灸(jiǔ)　　　　内疚(jiù)　　　狙(jū)击　　　　矩(jǔ)形

龃(jǔ)龉　　　　镌(juān)刻　　　隽(juàn)永　　　角(jué)色

口角(jué)　　　　角(jué)逐　　　咀嚼(jué)　　　狷獗(jué)

诡谲(jué)　　　　矍(jué)铄　　　攫(jué)取　　　龟(jūn)裂

竣(jùn)工

K

颗(kǎn)颔　　　　鸟瞰(kàn)　　　窠(kē)臼　　　坎坷(kě)

可(kè)汗(hán)　　恪(kè)守　　　倥(kǒng)偬(zǒng)　　财会(kuài)

岿(kuī)然　　　　窥(kuī)探　　　傀(kuǐ)儡 lěi　　感喟(kuì)

L

邋(lā)遢(tā)　　书声琅(láng)琅　　唠(láo)叨　　　痨(láo)病

落(lào)枕　　　　落(lào)色(shǎi)　　奶酪(lào)　　　烙(lào)印

勒(lè)索　　　　擂(léi)鼓　　　赢(léi)弱　　　果实累(léi)累

罪行累(lěi)累　　擂(lèi)台　　　罹(lí)难　　　激(liàn)滟

入殓(liàn)　　　端量(liáng)　　寂寥(liáo)　　　镣(liào)铐

打猎(liè)　　　　恶劣(liè)　　　仓廪(lǐn)　　　雕镂(lòu)

贿赂(lù)　　　　棕榈(lú)　　　掠(lüè)夺　　　裸(luǒ)视

M

抹(mā)布　　　　阴霾(mái)　　　埋(mán)怨　　　耄(mào)耋(dié)

联袂(mèi)　　　　闷(mēn)热　　　愤懑(mèn)　　　蒙(méng)难

奢靡(mí)　　　　靡(mǐ)丽　　　静谧(mì)　　　分娩(miǎn)

幽冥(míng)　　　酩(mǐng)酊(dǐng)　　荒谬(miù)　　　蓦(mò)然

牟(móu)取　　　　模(mú)样　　　模(mú)具

N

老衲(nà)　　　　羞赧(nǎn)　　　　泥淖(nào)　　　　木讷(nè)

气馁(něi)　　　　匿(nì)名　　　　　拘泥(nì)　　　　　亲昵(nì)

宁(nìng)愿　　　泥泞(nìng)　　　忸(niǔ)怩(ní)　　　执拗(niù)

驽(nú)马　　　　虐(nüè)待

O

讴(ōu)歌　　　　呕(ǒu)吐　　　　　怄(òu)气

P

扒(pá)手　　　　迫(pǎi)击炮　　　蹒(pán)跚　　　　滂(pāng)沱(tuó)

袍(páo)泽　　　　炮(páo)制　　　　炮(páo)烙 luò　　胚(pēi)胎

喷(pèn)香　　　抨(pēng)击　　　坯(pī)胎　　　　纰(pī)漏

砒(pī)霜　　　　毗(pí)邻　　　　　癖(pǐ)好　　　　媲(pì)美

扁(piān)舟　　　剽(piāo)窃　　　饿殍(piǎo)　　　一瞥(piē)

乒(pīng)乓(pāng)　湖泊(pō)　　　　糟粕(pò)　　　　解剖(pōu)

奴仆(pú)　　　匍(pú)匐(fú)　　　曝(pù)晒

Q

沏(qī)茶　　　　栖(qī)息　　　　　蹊(qī)跷(qiao)　　祈(qí)祷

颀(qí)长　　　　歧(qí)途　　　　　绮(qǐ)丽　　　　修葺(qì)

休憩(qì)　　　　关卡(qiǎ)　　　　潜(qián)水　　　　悭(qiān)吝

拑(qián)客　　　虔(qián)诚　　　天堑(qiàn)　　　缱(qiǎn)绻(quǎn)

戕(qiāng)害　　　强(qiǎng)迫　　　勉强(qiǎng)　　　襁(qiǎng)褓

翘(qiáo)楚　　　翘(qiáo)首　　　讥诮(qiào)　　　地壳(qiào)

胆怯(qiè)　　　　惬(qiè)意　　　　衾(qīn)枕　　　　倾(qīng)慕

引擎(qíng)　　　亲(qìng)家　　　龟(qiū)兹(cí)　　　曲(qū)折

祛(qū)除　　　　黢(qū)黑　　　　清癯(qú)　　　　龋(qǔ)齿

债券(quàn)　　　商榷(què)　　　逡(qūn)巡　　　　麇(qún)集

R

冉(rǎn)冉　　　　攘(rǎng)除　　　妖娆(ráo)　　　围绕(rào)

荏(rěn)苒(rǎn)　　丰稔(rěn)　　　稔(rěn)知　　　烹饪(rèn)

妊(rèn)娠(shēn)　仍(réng)然　　　冗(rǒng)长　　　偌(ruò)大

S

丧（sāng）钟　　缫（sāo）丝　　稼穑（sè）　　堵塞（sè）

刹（shā）车　　芟（shān）除　　潸（shān）然　　禅（shàn）让

讪（shàn）笑　　赡（shàn）养　　折（shé）本　　威慑（shè）

教室（shì）　　似（shì）的　　狩（shòu）猎　　倏（shū）忽

束（shù）缚　　刷（shuà）白　　游说（shuì）　　吮（shǔn）吸

瞬（shùn）间　　朔（shuò）方　　怂（sǒng）恿（yǒng）　　塑（sù）料

夙（sù）仇　　簌（sù）簌　　虽（suī）然　　教唆（suō）

婆娑（suō）

T

趿（tā）拉　　鞭挞（tà）　　拓（tà）本　　叨（tāo）扰

丝绦（tāo）　　熏陶（táo）　　体（tī）己　　孝悌（tì）

倜（tì）傥（tǎng）　　腼腆（tiǎn）　　轻佻（tiāo）　　调（tiáo）皮

妥帖（tiē）　　请帖（tiě）　　字帖（tiè）　　绿汀（tīng）

悲恸（tòng）　　荼（tú）毒　　湍（tuān）急　　颓（tuí）唐

蜕（tuì）变　　朝暾（tūn）

W

逶（wēi）迤（yí）　　违（wéi）反　　崔嵬（wéi）　　桅（wéi）杆

圩（wéi）田　　推诿（wěi）　　猥（wěi）琐　　龌（wò）龊（chuò）

斡（wò）旋

X

膝（xī）盖　　檄（xí）文　　狡黠（xiá）　　纤（xiān）细

翩跹（xiān）　　弓弦（xián）　　舷（xián）窗　　鲜（xiǎn）有

霰（xiàn）弹　　关饷（xiǎng）　　混淆（xiáo）　　肖（xiào）像

咆哮（xiào）　　挟（xié）持　　采撷（xié）　　叶（xié）韵

颉（xié）颃（háng）　　纸屑（xiè）　　机械（xiè）　　歆（xīn）羡

省（xǐng）亲　　珍馐（xiū）　　铜臭（xiù）　　远岫（xiù）

星宿（xiù）　　自诩（xǔ）　　体恤（xù）　　酗（xù）酒

和煦（xù）　　煊（xuān）赫　　炫（xuàn）耀　　眩（xuàn）晕（yùn）

穴（xué）位　　噱（xué）头　　戏谑（xuè）　　驯（xùn）服

徇（xùn）情　　殉（xùn）情　　逊（xùn）色

Y

倾轧(yà)　　殷(yān)红　　湮(yān)没　　筵(yán)席
妍(yán)媸(chī)　　衍(yǎn)变　　梦魇(yǎn)　　俨(yǎn)然
吊唁(yàn)　　赝(yàn)品　　佯(yáng)装　　窈(yǎo)窕(tiǎo)
鹞(yào)鹰　　揶(yé)揄(yú)　　哽咽(yè)　　笑靥(yè)
摇曳(yè)　　拜谒(yè)　　迤(yǐ)逦(lǐ)　　旖(yǐ)旎(nǐ)
后裔(yì)　　游弋(yì)　　造诣(yì)　　友谊(yì)
肄(yì)业　　荫(yìn)蔽　　应(yīng)届　　应(yìng)用
邮(yóu)递　　黝(yǒu)黑　　园囿(yòu)　　宽宥(yòu)
逾(yú)越　　娱(yú)乐　　伛(yǔ)偻(lǚ)　　舆(yú)论
囹(líng)圄(yǔ)　　驾驭(yù)　　熨(yù)帖　　艺苑(yuàn)
晕(yùn)车　　允(yǔn)许　　氲(yūn)色

Z

登载(zǎi)　　装载(zài)　　拒载(zài)　　暂(zàn)时
臧(zāng)否(pǐ)　　宝藏(zàng)　　确凿(záo)　　谮(zèn)言
憎(zēng)恨　　咋(zé)舌　　驻扎(zhā)　　挣扎(zhá)
札(zhá)记　　轧(zhá)钢　　择(zhái)菜　　占(zhān)卜
客栈(zhàn)　　精湛(zhàn)　　颤(zhàn)栗　　上涨(zhǎng)
着(zhāo)数　　着(zháo)凉　　沼(zhǎo)泽　　号召(zhào)
肇(zhào)事　　蛰(zhé)伏　　贬谪(zhé)　　砧(zhēn)板
甄(zhēn)别　　箴(zhēn)言　　缜(zhěn)密　　赈(zhèn)灾
症(zhēng)结　　症(zhèng)候　　诤(zhèng)言　　脂(zhī)肪
踯(zhí)躅(zhú)　　标识(zhì)　　质(zhì)量　　对峙(zhì)
中(zhōng)听　　中(zhòng)肯　　胡诌(zhōu)　　啁(zhōu)啾(jiū)
压轴(zhòu)　　贮(zhù)藏　　伫(zhù)立　　撰(zhuàn)写
谆(zhūn)谆　　笨拙(zhuō)　　灼(zhuó)热　　卓(zhuó)越
啄(zhuó)木鸟　　着(zhuó)陆　　渣滓(zǐ)　　恣(zì)意
油渍(zì)　　箭镞(zú)　　作(zuō)坊　　帝祚(zuò)

后 记

从 1955 年正式提出普通话以来，推广普通话工作已经接近花甲之年了；如若从"国语运动"算起，更是有了过百年的历史了。经历了这样长的时间，有那么多有志之士做过的那么多的工作，整体看来，不论是对于普通话和各地方言的研究，还是对于"推普"工作本身的研究，不论是理论方面的探讨还是实际运作方面的探索，都已经取得了非常可观的成绩。

然而在"推普"工作领域，不论是理论方面的研究，还是实际操作方式的探讨，恐怕都是没有最好，只有更好的。这也正是推动语文工作者不断进取的动力和依据。

"推普"是一项既有群众性又有学术性的复杂工作。"推普"的对象是千千万万操着各地方言的人，其群众性不言而喻。为此，我们需要做发动普及的工作。这一点，此处不拟多谈。

从理论探讨角度来说，"推普"既要牢牢立足于语言学，又必然要涉及教育学、心理学等多个学术领域，因此，它的学术性更是不容忽视的。

首先，我们认为，在今后的普通话与方言研究中应该进一步落实动态观察的理念。

早在几百年前，明代的陈第就说过："时有古今，地有南北，字有更革，音有转移，亦势所必至。"这段话确实揭示了语言发展的本质特点。语言，只要不是无人使用的已经僵死的语言，它就一直保持着旺盛的生成性、动态性，人们描写记录的仅仅是语言发展过程中的一个个剪影，谁也不可能把握住它永恒的面貌。普通话以及各地方言，莫不如此。

如所周知，社会大变革的时期，语言的发展变化更是突出而迅疾。20世纪中期以来，我们国家经历了最伟大的变革，社会以举世罕见的高速度迅猛地发展着，改革开放以来的30多年的发展则更是让世界瞩目。于是，汉语（不论是民族共同语还是各地方言）也以前所未有的速度发展着。这种发展变化的大趋势首先就是各地方言向民族共同语的融合趋同。这种发展符合语言发展的基本规律，符合国家民族发展的需要，因而是值得我们高兴的。

各地方言自然会受到普通话的影响，普通话肯定也要受到各地方言的影响。这是语言发展的客观规律，是不以人们的意志为转移的。

远的且不去说它，如果从1923年赵元任先生录制《新国语留声片》算起，现当代语言学家对于北京音系的描写也已经有了近90年的历史。经历了这样长的时间，北京音系不会没有发展变化的。北京的常住人口从新中国成立之初的420.1万人发展到2010年11月1日的1961.2万人，再加上外来的流动人口约1000万人，净增了6倍。新增加的人口中，肯定包含着大量的外来人口。这些人改变了北京的人口组成，那么，北京话特别是它的语音系统能够不发生变化吗？当然不能。人们注意到，老北京人嘴里头的"京味儿"，在年青一代人的嘴里就冲淡了不少。比如，在an韵母、en韵母后面的语气词"啊"，在老北京人嘴里头是一定会读作na的，而如今在某些被视为普通话规范的语音资料里也都未必如此了。中央及各地电视台一些主持人的话语，许多影视作品里人物的对话，都可以给我们提供很多例证。

然而，在这样长的时间里，几乎所有普通话教材里对于语音系统的描述却没有什么变化。也就是说，在"推普"的过程中，我们是把普通话语音规范（以北京语音为标准音）当成一成不变的标本看待的。声韵系统不变，音变规律也不变，这符合实际吗？如果确实发生过而且依旧正在发生着变化，我们在"推普"工作中应该如何应对这些变化呢？说得更加明确一些，我们制定和执行的普通话语音规范应该具有什么样的灵活性乃至前瞻性呢？用更加理性的话来说，也就是，我们应该如何把握并适应处于动态的语音系统呢？

不只是普通话，各地方言也同样是处于发展变化之中的，我们应该如何认识和对待这种发展变化呢？是让方言按照发展规律逐步向民族共同语靠拢呢，还是由我们"抢救、保护"着让它"亘古如斯"呢？这许多问题，是我们不应该忽视和回避的，也是无法忽视和回避的。

举例来说，赵元任先生《现代吴语的研究》记录，20 世纪二三十年代的上海话有 7 个声调；如今已经没有这么多了，钱乃荣《上海语言发展史》记载，现在老派上海话还有 6 个声调，新派上海话就只有 5 个声调了。据说，多数上海青年都说不出准确的上海话，沪剧团要招收能说纯正上海话的青年演员都招不到了，有的上海儿童甚至完全不会说上海话。再如：原先豫剧里的结构助词"的"是读作 dì 的，而如今耄耋之年的马金凤老师演唱的豫剧，也已经把"斗大的穆字"里的"的"字唱作 de 了，这还是大家印象中纯正的河南话吗？50 岁以上的济南人都是把"白菜"读作 béicài 的，而年轻一代则都读作 báicài 了。这就是说，不论是上海话、河南话还是济南话，都在向普通话靠拢。

总之，语言总是要发展变化的，它不以人们的意志为转移，因而用孤立静止的观点对待语言问题是不可取的。我们必须以发展的、动态的眼光去观察和研究方言，研究普通话，研究它们之间的对应关系，只有这样，才能真正把握住方言和普通话的面貌。

对于普通话教学(教和学)，同样是需要探讨的。

人们用自己的母语说话的时候，大脑里运行着一套完全自动的编码过程：从思想到言语，这时候完全感觉不到思维活动的运行；如何发出一系列的音素，如何组成一系列音节，人们往往并不是十分清楚的。而如果使用第二种语言或方言说话，人们的大脑里既要运行从思想到言语的第一套编码程序，还要运行从母语到第二种语言的对译的编码程序。如果我们对于第二种语言的系统认识不足或者掌握得不够熟练，那么，我们就不能准确流利地说好第二种语言。心理学者告诉我们，人们在 2～12 岁之间学习语言，是由大脑里的布罗卡区负责管理存储的，人们说话时直接从布罗卡区提取语言储备。12 岁之后，绝大多数人的布罗卡区就已经关闭，这时候再学习语言就要存储在大脑的记忆区。用第二种语言或方言进行交际的时候，是把母语区产生的思维活动转向记忆区提取语言信息再来表达。这当然要增加不小的难度。其实方言区的人学习普通话，情况也是一样，难点也在于此。

进一步来说，方言与普通话各自具有自己的一套编码系统，而且它们肯定不是简单的一对一的关系：既有一对多的，也有多对一的。比如，普通话有 21 个辅音声母，济南话有 24 个，烟台话有 17 个，济宁话有 19 个，长岛话有 20 个，青岛话、潍坊话有 26 个，高密话有 29 个，它们当然不可能与普通话呈现一对一的关系。更深层次上面也是如此，比如古代汉语里的清声母入声字在济南话里读作阴平，在烟台话里读作上声，但是这些字在普通话里却是阴阳上去四声都有。请看下面的表格：

	例　字			
	乌屋一鸽	烛革节觉	尺铁北甲	确册室雀
普通话	阴　平	阳　平	上　声	去　声
济南话	阴　平			
烟台话	上　声			

这只是部分古入声字在现代汉语方言中的不同分化造成的一个小例子。

再进一层，济南话、泰安话和普通话都有 z、c、s 和 zh、ch、sh 两套声母的对照，似乎学习起来就简单了。但是，并不是这两组声母所包含的字在方言与普通话里都相同，济南话、泰安话里的"择、册、色"分别读 zh、ch、sh，而它们在普通话里却读 z、c、s。细听起来，济南话、泰安话的 zh、ch、sh、r 的发音和普通话也不尽相同。如果考虑得更加细致，我们会发现，即使是一个简单的 a，一些方言与普通话的发音和具体分布也并不相同。

像这样复杂的情况，我们在教和学的过程中就要下一番分析综合的工夫了。既要分析具体发音的同异，还要分析部分字读音归类的同异。也就是说，需要我们条分缕析，认真思考。这只是举出的一个例子，在声母、韵母乃至音变等各个环节都有类似的情况。《吕氏春秋》里说过："使人大迷惑者，必物之相似也。玉人之所患，患石之似玉者；相剑者之所患，患剑之似吴干者。"（《疑似》）该书还说："夫得言不可以不察。数传而白为黑，黑为白。故狗似玃，玃似母猴，母猴似人，人之与狗则远矣。此愚者之所以大过也。闻而审，则为福矣，闻而不审，不若无闻矣。"（《察传》）《吕氏春秋》这两段话告诉我们：第一，简单地追求近似，获得的只是一点儿皮相之似，是不可能把握住事物的本质的；第二，一次次的"相似"叠加起来，就会变得形象迥异，所谓差之毫厘，谬以千里。学习语言、学习普通话不也是如此吗？如果我们操着八成近似的普通话让别人学习，那么，学员会学到几成的结果呢？我们听到的那些各具地方特色的普通话早就给了我们答案了吧。

于是我们不难看出，要学好普通话不是仅靠简单的模仿就可以成功的，既要做记忆背诵的简单差事，也要做分析理解、领悟揣摩的理性功夫。我们不能看到幼儿学习语言的简单容易就以为学习语言不难，特别不能以为普通话与自己的方言差别不大就看轻了学习的难度。学习普通话的难度究竟怎样，大家在本书的一些章节里会体会出来的。

我们现在呈献在大家面前的这本普通话读物，就是希望帮助大家以理性分析的方法来审视山东方言和普通话，并由此进一步深化对于普通话的认识，改进学习普通话的方法，从被动地接受他人的指导过渡到自己发现学习的难点和重点，自觉、能动地不断发现自己学习的不足，不断提高自己的学习水平。

学习的方法也许很多，最最可靠的一种就是学习者自己发现问题，解决问题，从而达到不断提高的目的。具体而言，就是时时刻刻以辨析的态度对待学习，发现差异，找出差异的缘由，并找到消除差异的方法。学习语言尤其应该如此。舌头长在每个人自己的嘴里，只有自己最有资格灵动地支配它，所以，要学好普通话，最好的教师不是别人，而是自己，是具有理论知识和研究指导能力的自己。他人的帮助以及教材和参考书，只是为学习者搭设的便桥。我们正是按照这个思路编写本书的，如果读者能够理解并接受这样的思路，那么，本书是会对学习普通话有一些帮助的。

本书编写者的分工情况如下：绪论，戚晓杰；第一章，赵俊霞；第二章，崔玉松；第三章，孙其香；第四章，周欣；第五章，宋珊；第六章，赵晖；第七章，岳立静；第八章，唐雪凝、刘向红。张传曾和梁斌言负责全书的编写定位和组织工作，并审阅了全书，对某些章节做了些增删润色的工作。

本书的作者都是高等学校的优秀专任教师，多数拥有教授职称。他们从事普通话教学、科研及水平测试多年，都有较深厚的语言学修养及普通话教学和水平测试的经验。他们在编写本书的时候，都是严肃认真、一丝不苟的。尽管如此，我们还是担心会有一些不周之处，希望学者和广大读者给予指正。

在本书编写过程中，山东省语言学家盛玉麒、张树铮、亢世勇、王耀辉、王新华等多位教授都提供过许多宝贵的意见和建议，山东省语言文字工作委员会办公室的各位同志也在许多方面给予大力支持和帮助。对这些默默奉献着心血与劳动的朋友，我们都满怀深深的感激之情。

即将到来的2013年，是殷焕先先生诞辰一百周年。殷先生是著名的语言学家、语言教育家，任教于山东大学几十年，还曾经担任山东省语言文字工作委员会副主任、山东省语言学会会长、山东省方言学会会长。先生不仅教育培育了大批语文工作者，对于推广普通话工作也曾付出大量心血，本书的编写者几乎都曾经直接或间接地受业于先生。如果本书还有一点儿可取之处的话，也是与先生的培育教导分不开的。我们也希望本书不至于违背先生的教诲，更愿意把本书奉献给先生的在天之灵，作为他百年诞辰的纪念。

编　者
2012 年 8 月 18 日